普通高等教育船舶与海洋工程学科"十二五"规划系列教材

轮机工程导论

李海艳　李维嘉　吕庭豪　　编著

华中科技大学出版社
中国·武汉

内 容 简 介

全书共分为八章,分别简要讲述了轮机工程概要、船舶动力装置、船舶推进装置、船舶辅助设备、船舶电气设备、船舶通用系统等基本知识。就本学科涉及的各专业分支基本内容进行逐一展示,对本学科目前的发展情况和需要研究的问题也做了一定介绍。全书侧重叙述性的内容,图文并茂,有利于读者自学。

本书既是轮机工程专业的教材,也可供有关专业的工程技术人员参考。

图书在版编目(CIP)数据

轮机工程导论/李海艳,李维嘉,吕庭豪编著. —武汉:华中科技大学出版社,2014.6(2020.10重印)
ISBN 978-7-5609-9633-2

Ⅰ.①轮… Ⅱ.①李… ②李… ③吕… Ⅲ.①轮机-高等学校-教材 Ⅳ.①U676.4

中国版本图书馆 CIP 数据核字(2014)第 118700 号

轮机工程导论 　　　　　　　　　　李海艳　李维嘉　吕庭豪　编著

策划编辑:万亚军	
责任编辑:吴　晗	
封面设计:刘　卉	
责任校对:何　欢	
责任监印:徐　露	
出版发行:华中科技大学出版社(中国•武汉)	电话:(027)81321913
武汉市东湖新技术开发区华工科技园	邮编:430223
录　排:武汉市洪山区佳年华文印部	
印　刷:广东虎彩云印刷有限公司	
开　本:787mm×1092mm　1/16	
印　张:10.75	
字　数:280 千字	
版　次:2020 年 10 月第 1 版第 4 次印刷	
定　价:25.00 元	

本书若有印装质量问题,请向出版社营销中心调换
全国免费服务热线:400-6679-118　竭诚为您服务
版权所有　侵权必究

普通高等教育船舶与海洋工程学科"十二五"规划系列教材

序

海洋是孕育生命的"摇篮",也是养育生命的"牧场",人类社会发展的历史进程与海洋息息相关。自古以来,人类在利用海洋获得"鱼盐之利"的同时,也获得了"舟楫之便",仅海上运输一项,就占到了目前国际贸易总运量中的 2/3 以上。而今随着科学技术的发展,海洋油气开发、海洋能源开发、海水综合利用和海洋生物资源开发及保护等拉开了 21 世纪——海洋新世纪的帷幕。传统的船舶工程因海洋开发而焕发青春,越来越明朗地成为 21 世纪一道亮丽的风景线。

船舶与海洋工程学科,是一个有着显著应用背景的学科。大型船舶和海上石油钻井平台,是这个学科工程应用的两个典型标志。它们就如同海上的城市,除了宏大的外观,其上也装备有与陆上相类似的设施,如电站及电网系统、起吊设备、生活起居设施、直升机起降平台等,还装备有独特的设施,如驾控室、动力装置、推进系统、锚泊设备等。因此,该学科与其它相关学科有着密切的联系,如土木工程、动力工程及工程热物理、机械工程、电气工程、控制科学与工程等学科。将现代化的船舶与海洋工程的产品称为集科技大成之作,毫不夸张。

为了满足船舶与海洋工程学科本科生的学习需要,在多年教学、科研工作的基础上,并参考兄弟院校的相关教材及国内外有关资料文献,编写了本系列教材。本系列教材涵盖了船舶与海洋工程专业和轮机工程专业的主要学习课程,包括船舶与海洋工程概论、轮机工程概论、船舶流体力学、船舶设计原理、船舶与海洋工程结构力学、船舶摇摆与操纵、海洋平台设计原理、海洋资源与环境、舰船电力系统及自动装置、船舶动力装置原理与设计、深海机械与电子技术、舰船液压系统等。本系列教材的编写,旨在为船舶与海洋工程学科相关专业的本科生提供系统的学习教材,同时也向从事造船、航运、海洋开发的科技工作者及对船舶与海洋工程知识有兴趣的广大读者提供一套系统介绍船舶与海洋工程知识的参考书。

教材建设是高校教学中的基础性工作,是一项长期的工作,需要不断吸取人才培养模式和教学改革成果,吸取学科和行业的知识、新技术、新成果。本套教材的编写出版只是近年来华中科技大学船舶与海洋工程学院教学改革的初步总结,还需要各位专家、同行提出宝贵意见,以进一步修订、完善,不断提高教材质量。

华中科技大学船舶与海洋工程学科规划教材编写组
2014 年 8 月

前　言

　　本书是根据我校教学指导委员会制定的轮机工程专业本科四年制的教学计划和"轮机工程导论"课程教学大纲的要求编写的。本书是船舶与海洋工程专业的一门先导课程，其宗旨是让学生在进入专业课程学习之前，对本专业涵盖的内容有一些基本的了解，以便做到心中有数、有的放矢，有利于学生把握重点，自主选修课程。

　　轮机工程专业是一个综合性、应用性很强的专业，它涉及的知识面相当广泛。本书的编写既考虑到专业的这一特点，又考虑到要避免内容的罗列和繁复。因而在选材上力求突出重点并实现与本专业其他课程的有机衔接。

　　学习本课程应具有理论力学、材料力学、工程热力学、传热学、流体力学和电工电子学等基础。在学习本课程时，如果能够对实船和工厂进行参观、学习，增强对轮机工程的感性认识，则对学好本课程极有益处。

　　全书共分为八章，分别简要讲述了轮机工程概要、船舶动力装置、船舶推进装置、船舶辅助设备、船舶电气设备、船舶通用系统等基本知识。就本学科涉及的各专业分支基本内容进行逐一展示，对本学科目前的发展情况和需要研究的问题也做了一定介绍。全书侧重叙述性的内容，图文并茂，有利于读者自学。

　　本书既是轮机工程专业的教材，也可供有关专业的工程技术人员参考。

　　在本书的编写过程中，参考并借鉴了国内外同行的若干文献，在此向有关专家及编者表示衷心的感谢。

　　由于编者水平有限、经验不足，在内容的组织、材料的选择以及编写中难免有不妥或错误之处，敬望读者批评指正。

编　者
2014 年 5 月

目 录

第1章 绪论 ……………………………………………………………………………… (1)
第2章 船舶动力装置 …………………………………………………………………… (3)
    2.1 蒸汽轮机动力装置 ……………………………………………………………… (3)
    2.2 舰船燃气轮机装置 ……………………………………………………………… (11)
    2.3 柴油机动力装置 ………………………………………………………………… (15)
    2.4 核动力装置 ……………………………………………………………………… (27)
    2.5 联合动力装置 …………………………………………………………………… (30)
    2.6 船舶轴系与动力传递方式 ……………………………………………………… (34)
第3章 船舶流体机械 …………………………………………………………………… (46)
    3.1 船用泵 …………………………………………………………………………… (46)
    3.2 船用空气压缩机 ………………………………………………………………… (71)
    3.3 通风机 …………………………………………………………………………… (77)
第4章 船舶辅助装置 …………………………………………………………………… (83)
    4.1 船舶制冷装置 …………………………………………………………………… (83)
    4.2 船用空气调节装置 ……………………………………………………………… (89)
    4.3 船舶防污染装置 ………………………………………………………………… (94)
    4.4 船舶操舵装置 …………………………………………………………………… (100)
    4.5 起锚机和系缆机 ………………………………………………………………… (110)
    4.6 船用蒸汽锅炉 …………………………………………………………………… (112)
    4.7 船舶造水装置 …………………………………………………………………… (116)
第5章 船舶主要管路系统 ……………………………………………………………… (120)
    5.1 动力管系 ………………………………………………………………………… (120)
    5.2 船舶管系 ………………………………………………………………………… (129)
第6章 船舶电力系统 …………………………………………………………………… (134)
    6.1 概述 ……………………………………………………………………………… (134)
    6.2 船舶电源 ………………………………………………………………………… (137)
    6.3 船舶配电装置 …………………………………………………………………… (139)
第7章 轮机自动化 ……………………………………………………………………… (141)
    7.1 柴油机运行参数的自动控制 …………………………………………………… (141)
    7.2 锅炉自动控制 …………………………………………………………………… (142)
    7.3 主机遥控系统及无人机舱 ……………………………………………………… (145)
    7.4 船舶电站的自动化 ……………………………………………………………… (152)

第 8 章　轮机运行试验 ……………………………………………………………………（153）
　　8.1　轮机系泊试验 ………………………………………………………………（153）
　　8.2　轮机航行试验 ………………………………………………………………（158）
参考文献 ……………………………………………………………………………………（165）

第 1 章 绪 论

　　船舶推进动力从采用人力、风力到采用机器动力,推进方式从摇橹、挂帆到采用螺旋桨推进,经历了人类与大自然作斗争和在科学道路上不断探索的漫长岁月。

　　二百多年前,人们就研究了将早期的蒸汽机引进到船舶上作为推进动力的方法。1807年,罗伯特·富尔顿(Robert Fulton)成功地将蒸汽机应用到一艘叫做"克莱尔蒙特"(Clermont)号的明轮推进的木质船上,于是开创了用蒸汽机、锅炉、明轮推进器等机器设备代替风帆作为动力来推进船舶的历史。这种最早使用蒸汽机作为动力来推进船舶的一套机械设备俗称"轮机"。

　　随着社会生产力的发展和技术的进步,人们不断尝试将各种动力机械应用在船舶上,以适应船舶营运的需要。1896年世界上第一艘汽轮机船"透平尼亚"(Turbinia)号试航;1903年第一艘内燃机船"万达尔"(Bahgal)号问世;1951年作为主要动力的燃气轮机船开始建造;1952年自由活塞蒸汽机——燃气透平联合装置开始在"雪利欧斯"(Sirius)级扫雷艇上使用;1954年"诺提拉斯"(Nantilus)号核动力潜艇下水。与此同时,螺旋桨取代明轮作为主要的推进器的方式已广泛应用于各类船舶上。现代船舶的"轮机"所包含的内容已极其丰富,其机械设备的规模、功能、复杂性和自动化程度等方面都是过去无法相比的。它除了提供推进船舶的动力外,还产生各种形式的能量,如机械能、电能及热能等,以供船舶辅机和其他生活上的需要。所以人们把现代船舶上实现能量转化和分配的全部机械、设备和系统的有机组合体统称为"船舶动力装置"。轮机设备和系统,起初大多由陆用设备改造,移植到船上,并经过不断地变革以适应船舶工作的环境特点,从而形成了独特的船用形式。现在,在机型、性能要求和质量标准方面,船用和陆用设备的区别越来越大,轮机工程已成为机电工业中的一个独立领域。

　　轮机工程一词源于英文 marine engineering,即海上工程之意。在过去只有海(河)上船舶才有动力机械与设备的时代,轮机这一译名是符合原意的。随着国际贸易的发展和造船技术的不断提高,以及机电设备和装卸机械的日渐改进,船舶不断朝着自动化和智能化方向发展,现在,轮机工程已不再局限于船舶动力的范畴,它涵盖的内容更为广泛;而海洋开发和环境保护技术的发展则赋予了轮机工程新的活力,自动化和绿色化已成为轮机工程发展方向的新热点。由此可见,现代轮机工程是有别于陆用动力工程的一门综合性学科,它以固体力学、热力学、流体力学、电工电子学等为基础,与机械和材料、能源和动力、电气和仪表、自动控制、计算机和信息等学科紧密相关,成为现代机电、仪表、信息产业的集合体,从而有了本学科专业独有的特点。

　　知识面广、实践能力强已成为轮机工程技术人员的基本素质要求和轮机工程专业特色所在。掌握了本学科专业的人员不仅能在船舶、航运和海洋开发等部门大有作为,而且在其他专业部门也具有很强的适应能力,成为颇受社会欢迎的复合型人才。就工作性质而言,轮机工程包括研究、设计、制造、试验、检验和操作、维护、修理、管理两大部分内容。前者主要体现在科研设计院所、学校和工厂的工作中,要求轮机工程人员具有扎实的理论基础和宽广的专业知识,具有从事轮机工程研究、设计、制造与试验的综合能力;后者主要体现在航运、操作和管理部门的工作中,要求轮机工程人员具有知识面广、实践与决策能力强,以及知识更新速度快的特点。总之,轮机工程是一个面向多维社会工作空间的学科。本书主要介绍适用于前者所需要的基本知识。

基于上述,轮机是一个动力机械类性质的系统工程,不能把轮机理解成在机舱中或甲板上机械设备的简单组合。轮机工程是为满足船舶的各种功能,把各种设备或部件结合到多种系统的系统工程。由此,根据组成船舶轮机的各种系统、机械和设备所起作用的不同,可以将其分为以下几个部分。

(1) 主推进装置——推动船舶航行的系统。主发动机发出动力,通过传动设备及轴系驱动推进器产生推力,使船舶克服阻力以某一航速航行。主推进装置包括主发动机及附属系统、传动设备、轴系和推进器等。

(2) 辅助装置——产生各种能量供应船舶航行、作业和生活设施需要的装置。辅助装置包括供全船使用的船舶电站、辅锅炉、液压泵站和压缩空气系统等。

(3) 确保船舶生命力和安全的设备,用于保证船舶的抗沉性和安全性。包括舱底水系统、监视系统及灭火系统等。这些设备可在船舶货舱或机舱进水或发生火灾时,及时发现并消灭险情,以保证船舶安全。

(4) 确保船舶工作能力的设备,包括锚机、舵机、装卸货设备以及满足各种船舶专用功能的设备,这些设备能满足船舶正常的靠离港、装卸货物以及其他用途。

(5) 保证船上人员正常生活的设备,包括通风系统、空调系统、照明系统、生活水系统等。这些系统及设备能为船上人员提供舒适的生活条件和工作环境。

(6) 能够有效环保地处理船舶产生的各种垃圾的系统,包括油水分离系统、生活污水处理系统以及焚烧炉等。这些系统及设备能有效地处理船舶生活场所及工作场所所产生的各种污染物,保证船舶不会对大气及海洋产生污染。

船舶轮机的组成情况大体如上所述,但不能一概而论,会因船舶的大小、种类、用途、航线等情况不同而有所变化。如油轮就没有起货装置,而必须有货油泵和惰性气体系统;经常靠离码头的船舶往往设有侧推器;大型客轮通常设有减摇装置;工程船根据任务不同也各具特色。我们知道,"轮机"是一个范围很广的工程技术概念,它是众多学科的综合。其内容按学术特点可划分为若干专业分支,例如动力装置、自动化、振动与噪声、辅机与系统、电力系统与设备、海洋开发技术等。其中,动力装置是船舶"活力"的源泉,它是近代船舶必不可少的重要组成部分,并素有船舶"心脏"之称,因此在很多情况下,"动力装置"和"轮机"的含义是相同的,只是使用习惯和场所不同,从而有不完全相同的解释和理解;而轮机自动化程度是衡量现代船舶设计与制造水平的重要标志,它是船舶的"灵魂";海洋开发技术是轮机工程面临的新挑战和新机遇,是21世纪高新技术的"精髓"。这三部分构成了现代轮机工程的核心内容,也是本专业将着重探讨的方向。

现代轮机工程所研究的内容大致可归纳为以下几点。

(1) 舰船新型动力系统的研制。

(2) 舰船新能源的开发与利用。

(3) 船舶动力系统的优化组合与节能新技术。

(4) 船舶机械与系统的自动化和智能化。

(5) 船舶和海洋工程的环保技术。

(6) 海洋资源开发技术。

第 2 章 船舶动力装置

船舶动力装置按照其不同特征可分为如表 2-1 所示的各种类型。

表 2-1 船舶动力装置的类型

分类方法	按使用工质分	按主机形式分	按使用燃料分
类型	蒸汽动力装置	蒸汽轮机动力装置	常规动力装置
	燃气动力装置	燃气轮机动力装置	核动力装置
	蒸汽-燃气联合动力装置	柴油机动力装置	—
	—	联合动力装置	—

主发动机是动力装置中最重要的机械设备,本章分别介绍几种船用热力发动机及其动力装置的基本原理。热力发动机的基本工作原理是:将燃料的化学能转化成内能再转化成机械能。根据燃料的化学燃烧过程是在发动机外部进行还是在内部进行,可将热机分为外燃机和内燃机。如:蒸汽轮机都是外燃机,而燃气轮机、柴油机则属于内燃机。

2.1 蒸汽轮机动力装置

2.1.1 基本组成和简单热力循环

船舶蒸汽轮机动力装置是以锅炉产生的蒸汽为工质,以汽轮机作为主发动机的动力装置,其能量通过减速器传递到螺旋桨以推进船舶。图 2-1 所示的为其组成部件和简单的热力循环图。

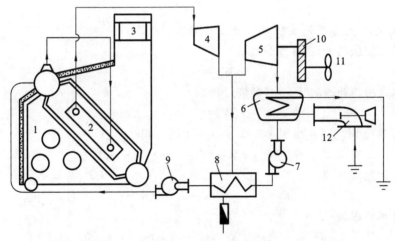

图 2-1 船舶蒸汽轮机动力装置基本组成图

1—锅炉;2—蒸汽过热器;3—空气预热器;4—高压汽轮机;5—低压汽轮机;6—主冷凝器;
7—凝水泵;8—给水预热器;9—给水泵;10—减速齿轮;11—螺旋桨;12—循环水泵

蒸汽动力装置的示意图和简单热力循环如图 2-2 所示。如图 2-2(a)所示，K 为锅炉，燃料在炉中燃烧，放出热量，水在汽锅中定压吸热，汽化成为饱和蒸汽；饱和蒸汽在蒸汽过热器 A 中吸热成为过热蒸汽；过热蒸汽进入汽轮机 B 膨胀做功；做过功的乏汽在冷凝器 C 中将热量传给冷却水，同时本身凝结成水；给水泵 D 将冷凝水送入汽锅，完成一个循环。这种简单的蒸汽动力装置的理想循环称为朗肯循环。

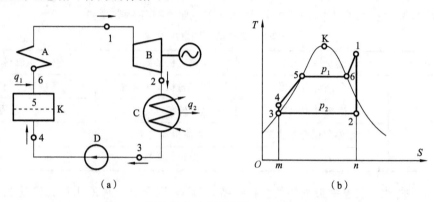

图 2-2　简单蒸汽动力装置的理想循环示意图

图 2-2(b)所示的为朗肯循环的 T-S 图。图中：4-5 所示的为水在汽锅中，压力 p_1 下被加热到沸腾温度的过程；5-6 所示的为水在汽锅中，在压力 p_1 下的汽化过程；6-1 所示的为蒸汽在压力 p_1 下，在蒸汽过热器中的过热过程；1-2 所示的为蒸汽在汽轮机中的绝热膨胀过程，并输出功；2-3 所示的为在压力 p_2 下，乏汽在冷凝器中的凝结过程；3-4 所示的为冷凝水在水泵中的绝热压缩过程，需消耗功。

在过程 4-5、5-6 和 6-1 中，热量是在一定的压力 p_1 下加入，等压下加入的热量可以由过程的初始点和终点的焓差来表示，这样加入的热量 q_1 为

$$q_1 = i_1 - i_4$$

在 T-S 图上，此热量可用加热线下的面积 m-4-5-6-1-n-m 来表示。

过程 2-3 是循环的等压放热过程，所放出的热量 q_2 为

$$q_2 = i_2 - i_3$$

在 T-S 图上，此热量可用面积 m-3-2-n-m 来表示。

汽轮机中的膨胀功 W_T 为（等熵过程）

$$W_T = i_1 - i_2$$

循环中水泵所消耗的功 W_P 为（等熵过程）

$$W_P = i_4 - i_3$$

循环的有效功 W_0 为（相当于 1-2-3-4-5-6-1 的面积）

$$W_0 = W_T - W_P = (i_1 - i_2) - (i_4 - i_3)$$

循环的有效热量 q_0 为

$$q_0 = q_1 - q_2 = (i_1 - i_4) - (i_2 - i_3)$$

所以循环热效率为

$$\eta_t = \frac{q_1 - q_2}{q_1} = \frac{(i_1 - i_4) - (i_2 - i_3)}{i_1 - i_4} = \frac{(i_1 - i_2) - (i_4 - i_3)}{i_1 - i_4}$$

由于在较低的初始蒸汽参数（3 MPa 以下）的动力装置中，水泵消耗的功 $i_4 - i_3$ 比 $i_1 - i_4$ 小得多，可以略去不计，则循环热效率的近似式为

$$\eta_t = \frac{i_1 - i_2}{i_1 - i_4}$$

从图 2-2(b)可看出，在相同的背压 p_2 下，如果提高蒸汽的初始温度 t_1 和压力 p_1，就能提高循环热效率，从而增加平均进热温度。但是蒸汽初始参数的提高，受到材料耐热性、设备的强度及设备可靠性等各方面限制，不能无限制提高。由于工作条件的限制，船舶蒸汽参数一般低于陆用的。目前国外已对更高蒸汽参数的船用蒸汽轮机动力装置进行了研制。

在相同的蒸汽初始压力 p_1 和初始温度 t_1 下，降低背压 p_2 也能使热能效率提高。因为背压降低，所以放出热量减少。但背压不能无限制降低，它受到冷却水温度和冷却器尺寸的限制，因为冷凝温度(饱和温度)不能低于或等于冷却水温度。

上面所介绍的简单理想循环中，由于在冷凝器中冷却水带走了冷凝蒸汽的汽化潜热，热量损失约占加入到循环中热量的 60%～70%，导致循环效率较低。然而，一般船舶蒸汽动力装置并没有完全按照这种循环工作，而是在这种循环的基础上适当地加以改进以提高热效率。即在如图 2-1 所示装置中增加了给水预热器，如图 2-3 所示。给水预热器是利用已在主机做过部分功的蒸汽的汽化潜热来预热给水的。在这种情况下，进入冷凝器的蒸汽量减少了，被冷却水带走的热量也就相应减少了，所以循环热效率得到了提高。这种利用主机或辅机的乏汽来加热给水的循环称为再生循环。现代的民用船舶，为了提高动力装置的经济性，给水预热级数达到 4～5 级。

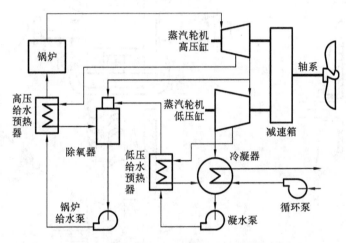

图 2-3 民用船舶蒸汽轮机动力装置示意图

2.1.2 蒸汽轮机原理与结构

1. 冲动式蒸汽轮机

蒸汽轮机是一种旋转式发动机，蒸汽在蒸汽轮机中的工作过程是连续的，并且具有两次能量转换：首先是将蒸汽的热能转变为蒸汽流的动能，然后是将动能转变为转动叶轮的机械功。图 2-4 所示的为单级冲动式蒸汽轮机工作原理简图，在图 2-4 中，蒸汽在安装于机壳(也称汽缸)5 上固定不动的喷管 4 中发生膨胀，使压力降低，蒸汽的热能转变为动能，此时蒸汽流速度增加。当高速蒸汽流流经安装于叶轮 2 圆周上的许多弯曲的动叶片 3 时，动叶片的形状使蒸汽流方向改变，由此产生了对叶片的冲动力，推动固定在轴 1 上的叶轮 2 旋转做功，将蒸汽的动能转变成轴 1 旋转的机械能。这种利用冲动力做功的原理称为冲动作用原理。其中轴 1 的二端支承在轴承 6 上。

蒸汽在喷管中,由于横截面大小是逐渐变化的,因而产生了不同程度的膨胀,导致压力降低,从而使速度提高。在工作叶片槽道中,蒸汽流过时并不发生膨胀,同时压力也没有什么变化,而蒸汽以较低的速度 c_2 流出。这种仅仅利用喷管喷出高速汽流的动能通过离心力作用推动叶轮而做功的蒸汽轮机,就称为冲动式蒸汽轮机。

2. 反动式蒸汽轮机

图 2-5 所示的为单级反动式蒸汽轮机简图。在反动式蒸汽轮机中用叶片组成的环形叶栅 3 代替了喷管,固定在静止不动的机壳 5 上,这些叶片称为导向叶片。当蒸汽自进汽管 1 进入进汽室 2,经固定不动的导向叶片时压力下降,由 p_1 降低到 p',而蒸汽速度大为提高,由 c_0 提高到 c_1。高速气流随即流过装在转鼓 6 上的工作叶片 4,并沿工作叶片间槽道转变方向,其离心力作用于工作叶片上,同时由于工作叶片槽道截面不断变化,因此蒸汽在工作叶片中流过时继续膨胀使压力进一步降低到 p_2,由于工作叶轮中蒸汽流相对速度由 w_1 增至 w_2,产生了反作用力,两者合力的作用使转鼓旋转,将动能转变为机械能。

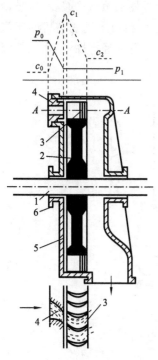

图 2-4 单级冲动式蒸汽轮机工作原理简图

1—轴;2—叶轮;3—动叶片;
4—喷管;5—机壳;6—轴承

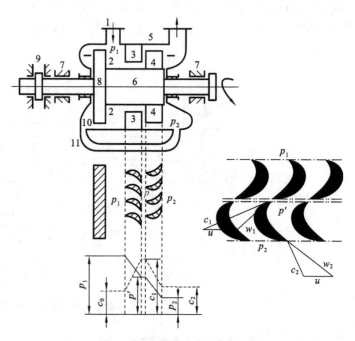

图 2-5 单级反动式蒸汽轮机简图

1—进气管;2—进气室;3—环形叶栅;4—工作叶片;5—机壳;6—转鼓;
7—支承轴承;8—平衡活塞;9—止推轴承;10—左端空间;11—连接管

从图 2-5 可以看出,转鼓 6 二端支承于轴承 7 上,由于安装在转鼓上的工作叶片前后二端有压力差,因此产生了不平衡的轴向推力(往右)。为了平衡轴向推力而设有平衡活塞 8,其右端受蒸汽压力作用,左端空间 10 有连接管 11 与排汽空间相连,作用的压力很低,因此有向左的压差作用力借以平衡转鼓的轴向推力,使止推轴承 9 的负荷大为减轻。

3. 多级式蒸汽轮机

上述中一列工作叶片加上它所属的一列喷管或导向叶片构成了蒸汽轮机"一级"。简单的蒸汽轮机只有一列喷管和一列工作叶片,称为单级蒸汽轮机。为了提高循环效率,得采取较高的蒸汽参数,蒸汽轮机背压取得较低,使得蒸汽在发动机中膨胀时具有较大焓降,如集中在一列喷管内转变为动能,则喷管出口蒸汽有极大的流速 c_1,而叶轮圆周速度 u 与蒸汽流速 c_1 之比值(通常称 u/c_1 为特性比)有一最佳范围,对冲动级而言,特性比在 0.46～0.48 左右,对反动级而言,特性比应保持在 0.92～0.96 之间。因此在高的蒸汽流速 c_1 下为保证最有利的特性比,必须相应增大轮周速度 u,但轮周速度 u 受蒸汽轮机转子强度限制,通常轮周速度限制在 250～300 m/s,这样蒸汽流速 c_1 也就不能太大,否则损失要大大增加,所以单级蒸汽轮机效率总是很低。为了改善这种情况,一般采用两种分级的方法,一种是速度分级,另一种为压力分级。

如果蒸汽在一列喷管中获得的动能,分别由两列或三列工作叶片来接受,即蒸汽的速度分别在两列或三列工作叶片中依次降落,则称为速度分级的蒸汽轮机。图 2-6 所示的为双速度级蒸汽轮机的简图,在加宽的叶轮轮缘上装有二列工作叶片 1 和 2。蒸汽首先在喷管 4 中一次膨胀,由进气压力 p_0 一直膨胀至背压 p_2,在后面的工作叶片(1 和 2)或导向叶片 3 中均不发生膨胀。高速蒸汽流在第一列工作叶片中把部分动能转变为机械能,速度由 c_1 降为 c_2,此速度仍相当高,应该设法继续将该部分动能转变为机械能,因此装在机壳 5 上的导向叶片 7 改变蒸汽流方向后蒸汽流进入第二列工作叶片继续做功,最后以较低速度 c_2' 流出蒸汽轮机。因蒸汽速度依次地在工作叶片中分两次降落,故称为双速度级的(又称双圈轮),如果分别在三列工作叶片中降落则称为三速度级的(又称三圈轮)。因为速度级再增加会导致附加损失也相应增加,蒸汽轮机的效率提高甚微,所以没有必要做成四速度级的。

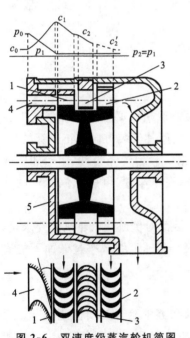

图 2-6 双速度级蒸汽轮机简图

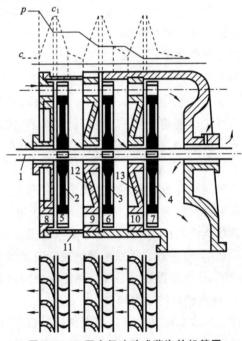

图 2-7 三压力级冲动式蒸汽轮机简图

这种速度分级的蒸汽轮机,效率较低,作为独立的原动机只能用来带动小功率辅机。它的特点是结构简单,质量轻,尺寸较小,造价便宜。

压力分级蒸汽轮机是将蒸汽轮机的全部压力降落分配在若干级内完成的,这样在每一级中的焓降就不会过大,蒸汽从每一级的喷管中流出的速度 c_1 亦较低,在蒸汽轮机适当的转速下,蒸汽的动能可以较完全地被一列工作叶片所接受而转变为推动转子旋转的机械能。图 2-7 所示的为具有三压力级的冲动式蒸汽轮机简图。三个叶轮2、3、4固定在同一轴1上,每一叶轮的轮缘上分别装有一列工作叶片5、6和7,各列工作叶片前分别有喷管8、9和10。除第一级喷管安装在汽缸11上以外,其余各级分别固定在隔板12、13上。蒸汽依次在各级喷管内发生膨胀,压力下降而速度增加,它在工作叶片中,只是发生速度的变化。

压力分级的蒸汽轮机效率可以比速度级蒸汽轮机效率高,因此一般大功率的蒸汽轮机总是采用压力分级的。冲动式蒸汽轮机级数随蒸汽参数,功率大小及对经济性要求而言,可在较大范围内变动,一般做成14~20级。为了减少一些蒸汽轮机的级数,不使其结构过于复杂,多级蒸汽轮机的第一压力级常常采用双速度级的形式,因速度分级能承受较大的焓降。通常蒸汽轮机采用冲动式的,而燃气轮机采用反动式的。

4. 蒸汽轮机的分缸和倒车

为了提高蒸汽轮机的效率等原因,蒸汽轮机高压部分和低压部分通常分开,做成不同的转速,分成几个汽缸,目前大多数为双缸(高压与低压),也有分成三缸(高压、中压和低压)的。蒸汽轮机做成多缸,除效率可提高外,还有许多优点,如多缸可缩短机组的纵向尺寸并增加其刚度。由于多缸蒸汽轮机小齿轮传动的功率减小(全部功率分配到几个小齿轮上),整个齿轮传动机构的尺寸与质量均减小。分缸后每缸的进排汽温度差别大为减小,因此机壳的应力及变形减小。此外,分缸可提高汽缸的使用周期,当一缸损坏后,另一缸还可继续运转。蒸汽轮机分缸有许多好处,但从结构上来讲,多缸机组比单缸机组复杂,因此有些小功率,蒸汽参数较低的机组可设计成单缸,如军舰上7 350 kW左右的常为单缸,22 000 kW以上的一般为双缸。双缸机组一般功率分配如下:

对于民用船舶,　　　　　$P_H:P_L=1:1\sim 1:0.8$

对于军用船舶,　　　　　$P_H:P_L=1:1\sim 1:1.2$

式中:P_H——高压缸功率;P_L——低压缸功率。

蒸汽轮机按其工作原理是不能倒车的,但是船舶主蒸汽轮机组必须保证船舶能够在一定的航速下倒航,为此在主蒸汽轮机轴上另装有倒车级。它的叶片安装方向和正车级的相反,当正车旋转时,没有蒸汽通过倒车级,因此它只是空转。根据实际运转经验,民用船舶的倒车级蒸汽轮机功率应为顺航蒸汽轮机全速功率的40%~50%,对于军舰,倒航蒸汽轮机的功率一般为顺航蒸汽轮机的20%~30%,有时还要小些。

倒航蒸汽轮机一般是与正车蒸汽轮机装在同一缸内,因此对倒航蒸汽轮机的要求是,尽可能简单和小巧,一般选用双速度级或三速度级作为倒车级。当速度级效率过低而不能满足功率要求时,往往在速度级后加一两级压力级,以提高其效率。

5. 蒸汽轮机的功率调节

商船大多数时间以额定速度航行,但在进出港口以及在雾中航行时须低速航行。而改变航速是用调节主蒸汽轮机的功率来实现的。另外蒸汽轮机一般还要有超负荷能力(一般是全速功率的10%~15%),以便克服不利的航行条件,如逆风、风浪等情况以及考虑特殊的需要。对于军舰而言,除了全速外,经常以较低的巡航速度和经济速度航行,因此调节蒸汽轮机的功率是十分必要的。

调节功率最简单的方法是,改变安置在蒸汽轮机主汽管上主进气阀(或称操纵阀)的开启程度(简称开度)。在全功率时阀门完全开启,蒸汽流经该阀时的压力降最小;如减小阀的开度,流动阻力增加,蒸汽受到节流而压力下降,引起绝热焓降的减少,从而改变了蒸汽轮机的功率,这种用节流方法改变蒸汽轮机前蒸汽状态的调节称为变质调节。当主进汽阀开度减小时,进入蒸汽轮机的蒸汽量亦同时减少,它同样会导致蒸汽轮机功率的降低,这种调节方法使效率大大降低,所以一般辅蒸汽轮机采用节流调节,因它操作十分方便,机器构造亦简单。

大多数蒸汽轮机用喷管来调节蒸汽量,从而改变蒸汽轮机的功率。如图2-8所示的为喷管调节简图,图中有四个喷管组,每组包括若干个喷管,第一组直接与主蒸汽管相通,由主进汽阀1控制,其他三组由喷管阀2、3和4来控制。改变完全开启的喷管阀的数目,就改变了工作喷管的多少、进汽弧的长短和流通面积的大小,从而改变了流入蒸汽轮机的蒸汽量的多少,改变了蒸汽轮机的功率。这种调节方法不改变蒸汽的初始状态,只改变蒸汽量,故称变量调节。而实际应用喷管调节时往往采取既有变量又有变质的混合调节方法。

由军舰战斗使用经验表明,军舰在其全部运转期间内只有极短时间以全速航行(占全部航行时间20％左右,甚至更少),大部分时间以比全速低很多的慢速(巡航速和经济速)航行。因此为了改善舰用蒸汽轮机低负荷时的经济性,在主蒸汽轮机组中用装置慢速级或单独设计一台巡航机等方法来调节蒸汽轮机功率。

6. 蒸汽轮机的齿轮传动设备

主蒸汽轮机的转速较高,一般为3 000～9 000 r/min,这种高转速机器不能直接带动螺旋桨,因此在主蒸汽轮机与螺旋桨之间必须有中间减速传动设备。目前舰船蒸汽轮机装置一般采用齿轮传动,因为它效率很高,一级减速的传动效率为0.97～0.98;二级减速的传动效率为0.96～0.97。而且齿轮的传动比也较大,单级传动比可达20,双级传动比可达160。商船单级传动比不超过20,而商船主蒸汽轮机与螺旋桨转速比值在35～50之间,因此必须用二级传动。军舰单级传动比不超过15,否则大齿轮直径会急剧增大,引起布置、制造和运转上的困难。图2-9所示的齿轮传动设备的主要工作机件是主动的小齿轮和从动的大齿轮,图2-9(a)所示的是单级传动,图2-9(b)所示的是二级传动。输入轴1用于高压蒸汽轮机与小齿轮相连,输入轴2用于低压蒸汽轮机与小齿轮相连。船舶蒸汽轮机机组中的传动齿轮制造精度要求高,因为它的尺寸大,大齿轮直径甚至达到4～4.5 m,传递功率也较大,一般为11 000～22 000 kW,更大的可达60 000 kW以上。制造精度要求高的主要是节距和齿厚。这个公差不超过8～10 μm,而且齿面表面粗糙度要求也较高。

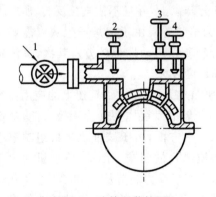

图2-8 喷管调节简图
1—进汽阀;2,3,4—喷管阀

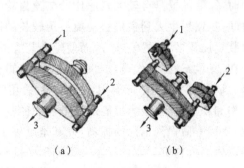

图2-9 齿轮传动简图

7. 蒸汽轮机的有效效率及耗汽率

蒸汽轮机的有效效率和耗汽率都是衡量蒸汽轮机经济性的一个重要经济指标。蒸汽轮机有效效率 η_e，根据商船统计资料表明，它是随输出功率的变化而改变：

368～1 100 kW，　　　　　　　　$\eta_e = 0.6～1.7$
1 100～3 680 kW，　　　　　　　$\eta_e = 0.70～0.75$
3 680～7 350 kW，　　　　　　　$\eta_e = 0.75～0.80$
7 350～1 840 kW，　　　　　　　$\eta_e = 0.77～0.83$

蒸汽轮机经济与否，可以用效率高低来衡量，也可以具体地用消耗蒸汽的多少来判断。对每一台造好的蒸汽轮机都可以直接测定它的耗汽量，为了相互比较，通常以 1 kW·h 所消耗的蒸汽量为标准，通称耗汽率，即

$$d_e = D_T / P_e \quad (kg/(kW \cdot h))$$

式中：D_T——每小时流过蒸汽轮机的蒸汽量；P_e——蒸汽轮机发出的有效功率。

现代蒸汽轮机耗汽率 d_e 为 3.3～4.5 kg/(kW·h)。功率在 18 400～36 800 kW 范围内，采用较高蒸汽参数和中间再热循环的蒸汽轮机组耗汽率可达 2.7 kg/(kW·h)左右。

2.1.3 装置特点与应用

蒸汽轮机动力装置的特点是：单机功率较大，能满足大型船舶和大、中型水面舰艇功率的要求。蒸汽轮机工作的过程是连续的，调节汽流流通截面的大小使工质量增减，就能改变蒸汽轮机输出功率的大小。新型蒸汽轮机的单机功率达 55 000～66 000 kW，由于推举器吸收功率的限制，不需要生产更大功率的船用蒸汽轮机。蒸汽轮机是高速旋转机械，运转时没有周期性往复运动部件所产生的振动和噪声，工作十分平稳，机件间的摩擦部分较少，因此装置工作可靠、使用寿命长。在大功率范围内，装置的单位功率质量较小。据统计，在 11 000 kW 以上的蒸汽轮机动力装置的质量小于同功率的柴油机动力装置的质量，而功率小于 11 000 kW 的蒸汽轮机动力装置则比同功率的柴油机动力装置要笨重一些。这就是现代部分大型船舶采用蒸汽轮机动力装置的主要原因之一。此外，蒸汽轮机动力装置对燃料品质要求低，能使用劣质油和煤，在柴油机没有解决用重油的年代，则显示了它的优越性。

但是，蒸汽轮机动力装置的能量转换过程比较复杂，热效率较低，耗油率较高，总的经济性能较差，只有 32% 左右的热能转换成有用功，而 58% 左右的能量被冷凝器中冷却水带走，10% 左右的能量被排入大气或以其他方式损失，所以它的燃油消耗率可达 232～313 g/(kW·h)。蒸汽轮机转速高，一般每分钟可达几千转，有的高达几万转以上，并且不能直接反转，所以作为船用时，需要配置具有较大减速比的减速齿轮装置和倒车装置。由于锅炉产生蒸汽需要一定的时间，从锅炉生火到主机启动要经历较长的准备时间，所以机动性也较差。其次，蒸汽轮机动力装置设备多，装置复杂，从而使整个装置的质量和尺度较大。

在 20 世纪 60 年代前，蒸汽轮机动力装置在大型船舶及大、中型水面舰艇上的应用占绝对优势。1973 年后，由于能源因素的影响，民用船舶动力装置的发展主要转为积极节能，降低主机功率和耗油率，以最大可能地降低船舶的营运费用；另一方面，由于柴油机单机组功率不断增大，使用寿命得到很大的提高，尤其是解决了燃用劣质燃料的问题。因此，柴油机动力装置逐渐取代蒸汽轮机动力装置在大型船舶中的地位。军用舰艇动力装置从 20 世纪 60 年代开始也发生重大的变化。由于蒸汽轮机动力装置的主要缺点，不能适应所赋予它的战斗使命，大、中型水面舰艇则转向采用先进的、以燃气轮机组为主的联合动力装置。

2.2 舰船燃气轮机装置

2.2.1 舰用燃气轮机装置的组成

目前舰用燃气轮机装置绝大多数是用航空燃气轮机改为船用的,因为航空型燃气轮机装置结构轻巧紧凑,工作可靠,改装也较方便。图 2-10 所示的为舰用燃气轮机装置简图。它由轴流式压气机、燃烧室及驱动压气机的燃气轮机(高压涡轮)和动力燃气轮机(低压涡轮)组成。通常把压气机、燃烧室和高压涡轮看做一个整体,称为燃气发生器。

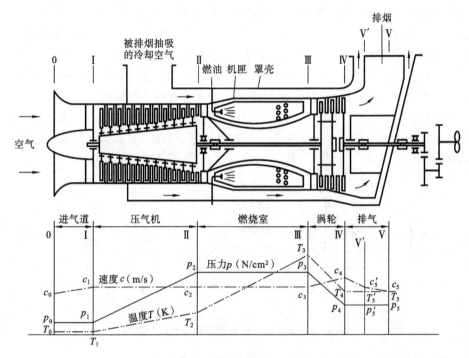

图 2-10 舰用燃气轮机装置简图

在运转中,燃气轮机的压气机由大气中吸入定量的空气并将其压缩到某一压力后供给燃烧室以及燃烧室与机匣之间的环形通道。流向燃烧室的那部分空气(称为一次空气)是供给燃烧室作油气混合并燃烧用的,而流向环型通道的那部分空气(称为二次空气)则是用做冷却燃烧室和掺混高温燃气的。燃油和空气混合、燃烧后所产生的炽热气体,其温度高达 1 500~2 000 ℃。这种高温燃气,必然要对燃烧室进行强烈的辐射热交换和对流热交换。如果燃烧室的内壁不进行冷却,就极易烧坏。所以需要保证在环形通道中间有一定量的空气流过。另外,燃烧室的高温燃气如果直接流入燃气涡轮中,涡轮的材料也承受不了,所以也需要有大量的冷却空气去和这种高温燃气掺混,将燃烧气温度降到燃气涡轮材料所许可的最高持续温度以下。

燃气涡轮的作用是将来自燃烧室的高温高压燃气的热能转换成轴上的机械能,以驱动压气机和通过挠性联轴器、减速装置驱动螺旋桨。图 2-10 还表示出空气-燃气流经燃气轮机时,其流速、压力和温度的变化情况。

燃气轮机的基本工作原理和结构同蒸汽轮机的大致相同,它由固定不动的导向叶轮和旋转的工作叶轮等部件组成,所不同的是,蒸汽轮机的工质是蒸汽,燃气轮机的工质是燃气。同时燃气轮机是反动式的,而蒸汽轮机多数是冲动式的。一台船用燃气轮机的总级数为 2~5 级,比蒸汽轮机的级数少得多。

2.2.2 简单热力循环过程

舰用燃气轮机装置几乎都采用简单的热力循环形式。图 2-11 所示的为燃气轮机装置简单热力循环过程示意图。如图 2-11(a)所示,大气压状态的空气被压气机 1 吸入,空气在压气机中压力从 p_1 压缩到压力 p_2,整个压缩过程如图 2-11(b)中线段 1-2 所示。为了从热力学观点来研究定压燃烧的燃气轮机装置的循环,可以把实际过程理想化。假定在压缩过程中与外界无热交换,气体无流动损失,则可以把压缩过程看成绝热等熵压缩过程,压力和温度同时升高。当空气经过压气机后进入燃烧室 2,同时向燃烧室喷入燃油,燃油和一次空气混合并在定压下燃烧,形成高温燃气,温度可达 1 500~2 000 ℃,图中线段 2-3 可看做等压加热过程。二次冷却空气(占总空气量 65%~75%),经环形通道渗入高温燃气,使温度降低到叶片材料所允许的范围再进入燃气轮机 3 和 4。燃气在燃气轮机中膨胀做功,这过程同样假定燃气与外界无热交换,燃气无流动损失及泄漏,图中的线段 3-4 可看成绝热等熵膨胀过程。最后做过功的废气从烟囱排入大气,由于燃气还具有一定热量,排入大气就会向大气放热,大气是一个无限的定压空间,所以可把图中线段 4-1 看成等压放热过程,这就完成了燃气轮机装置理想简单的热力循环。

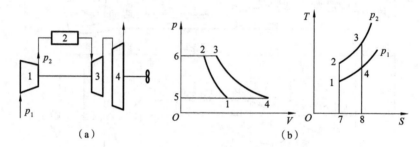

图 2-11 燃气轮机装置简单热力循环示意图

理想压气机所消耗的功在 p-V 图上用面积 12651 来代表,即
$$W_0 = 面积\ 12651 = i_2 - i_1$$

工质在燃气轮机中进行绝热等熵膨胀过程,所做的功在 p-V 图上可用面积 34563 来代表,即
$$W_T = 面积\ 34563 = i_3 - i_4$$

装置的循环有用功,即膨胀和压缩之差,在 p-V 图上可用封闭过程线所围面积 12341 来代表,即
$$W_O = W_T - l_C = 面积\ 12341 = c_P T_3 \left(1 - \frac{T_4}{T_3}\right) - c_P T_1 \left(\frac{T_2}{T_1} - 1\right)$$

在 T-S 图中,定压加热线 2-3 下的面积代表加入热量,亦为加热终点和始点之焓差,并假定燃气定压比热 c_P 不随温度变化而变化,是一个定值,即
$$q_1 = 面积\ 23872 = i_3 - i_2 = c_P(T_3 - T_2)$$

同样,放给冷源的热量 q_2 为
$$q_2 = 面积\ 41784 = i_4 - i_1 = c_P(T_4 - T_1)$$

T-S 图中封闭过程线所围成的面积亦代表循环有用功 W_0,即

$$W_0 = q_1 - q_2 = 面积 12341$$

现求装置的循环热效率,按定义

$$\eta_t = 1 - \frac{q_2}{q_1} = 1 - \frac{i_4 - i_1}{i_3 - i_2} = 1 - \frac{T_4 - T_1}{T_3 - T_2}$$

由于线段 1-2 和线段 3-4 是绝热过程,所以有

$$\frac{T_3}{T_4} = \left(\frac{p_3}{p_4}\right)^{\frac{k-1}{k}} \quad 及 \quad \frac{T_2}{T_1} = \left(\frac{p_2}{p_1}\right)^{\frac{k-1}{k}}$$

假定循环增压比 $\pi = \frac{p_2}{p_1}$,循环温度升高比 $\lambda = \frac{T_3}{T_1}$,则

$$m = \frac{k-1}{k}$$

因为 $p_3 = p_2$, $p_4 = p_1$,所以 $\frac{T_3}{T_4} = \frac{T_2}{T_1}$,并得到

$$\frac{T_3 - T_2}{T_4 - T_1} = \frac{T_2}{T_1} = \pi^m$$

循环热效率最后可写成

$$\eta_t = 1 - \frac{1}{\frac{T_2}{T_1}} = 1 - \frac{1}{\pi^m}$$

循环有用功的表达式经过换算可得

$$W_0 = c_P T_1 [\lambda(1 - \pi^{-m}) - \pi^m + 1]$$

从上面的关系式可得出如下结论。

(1) 理想简单热力循环的效率 η_t,只取决于增压比 π 和气体的绝热指数 k。增压比越大,效率越高,k 增大,效率也增大,但 k 值变化小,所以对 η_t 的影响不大。

(2) 理想简单热力循环中,当 π 一定时,温度升高比 λ 越大,则有效循环功 W_0 就越大。但理想循环热效率 η_t 却是不变的,因在循环中对工质所加入的热量 q_1 增加,同时工质向冷源放出的热量 q_2 也随着增加。

(3) 当温度升高比 λ 一定时,有效循环功 W_0 在随增压比 π 变化时,会出现一个最大值 $W_{0\,max}$,在 $W_{0\,max}$ 时的增压比称为有效功的最佳增压比 $\pi_{W_0\,max}$。此值可从循环有用功的表达式对 π 微分得到,即

$$\pi_{W_0\,max} = \sqrt[2m]{\lambda}$$

(4) 当理想简单热力循环的温度升高比 λ 提高时,不仅其 $W_{0\,max}$ 的绝对值有所增加,而其相对应的 $\pi_{W_0\,max}$ 也增大。

上面所讨论的是理想情况下的燃气轮机装置的循环,而在实际简单循环中:在压气机和燃气轮机中,工质都存在流动损失、泄漏损失等;在燃烧室中存在燃烧不完全损失等;气流在进排气道和燃烧室中还有气体的流阻损失等。所有这些损失都会影响燃气轮机实际效率和有效功的输出。因此,如何降低燃气轮机装置内部损失,提高输出功率,是燃气轮机装置的重要研究课题。

2.2.3 燃气轮机装置的主要优缺点

舰船燃气轮机动力装置是指以燃气轮机为主机的动力装置。它自 20 世纪 50 年代末期起,尤其是 20 世纪 60 年代中期,已得到了极其广泛的应用。燃气轮机动力装置的功率总数日

益增长,装舰使用范围已由快艇发展到了护卫舰、导弹驱逐舰、巡洋舰和直升机航空母舰等。这是由于舰用燃气轮机装置相比其他各种装置有着一些突出的优点,其优点如下。

(1) 燃气轮机对舰船所需的功率指令反应迅速,从冷态启动到发出全功只需 2~3 min,在紧急状态下,还可缩短到 1 min 左右。这一点大大优于蒸汽轮机和大功率中、低速柴油机。并为改善舰船的机动性和操纵性创造了优越的条件。

(2) 舰船燃气轮机的单机功率比较大。各国在 2 940~8 820 kW 和 14 700~23 520 kW 的功率范围内,均已有各自比较成熟的机组,而且,有些单机功率已达 29 400~36 750 kW。因此,燃气轮机的发展已为舰船航速的提高和其动力装置的简化提供了有利的条件。

(3) 舰船燃气轮机的质量轻,尺寸小。单位功率的机组质量已由 4~8 kg/kW 降低到 0.22~0.27 kg/kW,它几乎是柴油机的 1/10。这一点对于舰艇来说极其可贵。它既能有效地缩小动力装置的质量、尺寸,增加燃油装载量,扩大通信和武备的总容量,又能提高生命力和续航力。

(4) 舰船燃气轮机的所有辅助系统和设备,均附设于机组本体上,而且配有可靠的自动控制和调节设备,因此操作简便,容易实现全船自动化和远距离集中操纵等。

(5) 因为燃气轮机是回转机械,又比较轻巧,结构上容易实施合理的减振支承和挠性支承,所以机械噪声源少、机械噪声量小,且不易通过舰体向水下传播,使作战舰艇的隐蔽性有所改善。

(6) 舰船燃气轮机的运行可靠性较好,其翻修寿命有的已能达到 10 000 h 以上。另外,也正由于机组本身的质量和尺寸比较小,容易实现快速更换,当需要翻修时,极易将整机通过进、排气管道吊离舰船。目前,已能在 24 h 内完成整个机组吊装和更换工作,这样就大大提高了舰船的实际服役率。同时,也大大简化了舰上的维修保养工作,有利于减少在舰人员。

(7) 与蒸汽轮机和柴油机动力装置相比,燃气轮机的滑油消耗量比较低。目前已达 1~5 kg/h,故可用较小的滑油柜来代替庞大的滑油储存舱。

(8) 由于燃气轮机轻巧又容易实现全自动化监控和远距离集中控制,故机组一般可置于密闭机罩内,有利于隔声、隔热、防化和防原,从而改善了机舱工作条件。这在蒸汽轮机动力装置和柴油机动力装置的舰船上是难以办到的。

基于上述这些独特的优点,在近几十年来,各国均大力研究和发展舰用燃气轮机,且已将其安装于各类新建水面舰艇上,特别是中、小型水面舰艇上。但是,在舰艇燃气轮机动力装置的发展中,与蒸汽轮机、柴油机动力装置相比,还有许多亟待进一步研究解决的问题。

(1) 燃气轮机的油耗率与柴油机相比,仍然偏高。2 940~8 820 kW 的舰船燃气轮机额定负荷下的燃油消耗率为 313~435 g/(kW·h),14 700 kW 以上的大功率机组,以美国比较先进的 LM2500 机组为例,其燃油消耗率已达 240 g/(kW·h),接近中、高速柴油机的水平。还有待进一步研究改进,以利于节省燃油和增大舰船续航力。

(2) 目前的舰船燃气轮机,几乎均使用轻柴油以上的低黏度、优质燃料油,而不像柴油机能用重油,从而导致其燃料费用大大增加。

(3) 舰船燃气轮机的低负荷运行性能比较差,效率低、油耗高、易超温、易喘振。所以不宜长期处于低负荷工况下运行。

(4) 虽然舰船燃气轮机的比功(指每秒每千克空气在机组内所能发出的机组有效功率)已由过去的 118~147 kW/(kg/s) 逐渐提高到 294 kW/(kg/s),但是,它的耗气量仍然很大。以 18 375~20 580 kW 的机组为例,空气消耗量仍然高达 61~110 kg/s。此外,考虑到进、排气管系流阻的大小、流场的分布对燃气轮机动力装置的有效功率有很大的影响,因此在舰船上必须设置非常庞大的进、排气管。这就使燃气轮机动力装置的质量与尺寸明显增大,也影响全舰有效甲板面积的利用以及舰体结构强度。

(5) 在燃气轮机的气体流路中,气流的紊流度强、涡流源多,因此,燃气轮机在工作时会发出频谱较宽、能量较强的气动噪声。在进、排气管管口附近的噪声,可达 115 dB 以上,严重影响舰船指战员的正常工作和健康,所以必须采取消声措施。

(6) 目前的舰船燃气轮机不能逆转,因此,舰船的制动和倒航,要靠可调螺距螺旋桨或倒车传动齿轮来解决。这就导致动力装置的复杂化。

综合以上所述,燃气轮机动力装置虽然目前还存在着一些需要进一步完善的问题,但是这并不影响它在舰船上的重要作用和应用。相反,它会随着高温耐热合金材料、冷却技术的研究和运用、新型可倒机组的研究以及热力循环的不断完善等,变得更经济、更可靠、更适用于舰船。

2.3 柴油机动力装置

2.3.1 柴油机的基本构造和工作原理

柴油机是以柴油为燃料,且燃料在机器内部(气缸中)经过燃烧,将化学能转变为热能,并以燃气为工质,再将热能转变为机械能的一种内燃式热力发动机。由于它热效率高,经济性好,使用安全可靠,因此,无论在陆地上或船舶上都获得了广泛的应用。

1. 柴油机的主要部件及常用名词

柴油机根据其工作原理,可分成四冲程柴油机和二冲程柴油机等两大类。这两大类柴油机在结构上有一定的区别。

图 2-12 所示的为四冲程柴油机的主要部件,它包括如下部分。

(1) 固定部件　包括机座、机身、主轴承、气缸套、气缸盖等。

(2) 运动部件　包括活塞、活塞销、连杆、连杆螺栓、曲轴等。

(3) 配气机构　包括凸轮轴、顶杆、摇臂、进气阀、排气阀、气阀弹簧等。

(4) 燃油系统　包括高压喷油泵、高压油管、喷油器等。

(5) 辅助部件　包括进气管、排气管等。

此外,柴油机还必须具备润滑、冷却、操纵控制、调整、传动等系统的零部件。

二冲程柴油机的主要部件如图 2-13 所示,它包括如下部分。

(1) 固定部件　包括机座、主轴承、机架、导板、扫气箱、气缸体、气缸盖等。

(2) 运动部件　包括活塞、活塞杆、十字头、连杆、曲轴等。

(3) 配气机构　包括凸轮轴、凸轮轴传动链、排气转阀等。

(4) 燃油系统　包括喷油泵、高压柴油管、喷油器等。

(5) 增压系统　包括增压器、单向阀、空气冷却器等。

此外,它也具有润滑、冷却、传动、操纵调节等系统。

柴油机活塞在气缸中所处的位置通常采用下列名词术语(见图 2-14)来表述。

(1) 上止点　活塞在气缸中运动的最上端位置,也就是活塞离曲轴中心线最远的位置,俗称上死点。

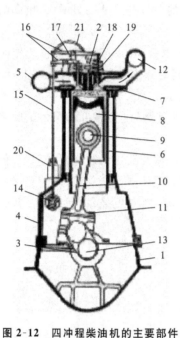
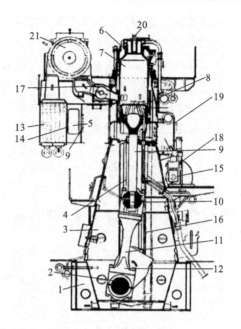

图 2-12 四冲程柴油机的主要部件
1—机座；2—喷油器；3—主轴承；4—机身；
5—进气管；6—气缸套；7—气缸盖；8—活塞；
9—活塞销；10—连杆；11—连杆螺栓；12—排气管；
13—曲轴；14—凸轮轴；15—顶杆；16—摇臂；
17—进气阀；18—排气阀；19—气阀弹簧；
20—高压喷油泵；21—高压油管

图 2-13 二冲程柴油机的主要部件
1—机座；2—主轴承；3—机架；4—导板；
5—扫气箱；6—气缸盖；7—气缸体；8—活塞；
9—活塞杆；10—十字头；11—连杆；12—曲轴；
13—空气冷却器；14—单向阀；15—凸轮轴；
16—凸轮轴传动链；17—排气转阀；18—喷油泵；
19—高压柴油管；20—喷油器；21—增压器

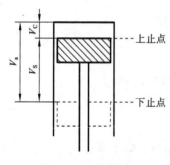

图 2-14 气缸容积

(2) 下止点 活塞在气缸中运动的最下端位置，也就是活塞离曲轴中心线最近的位置，俗称下死点。

(3) 冲程(行程) 指活塞从上止点到下止点间的直线距离，常用 S 表示。它等于曲轴半径 R 的 2 倍 ($S=2R$)。活塞移动一个冲程相当曲轴转动 $180°$。

(4) 缸径 气缸内径，常用 D 表示。

(5) 压缩容积 活塞在气缸内位于上止点时，在活塞顶上的全部空间（活塞顶与气缸盖底面之间所包含的空间），称为压缩容积，以 V_C 表示。

(6) 气缸工作容积 活塞在气缸中从上止点移到下止点时所经过的空间，又称为活塞排量，以 V_S 表示。

$$V_S = \frac{\pi}{4} D^2 S$$

气缸工作容积常用"L"(升)作为计算单位。

(7) 气缸总容积 活塞在下止点时，活塞顶以上的气缸全部容积称为气缸总容积，以 V_a 表示。

$$V_a = V_S + V_C$$

2. 柴油机的工作原理

1) 四冲程柴油机工作原理

柴油机的循环是通过进气、压缩、工作（燃烧及膨胀）、排气四个过程来实现的。这样四个连续的过程就称为柴油机的一个工作循环。四冲程柴油机的一个工作循环是在活塞的四个冲程（即曲轴旋转两周）内完成的。

图 2-15 所示的四个简图，分别表示四冲程柴油机四个冲程进行的情况和活塞等部件的有关动作位置及 $p\text{-}V$ 图上的表示线段。

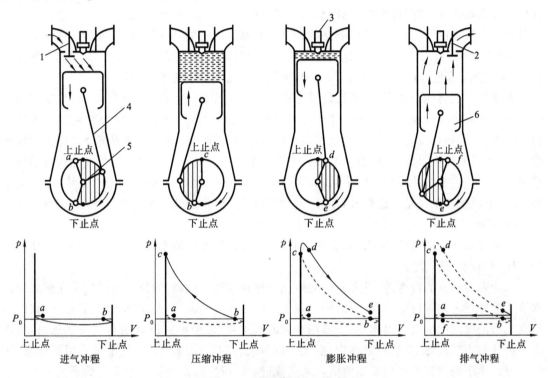

图 2-15 四冲程柴油机工作原理
1—进气阀；2—排气阀；3—喷油器；4—连杆；5—曲轴；6—活塞

第一冲程——进气冲程。由于燃烧必须要有空气，故在燃油送入之前，应先进入空气。活塞从上止点下行，进气阀 1 打开，由于气缸容积不断增大，缸内压力下降，依靠气缸内外的压差，新鲜空气经进气阀被吸入气缸。气阀开启的时刻由曲柄位置点 a 表示，一般进气阀在活塞到达上止点之前就提早打开，它的关闭也一直延迟到下止点之后（点 b）。曲柄转角 ϕ_{ab}（图中阴影线所占的角度）表示进气过程，为 $220°\sim250°$。

第二冲程——压缩冲程。要使燃油自行发火燃烧，必须使空气具有足够的温度。将吸入的空气进行压缩，才能使空气达到足够高的温度和压力。当活塞从下止点向上运动到点 b 时，进气阀 1 关闭，开始压缩，一直到上止点。进气冲程吸入的新鲜空气经压缩后，压力增高到 $3\sim6$ MPa（此压力称为压缩终点压力，用 p_c 表示），温度升至 $600\sim700$℃，这个温度可保证燃油的发火。高压燃油在压缩过程的后期（即点 c 之前时），通过喷油器 3 喷入气缸，并与气缸中的空气混合、加热，并自行发火燃烧。图中压缩过程用曲柄转角表示 ϕ_{bc}，为 $140°\sim160°$。

第三冲程——工作（燃烧及膨胀）冲程。在冲程之初，由于燃油剧烈燃烧，使气缸内的压力和温度急剧升高，压力达 $5\sim8$ MPa（甚至高达 13 MPa 以上），温度为 $1\,400\sim1\,800$℃或更高。

高温高压的燃气(即工质)膨胀推动活塞下行而做功,活塞的往复运动通过连杆 4 推动曲轴 5 做回转运动。由于气缸容积逐渐增大,压力开始下降,在上止点后 $40°\sim 60°$ 的曲柄转角后(点 d)燃烧基本结束。而气缸中的压力和温度随着燃气的膨胀而逐渐下降,一直到气缸盖上的排气阀 2 开启时膨胀结束。膨胀终了时,燃气压力降至 $0.25\sim 0.45$ MPa,温度降到 $600\sim 750$℃,排气阀则在下止点前(点 e)开启,因而在此冲程末期,排气过程已开始。图中膨胀过程用曲柄转角 $\phi_{cd\text{-}e}$ 表示。

第四冲程——排气冲程。为使下一循环的新鲜空气再次进入,应先将气缸内的废气排出,在燃烧和膨胀冲程末期,排气阀 2 开启,这时活塞尚在下行,废气靠气缸内外压差,经排气阀排出气缸。当活塞由下止点上行时,剩余的废气被活塞推出气缸,此时的排气过程是在略高于大气压力(为 $1.05\sim 1.1$ 倍大气压)且其压力基本上保持稳定的情况下进行的。排气阀在下止点前(点 e)开启,延迟到上止点后(点 f)关闭,排气过程以曲柄转角 ϕ_{ef} 表示。

在进行了上述四个冲程后,柴油机就完成了一个工作循环,即曲轴回转两周,活塞移动四个冲程完成一个工作循环。每个工作循环中只有膨胀冲程是做功的,在这个冲程里完成了燃料化学能转变为热能和热能转变为机械能的两次能量转换。其他三个冲程都是为膨胀冲程做准备的,都需要外界供给能量,因此柴油机常做成多缸的。这样进气、压缩、排气冲程所需的能量可由其他正在膨胀冲程的气缸供给,如果是单缸柴油机,则可由较大的飞轮供给,即在工作冲程时,柴油机带动飞轮加速旋转,依靠飞轮的旋转惯性,带动柴油机完成其他三个冲程。

2) 二冲程柴油机工作原理

二冲程柴油机把进气、压缩、燃烧及膨胀、排气过程紧缩在活塞的两个冲程内完成,即曲轴每旋转一周就完成一个循环。

二冲程柴油机的特点是,没有专门的排气冲程和进气冲程,它的排气与进气是在膨胀冲程末及压缩冲程之初进行的,其废气的排出除了一部分自由泄放外,剩余部分则靠压入气缸的新鲜空气来把废气扫出去。为此,必须采用专设的扫气泵,以便增加进入的新鲜空气压力,以将剩余废气扫出气缸,这个过程就称为"换气过程",又称"扫气过程"。扫气泵可采用罗茨泵、活塞泵等。由于采取扫气代替柴油机活塞来完成进、排气过程,因此每一个工作循环减少了两个辅助冲程,能在每两个冲程内得到一个做功冲程,这就大大提高了柴油机做功能力。按照扫气方式的不同,二冲程柴油机又有几种形式,常见的有直流扫气和横流扫气,如图 2-16 所示,图 2-16(a)所示的为直流扫气,图 2-16(b)所示的为横流扫气。

直流扫气的结构特点是,气缸盖上只有排气阀没有进气阀,在气缸盖上装有排气阀机构,在气缸套的下部周围均布着一圈扫气口,在活塞下行打开扫气口前,通过排气阀传动机构先把排气阀打开,气缸中的废气经排气阀排出,进行自由排气,使气缸内的压力降低到可以进行扫气的数值。随后,扫气口开启,新鲜空气从扫气箱中经扫气口进入气缸下部进行扫气,并强迫废气由下而上经排气阀排出气缸。这种换气形式的主要缺点是排气阀机构比较复杂,管理检修较麻烦。

横流扫气的结构特点是,气缸盖上没有进、排气阀。进气与排气都是经过气缸下部的扫气口与排气口进行的,所以结构较简单,管理方便。

现在以图 2-17 所示的直流扫气二冲程柴油机的工作过程说明二冲程柴油机的工作原理。

第一冲程——扫气及压缩。活塞自下止点向上移动时活塞在遮住扫气口之前,扫气空气通过扫气口进入气缸,扫气空气是由柴油机附带的扫气泵供给的,气缸中残存废气被扫气空气从排气阀中排出。活塞继续上行,先遮住扫气口(曲柄在点 f 的位置),空气停止充入,接着排

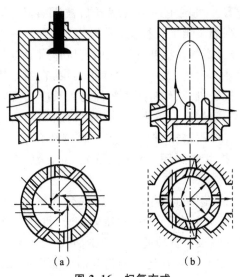

图 2-16 扫气方式

(a) 直流扫气；(b) 横流扫气

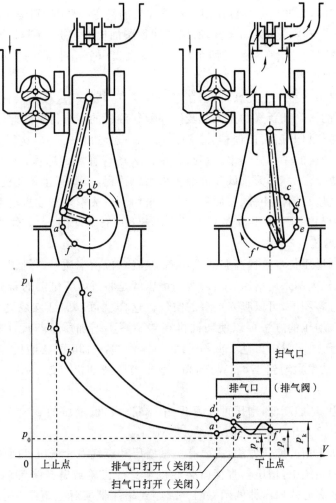

图 2-17 二冲程柴油机工作原理

气阀关闭(曲柄在点 a 的位置),气缸中的空气就开始被压缩,压缩至上止点(点 b)前一些在(点 b'),喷入燃油。燃油在高温高压下自行发火燃烧。

第二冲程——燃烧膨胀及排气。活塞在燃气的高压作用下向下运动,由于气缸容积增大,压力开始下降,在上止点后某一时刻(点 c 位置)燃烧结束,直到排气阀打开(点 d 位置),排气阀打开比扫气口打开更早,扫气口开启前,压力较高的大量废气便从排气阀排出。气缸内的压力迅速下降到稍高于扫气空气的压力,在扫气口开启(曲柄在点 e 位置)后,扫气空气进入气缸,同时把气缸内的废气从排气阀挤出,扫气过程一直持续到下止点(点 f' 位置)后活塞将扫气口全部遮住(点 f 位置),排气阀关闭(点 a 位置)为止。活塞继续运动,又开始了下一个循环。

从上述情况可以看出二冲程柴油机有以下一些特点。

(1) 二冲程柴油机能在每两个冲程内(曲轴每转一转)得到一个做功冲程。这就提高了柴油机的做功能力,对于两台气缸尺寸及转速相同的柴油机,二冲程的功率似乎应比四冲程的大1倍,但实际上由于二冲程柴油机热负荷比四冲程柴油机的严重,加上气口损失以及扫气所耗的功率影响等,功率只为四冲程的 1.6~1.8 倍。显然,如果柴油机功率相同则二冲程柴油机的质量较轻。

(2) 在构造方面,二冲程柴油机较四冲程柴油机的简单一些,特别是横流扫气式二冲程柴油机,它完全省去了气阀及其传动装置,所以二冲程柴油机的维护,保养就简单得多。

(3) 由于二冲程柴油机在活塞的两个过程内就完成一个循环,做一次功,因而它的回转要比四冲程柴油机的均匀。

二冲程柴油机虽然有以上优点,但也存在一些缺点,其换气过程远没有四冲程进行得那样完善,气缸内废气的清除和新气的充入都较四冲程柴油机的困难得多。此外,二冲程柴油机进入气缸的新气在排气口开启着的时候,会随同废气一起泄出一部分,这就增加了新气的消耗量,从而损失了柴油机的一部分功率。那么究竟什么场合宜用四冲程,什么场合宜用二冲程,则要视具体情况决定。一般,大型低速柴油机采用二冲程,小型高速柴油机多采用四冲程。至于中型、中速柴油机,目前四冲程、二冲程均有所采用。一般军用柴油机功率较大,考虑到质量与尺寸,采用二冲程较多,而民用柴油机的功率不超过 736 kW 的,大多数采用四冲程。

3. 柴油机的增压

柴油机采用的增压技术是提高柴油机功率,减轻单位功率质量,降低柴油机油耗的一项有效措施,所以柴油机大都采用增压方法。所谓增压就是将进入气缸前的新鲜空气的压力提高,因此在同样的气缸容积下,可以吸入更多的空气。这样就可以保证燃烧更多的燃油从而提高了柴油机的功率。增压的方法可以使柴油机在差不多不增加质量与尺寸的条件下增加功率 50%,而在高度增压的装置中可达 100%~120%。例如,6-135 型柴油机,非增压时有效功率是 88 kW,增压后功率猛增到 176 kW。6350 型非增压柴油机有效功率为 442 kW,增压后可提高到 662 kW。

按照增压压力 p_k 的高低,增压可分为低、中、高三级:低增压的 $p_k<0.15$ MPa,中增压的 0.15 MPa$<p_k<0.2$ MPa,高增压的 $p_k>0.2$ MPa。

目前柴油机所采用的增压方法,主要有机械增压和废气涡轮增压等两种。

在机械增压的系统中,增压器直接由柴油机本身的齿轮或链条来带动。图 2-18(a)所示的为一齿轮传动的离心式增压器的示意图。离心式增压器实际上就是一小型离心式压气机,新鲜空气被均匀地吸入压气机叶轮 1,叶轮由柴油机带动旋转,所以空气在压气机叶轮中的内部被离心力抛向四周,加上叶片之间的流道从进口到出口是收缩的,因此空气一边被抛出叶轮,一边也被压缩,其压力、流速均大大增加。空气进入蜗壳 2 时,由于蜗壳的截面沿着叶轮逐步增大,气流流速下降,压力进一步提高。最后增压后的空气经气管 3 和进气阀 4 进入柴油机气缸。机械增压的柴油机中,增压压力一般不能太高(以 0.16～0.17 MPa 为宜),因为增压压力过高将引起增压器消耗功率过大而降低柴油机的经济性。

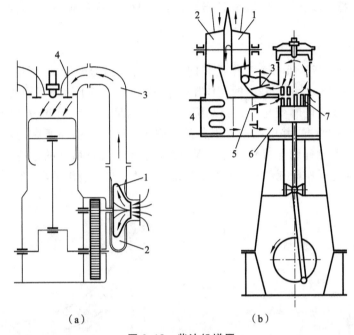

图 2-18 柴油机增压
(a) 机械增压;(b) 废气涡轮增压

废气涡轮增压方法除了可以减轻每千瓦的单位质量 30%～53%外,其经济性亦可大大提高,是增压柴油机上应用得最广泛的一种方法。图 2-18(b)所示的是废气涡轮增压器的简单原理图。废气涡轮增压器由废气涡轮 1 和同轴装置的增压器 2(离心式压气)所组成。气缸中的炽热高压废气通过早已打开着的排气转阀 3,经过排气管进入废气涡轮 1,废气涡轮驱动同一轴另一端的增压器 2 以高速(10 000 r/min 左右)旋转,废气经过涡轮工作后排至外界(或排至废气锅炉)。新鲜空气被增压器吸入并在其中被压缩到一定压力,然后进入中间空气冷却器 4 先进行冷却,因为空气经增压器压缩后温度升高,并且随增压压力的提高而急剧升高。高温增压空气不仅使气缸充气量(以质量计)减少,而且使工作循环的平均温度提高,从而使各有关部件的热负荷增加,柴油机的工作可靠性和寿命降低,所以必须对空气进行冷却。空气冷却后经单向阀 5 流入扫气箱 6。在压缩过程中,由于活塞上行的抽吸作用,扫气箱中的压力不断下降,当下降到低于进气管中增压空气的压力(约为 0.17 MPa)时,单向阀自动打开,增压空气便通过单向阀流入扫气箱中;当活塞下行到打开排气口下方两侧的主扫气口 7 时扫气过程开始,新鲜空气进入气缸将废气挤走。此后活塞再往下行打开位于排气口下方的辅助气口,另一股新鲜空气便从这些气口吹入气缸,使残存的废气得到更彻底的清扫。

废气涡轮增压器带动增压器的功率完全由废气涡轮供给,并不消耗柴油机的有效功率,因此可以采用较高的增压度,增压比可达 3.5～4,从而使柴油机平均有效压力大大提高,燃料消耗率下降,可达 190 g/(kW·h)以下。

2.3.2 柴油机的工作参数

为了分析比较柴油机的工作性能和质量的好坏,常用一些工作参数把它的全貌综合地反映出来。柴油机的工作参数主要有动力性参数和经济性参数。一台柴油机从性能上来看,首先使人关注的是以一定的大小尺寸能发出多少功率,而发出这些功率需要耗费多少燃料。前者就是指这台机器的动力性,后者就是指它的经济性,这些都可以用不同的指标和参数来表示。

1. 指示指标

常用 $p\text{-}V$ 图表示柴油机一个工作循环内气缸中燃气压力随活塞位移而变化的情形。如图 2-19(a)所示,纵坐标表示气缸内的气体压力 p,横坐标相当于活塞行程的气缸容积 V,气缸内气体的压力和容积是同时变化的,可以用示功仪器测量出来。因此,$p\text{-}V$ 图可用来研究柴油机工作过程进行的情况,并可用来算出柴油机完成一个工作循环所做的功,所以把 $p\text{-}V$ 图称为示功图。图中各过程线与横坐标间包围的面积表示各过程所做的正功和负功。燃烧膨胀所做的功减去其他过程所消耗的功,就是柴油机一个循环向外输出的功(图中阴影线所包围的面积)。

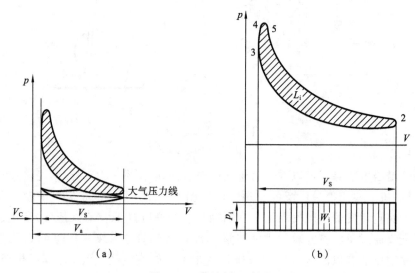

图 2-19 柴油机示功图

1) 平均指示压力 p_i

假定有一个在整个活塞行程内不变的压力作用在活塞上,使活塞在一个行程内所做的功与闭合循环(即阴影线所包围的面积)所做的功相等,如图 2-19(b)所示,则 $W_i = p_i V_s$,这个假定不变的压力称为平均指示压力 p_i。它代表了在实际循环中每单位气缸容积所做的功。表示气缸内气体工作循环所做功的大小,即

$$p_i = \frac{W_i}{V_s}$$

式中:V_s——气缸工作容积,m³。

一般计算时,平均指示压力的单位用 MPa,以 p_i 表示,即

$$p_i = \frac{W_i}{V_s \cdot 10^6}$$

平均指示压力 p_i 是指柴油机工作循环中每单位气缸工作容积所做的指示功,平均指示压力越高,标志着柴油机气缸工作容积利用程度越佳。目前柴油机的一般平均指示压力的数值如表 2-2 所示。

表 2-2 柴油机平均指示压力

	非增压 p_i/MPa	增压 p_i/MPa
四冲程	0.55～1.1	0.9～2.5
二冲程	0.55～0.9	0.9～1.5

2) 指示功率 P_i

从示功图知道,柴油机每个气缸,每个循环所做的功为 W_i,则每秒钟做功为

$$P_i = \frac{p_i \cdot V_s \cdot n \cdot 10^3}{60 \cdot \frac{\tau}{2}}$$

式中:n——曲轴每分钟转数;

　　　τ——冲程系数,四冲程 $\tau=4$,二冲程 $\tau=2$;

　　　p_i——平均指示压力,MPa;

　　　V_s——气缸工作容积,m³。

对于 i 个气缸的整台柴油机来说,其指示功率为

$$P_i = \frac{p_i \cdot V_s \cdot n \cdot i}{0.03\tau}$$

综上所述,提高柴油机的功率可以从增大缸径 D、冲程 S、转速 n、气缸数目 i 等来达到。气缸 D 和冲程 S 增大后,柴油机的体积和质量都要增加,造价增加,维护和修理较复杂。目前一般低速大型柴油机缸径为 840～900 mm,每缸功率 1 546～1 693 kW;超大型柴油机缸径为 980～1 060 mm,每缸功率 2 576～1 944 kW。已经接近极限,提升的可能性不大,除非在热应力的改善方面出现一个飞跃,对于军用柴油机来说,由于受到质量与尺寸限制,一般缸径不大于 400 mm,高速柴油机的缸径则小于 200 mm。气缸数目 i 随着柴油机的发展也不断增加,目前已发展到接近极限的地步,单列已到 12 缸、V 型已到 20 缸、星型的已达 56 缸,缸数增多使结构复杂,制造和维修困难。转速 n 的增加将受到活塞的平均速度的限制,因为速度越高越增加零件的磨损,运动部件的惯性力以及气缸的热应力等将影响柴油机的寿命,对于二冲程柴油机,则会影响到换气,所以转速提高受到一定限制。因此最有效的方法是提高 p_i 值也即是提高增压度。

3) 指示效率和指示耗油率

在柴油机里,每个循环喷入气缸中的燃油,并不都能做功,因为在完成一个循环时有许多损失,如由于燃烧不好而引起的不完全燃烧的损失;传给气缸壁气缸盖等受热零件而由冷却水带走的热量损失,以及由于气缸漏气所造成的热量损失等,这些都是热量的损失。通常是用指示效率 η_i 来表示这部分损失的大小,有

$$\eta_i = \frac{W_i}{Q_i}$$

式中:W_i——气缸中每循环所做的指示功,J;

Q_i——每循环喷入气缸的燃油所能发出的热量,J。

指示耗油率 g_i,它代表每一指示千瓦小时所消耗的燃油量,即

$$g_i = \frac{G_T}{P_i}$$

式中:G_T——每小时所消耗的燃油量,kg;

$$g_i = \frac{3\,600}{\eta_i H_u}$$

式中:H_u——每千克燃油的低发热值,kJ/kg。

目前船用柴油机在额定工况下的 η_i 和 g_i 值:四冲程柴油机的为 $\eta_i=0.42\sim0.50$,$g_i=0.163\sim0.204$ kg/(kW·h);二冲程柴油机的为 $\eta_i=0.35\sim0.48$,$g_i=0.151\sim0.224$ kg/(kW·h)。

由上式可知,指示耗油率 g_i 越大,即表示为了在气缸里做出 1 kW·h 的功所消耗的燃油越多。这就说明工作循环进行得不好,热损失大,此时指示效率 η_i 也就越低。所以 η_i、g_i 是表示工作循环进行得好坏的指标。

2. 有效指标

柴油机的指示指标是以工质对活塞做功为基础的。但实际上,柴油机是通过曲轴对外做功的,曲轴上的功才是实际的有效功。以曲轴上所得功为基础的指标即为有效指标,有效指标有下列几种。

1) 机械损失功率 P_m 和有效功率 P_e

机械损失功率 P_m 由以下四部分组成。

(1) 摩擦损失功率 P_{m1}　这是柴油机各相对运动部件表面因摩擦而消耗的功率。它的大小与摩擦面上的正压力、运动速度、加工质量等有关。试验表明,活塞环与气缸壁的摩擦损失,占全部损失的 55%~65%,而轴承处的损失占 35%~45%。

(2) 带动辅助机械所消耗的功率 P_{m2}　如柴油机带有喷油泵、燃油泵、冷却水泵、滑油泵、分配机构等。这些机构都要消耗柴油机的一部分功率。

(3) 泵气功率损失 P_{m3}　这种损失只产生在非增压四冲程柴油机中,即进排气过程中所引起的功率损失。

(4) 机械增压器或扫气泵功率损失 P_{m4}　机械增压器或扫气泵(罗茨泵),由于通过曲轴驱动,均需消耗一部分功率。显然废气涡轮增压或不带机械增压器的柴油机,无这种功率损失。整个机械损失功率为

$$P_m = P_{m1} + P_{m2} + P_{m3} + P_{m4}$$

将气缸内发出的指示功率 P_i 除去机械损失功率 P_m,可得柴油机输出轴向外输出的有效功率 P_e,又称轴功率或制动功率,即

$$P_e = P_i - P_m$$

柴油机有效功率是在试验台上用水力测功器直接测出的,而在船上可用扭力测功器等仪器测出。

2) 机械效率 η_m

柴油机的机械效率就是有效功率与指示功率的比值,即

$$\eta_m = \frac{P_e}{P_i} = 1 - \frac{P_m}{P_i}$$

现代船用柴油机在额定工况下 η_m 值:四冲程非增压柴油机的 η_m 为 0.75~0.85;四冲程

增压柴油机的 η_m 为 $0.73\sim0.862$;二冲程增压柴油机的 η_m 为 $0.80\sim0.95$。

3)平均有效压力 p_e

已知平均指示压力 p_i 和机械效率 η_m,可以得出柴油机的平均有效压力,即

$$p_e = p_i \eta_m$$

p_e 的数值取决于工作循环进行的完善程度和机械损失的大小。p_e 值高,则说明柴油机的强化程度高,气缸内的潜力发挥得充分,所以它是柴油机的一个极为重要的指标。

4)柴油机的有效效率 η_e 和有效耗油率 g_e

在考虑了柴油机的热损失和机械损失之后,所剩下的就是柴油机的输出功了。通常用有效效率 η_e 来表示柴油机的总效率,有

$$\eta_e = \eta_i \eta_m$$

和有效效率 η_e 相对应的是有效耗油率 g_e,它表示柴油机每发出 1 kW·h 的功率所消耗的燃油量,即

$$g_e = \frac{3\,600}{\eta_e H_u} = \frac{G_T}{P_e}$$

式中:G_T——每小时燃油消耗量,kg。

现将目前船用柴油机的 g_e 和 η_e 值列于表 2-3 中。

表 2-3 船用柴油机 g_e 和 η_e 值

柴油机类型	g_e/(kg/(kW·h))	η_e
四冲程非增压柴油机	$0.231\sim0.272$	$0.30\sim0.40$
四冲程增压柴油机	$0.204\sim0.231$	$0.35\sim0.42$
二冲程非增压柴油机	$0.245\sim0.299$	$0.30\sim0.38$
二冲程增压柴油机(低速)	$0.190\sim0.217$	$0.35\sim0.45$

2.3.3 装置的组成与特点

以柴油机为主机的动力装置称为柴油机动力装置,图 2-20 所示的为柴油机动力装置的主体部分推进装置简图,它由柴油机、传动设备、轴系和推进器等组成,图 2-20 所示形式常用于中小型船舶。柴油机与不同形式的传动设备、轴系和推进器还可以构成各种各样的推进装置形式,以满足不同船舶的使用要求。因此,如何根据船舶的用途、航区等条件来进行推进装置设备的最佳组合,是柴油机动力装置的一个重要研究课题。

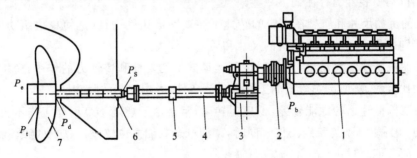

图 2-20 柴油机推进装置简图

1—主机;2—高弹性离合器;3—减速齿轮箱;4—中间轴;5—轴承座;6—艉轴;7—定距螺旋桨

柴油机是继蒸汽轮机之后较早用于船舶的一种发动机，一经使用便迅速占据了船舶动力的重要地位，在现代船舶中，不论在商船、渔船、作业船、特种船或各种军用舰艇上都得到极为广泛的应用。特别是在民用船舶上，柴油机动力装置占绝对优势。就中、小型水面快速舰艇而言，目前以燃气轮机动力装置和结构紧凑的轻型柴油机动力装置两种形式并存。当前世界上，在装舰如护卫舰、轻型驱逐舰等上，柴油机也被用做联合动力装置中的巡航机。

柴油机动力装置之所以得到如此广泛的应用，是因为从现代船舶技术要求来分析，它具有如下优点。

(1) 具有较高的经济性　这一特点主要体现在柴油机与其他几种热力发动机相比，具有最低的耗油率，因而整个装置的耗油率下降。并且柴油机耗油率还在不断降低，如苏尔寿(Sulzer)公司的 RTA 系列的最低耗油率已达到 $165.8\ \text{g}/(\text{kW}\cdot\text{h})$。这样低的耗油率，是其他发动机无法相比的。

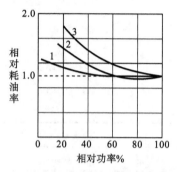

图 2-21　部分负荷时的相对耗油率%
1—柴油机推进装置；2—蒸汽轮机推进装置；
3—燃气轮机推进装置

同时，柴油机动力装置在宽广的负荷范围内耗油率变化不大，即不但在全速工况(通常为设计工况)时有高的经济性，在低速工况时也有较高的经济性。图 2-21 所示的是各种动力装置耗油率与负荷的关系。柴油机这一特点可以显著地提高舰船的续航力或减少燃料储备量。

(2) 辅助机械设备较少　除主机及传动设备外，其他辅助机械和设备较蒸汽轮机动力装置的少，因此在船上的布置较方便、灵活，维修管理也较容易。

(3) 具有良好的机动性　柴油机动力装置操纵简便、启动迅速、正倒车迅速简便。一般从准备启动(备车)到启动，主机约用 10 min 完成，主机从冷态启动到全负荷只需 30～35 min，而应急时不超过 10 min。主机倒车所需时间，不论采用哪一种方式，在几秒钟之内就可以完成，停车也只需几秒钟，动力装置停车只需 2～5 min。

(4) 在较小功率范围内(在 14 720 kW 以下时)的质量和尺寸指标较蒸汽轮机的先进，比燃气轮机的略大些。特别是高速轻型柴油机装置的质量和尺寸，比小功率燃气轮机装置的轻小，因此，小型快速舰艇中的应用占优势。

(5) 柴油机以其众多的机型和广泛的功率范围能满足各种船舶的功率要求，这也是柴油机动力装置能得到广泛应用的原因之一。

但柴油机动力装置尚存在如下一些缺点。

(1) 柴油机的尺寸和质量在一定的转速下与功率成比例增长，这使单机组功率受到一定的限制。特别是低速大功率柴油机的尺寸和质量都较大。

(2) 柴油机是往复发动机，工作时往复运动的不均匀性和惯性力的作用，使机器运转时，噪声和振动比较大，从而影响船员的工作和生活条件，影响舰艇的隐蔽性。

(3) 柴油机低速运转性能较差，低速运转时，常常由于燃烧不良引起工作不稳定，一般在额定转速的 30% 以下不能稳定工作。同时，柴油机过载能力也较差，一般仅能超载 10%，而且连续工作时间不能超过 1 h。

近年来，随着柴油机的耗油率不断的降低，单机功率增大，结构更加紧凑，柴油机动力装置的地位更加突出，成为最重要的动力装置形式之一。

2.4 核动力装置

2.4.1 核反应堆原理

一个可裂变物质的原子核(称为靶原子核)受到一个有一定的能量的中子轰击以后发生分裂,在分裂成为两个较轻的初级裂变产物(称为裂变碎片)的部分的同时,放出巨大的能量和两到三个新中子,这种现象就是原子核裂变,也就是(n,f)反应现象。其过程平均所需时间约为 10 s。基于中子引起这种反应后又产生更多的新中子,在一定的条件下,新中子又可能去轰击另一个可裂变的原子核,使之又分裂为两个次级裂变产物的部分,又再放出大量的能量和两到三个新中子;同样条件下,新中子又可能去轰击另外的可裂变的原子核而连续不断地把这种裂变,反应持续下去,连续不断地释放出能量。那么,这种以裂变物质本身持续不断的裂变反应(通常称为链式反应)为基础,并可以人为地控制其反应速率的专用装置,就称为反应堆。

反应堆中一个典型的核裂变反应:铀-235 吸收一个中子,分裂成钡和氪,同时放出两个新中子,其反应式为

$$^{235}_{92}U + ^{1}_{0}n \rightarrow [^{236}_{92}U] \rightarrow ^{137}_{56}Ba + ^{97}_{36}Kr + 2^{1}_{0}n + E$$

即在一个中子($^{1}_{0}n$)轰击铀-235 核(含 92 个质子和 143 个中子)后,先变成一个不稳定的复核铀-236,随后立即分裂成两个质量不等的核与两个中子并释放出能量 E。

一个铀-235 原子核每次裂变放出的可用能为 200 MeV,而由阿伏伽德罗常数可知,1 mol 铀-235 全部裂变所释放出的能量为

$$6.023 \times 10^{25} \times 200 \text{ MeV} = 6.023 \times 10^{23} \times 200 \times 1.6 \times 10^{-3} \text{ J}$$
$$= 1.93 \times 10^{13} \text{ J}$$
$$= 5.36 \times 10^{6} \text{ kW} \cdot \text{h}$$

1 mol 的铀-235 重 235 g,因此 1 g 铀-235 完全裂变所释放出的能量为

$$\frac{5.36 \times 10^{6}}{235} \text{ kW} \cdot \text{h} = 2.28 \times 10^{4} \text{ kW} \cdot \text{h} = 0.95 \text{ MW} \cdot \text{d}$$

这就是说,如果反应堆每天能烧掉 1 g 铀-235 核燃料,那么它所发出的功率约为 1 MW。

1 kg 铀-235 完全裂变释放出来的能量为

$$2.28 \times 10^{4} \times 1000 \text{ kW} \cdot \text{h} = 2.28 \times 10^{7} \text{ kW} \cdot \text{h}$$

与普通的石化燃料发热量相比较,体积仅为一块香皂大小的 1 kg 铀-235 核燃料全部分裂可产生约为 837×10^{8} kJ 的热量,相当于 2 800 t 优质煤,或者是 2 100 t 的燃油燃烧所发出的热量。从这里可以清楚地看到,人们之所以热衷于发展核能,正是由于铀燃料的高效。

2.4.2 压水堆核动力装置

核动力装置是以原子核的裂变反应所产生的巨大热能,通过工质(蒸汽或燃气)推动蒸汽轮机或燃气轮机工作的一种装置。目前,舰船上几乎全部采用压力水型的反应堆(简称压水堆),即以压力水作为冷却剂(也称载热剂),蒸汽作为工质的核动力装置。

压水堆核动力装置的主要组成和简单工作原理如图 2-22 所示。它由两个回路构成,在第一回路的反应堆里面的反应堆芯存放着核燃料(如浓缩铀-235)和控制棒,控制棒可控制核裂变速度及释放出的能量,同时可用控制棒启动或停堆。核裂变时释放出的热能由压力水带走,

压力水由冷却剂循环主泵供给,压力水经过反应堆被加热后温度升高,然后经蒸汽发生气(热交换器)将热量传递给第二回路的水,而本身温度下降。压力水放热后又进入冷却剂循环泵,重新进入反应堆加热,这样压力水形成一个放射性的密闭循环回路。

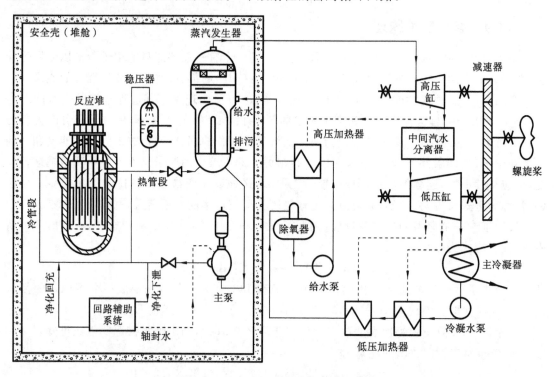

图 2-22　压水堆核动力装置原理流程图

为了反应堆能够安全可靠地正常工作,第一回路系统包括一些必需设置的辅助系统。如为了稳定和限制第一回路系统冷却剂压力波动,设有稳压器,稳压器中有压力安全和压力卸放系统。稳压器的底部通过波动管接于反应堆出口的热管段上,冷却剂可以从主回路流入稳压器,或从稳压器返回主回路中。在反应堆的入口冷管段上,引出一个能够改变和调节流量的喷雾管接在稳压器顶部喷嘴上,喷雾管用来喷射主回路中冷管段的冷却剂。系统运行时,如果工作压力超过额定的压力的上限,压力传感系统就会自动开启稳压器顶部的雾化喷嘴的压力控制阀,使主回路冷管段的冷却剂在反应堆进、出口的自身压差作用下,喷射到稳压器上部蒸汽空间内,从而使部分蒸汽冷凝,这使得回路系统逐渐恢复到其正常压力下工作,保障了系统安全、稳定运行。

第二回路是将蒸汽的热能转换为机械能或电能的装置。第二回路系统主要是由蒸汽发生器二次侧、蒸汽轮机、主冷凝器、冷凝水泵、低压加热器、除氧器、给水泵、循环水泵、中间汽水分离器和相应的阀门、管道等组成。

第二回路系统的蒸汽发生器给水,通过蒸汽发生器大量 U 形管的管壁,吸收第一回路高温高压水从反应堆带来的热量,在蒸汽发生器里蒸发形成饱和蒸汽,蒸汽从蒸汽发生器顶部出口通过蒸汽管,流进蒸汽轮机的高压缸,推动叶轮做功。其后自高压缸出来的蒸汽流经中间汽水分离器,提高干度后的蒸汽再进入蒸汽轮机低压缸,驱动低压蒸汽轮机做功,之后产生的乏汽,全部排入位于低压缸下的主冷凝器,通过主冷凝器的传热管壁,受循环冷却水冷却后凝结成水。冷凝水由冷凝水泵驱动进入低压加热器加热,再到除氧器除氧,而后经给水泵送到高压加热器再加热,提高温度后重新返回蒸汽发生器,作为蒸汽发生器给水,再进行上述循环。蒸汽轮机的功率输出端与减速器相连,通过减速器驱动螺旋桨推动舰船。

同样,为了维持蒸汽轮机的正常运行,动力装置还设有若干辅助系统,如主蒸汽排放系统、蒸汽轮机抽汽系统、冷凝水系统、给水系统、润滑油系统、水化学处理系统等。

2.4.3 核动力装置的特点

核动力装置之所以能在舰船中得到迅速的应用,是由于其具有如下优点。

(1) 核动力装置消耗极少量的核燃料就可释放出巨大的能量,这可以保证船舶以较高的航速航行极远的距离。如前苏联核动力破冰船可在一年内不进港添加燃料;美国第一艘核潜艇"鹦鹉螺"号可不补充燃料在水下环球一周(水下航速为 20 n mile/h,续航力为 30 000 n mile),该潜艇从编入舰队历时两年零两个月,总共航行 60 000 多 n mile 未添加燃料;美国货船"萨瓦那"号最大持续功率为 16 192 kW,装载一次核燃料可航行 300 000 n mile,仅消耗燃料浓缩铀 U-235 59kg,航速达 21~23 n mile/h。

(2) 核动力装置在限定舱室空间内所能供给的能量,比一切其他形式的动力装置都要大得多,也就是说,它能发出极大的功率,由此可以设计出 50~100 n mile/h 以上的核动力舰艇,目前未实现是因为受到主机制造及螺旋桨所能吸收功率的限制。

(3) 核动力装置的最大特点是不消耗空气而获得热能,这就不需要进、排气装置,因而它是潜艇极为理想的动力装置,它能大大提高潜艇的战斗力,使潜艇能长期隐蔽在深水中,不易被敌舰所发现。同样,此特点对水面舰艇也有较大意义,因不需要进、排气口,没有烟囱,故甲板开口减少,在核战争中减少从烟囱及通风机中进入放射性杂质的危险性,易于核防御,而且能减小敌人观察器材和热反应器材的发现率及避免红外线自导武器攻击的危险性。

但是,核动力装置还存在以下缺点。

(1) 核动力装置的质量和尺寸均较大。由于核燃料裂变反应时会释放出大量的放射性物质,对人体有严重的杀伤性,且污染环境,因此必须对核反应堆及第一回路周围设置多层屏蔽系统。同时考虑到意外灾害对核动力船的损坏,应对整个动力装置设置屏蔽系统,以阻止及截留放射性物质逃离反应堆外,不致污染海洋。这些屏蔽系统具有很大的质量和尺寸,使得装置质量显著增加。如 5000 t 以上的核动力舰艇装置的单位质量达 34~36.7 kg/kW,其中屏蔽系统质量占整个动力装置的 35% 以上。

(2) 操纵管理检测系统比较复杂。在防护层内的机械设备必须远距离操纵,而且在核动力船舶上还必须配置独立的其他形式的能源,来供给反应堆启动时的辅助设备和反应堆停止工作后冷却反应堆的设备所需的能量,这就增加了动力装置的复杂性。另外在核动力船舶上还必须设置专门的器械和设备装卸核燃料和排除反应堆中载有放射性的排泄物。

(3) 核动力装置造价昂贵。由于反应堆活性区的材料都是价格昂贵的稀有高级合金(如锆合金、铍金属、湖钢、奥斯汀钢等),据统计建造一个潜艇核反应堆比同样排水量潜艇的柴油机动力装置造价要高 10 倍。另一方面,核燃料亦昂贵,尤其浓缩铀,浓缩度越高价格就越贵。如核动力潜艇反应堆加满一次核燃料(约用两年至两年半)相比一般动力装置潜艇在同一时间内所需的燃料,其费用要高 10 倍左右。

(4) 核动力装置的热效率较低。由于第一回路的压力水的温度和压力受到反应堆中材料和核燃料的耐高温性能的限制,而不能提得太高(目前压力水的压力已达 14.7~19.6 MPa),否则对反应堆的构造和强度设计会带来较大困难,工作可靠性与安全性也会受到影响。因此,

第二回路蒸汽参数(压力和温度)受到限制,致使热效率较低。

目前,核动力装置主要应用于潜艇上,此外,在航空母舰、巡洋舰、原子破冰船等船上也有应用的例子,在民用船舶上的应用进展不大。

2.5 联合动力装置

联合动力装置是指由两种不同类型和型号的主机、传动装置、轴系和推进器等构成的,能发挥各主机的特性和优点,满足舰艇在不同航行工况下对动力装置的需求的动力装置。联合动力装置的构思是20世纪初为满足水面舰艇战术性能的要求而提出的。

2.5.1 水面舰艇航行工况特点

近代战斗舰艇的高速性,包括舰艇的战略速度和战术速度。前者是指长时间的持续航速,通常称为战备巡航速度,一般为17~22 n mile/h。后者是指短时间的最大航速,通称为最大航速,一般为30~35 n mile/h。而舰艇运行的特点是,要在各种航速范围内航行,但各种航速范围内航行的时间占整个舰艇服役航行的总时间的比例相差甚大。如表2-4所示,巡航速度所需功率不超过全功率的25%,运行时间却占总航行时间的80%,最大航速所需功率为全功率的80%~100%,而运行时间仅占总航行时间的3%。为了满足舰艇在最大航速航行时功率的需要,对于排水量不大(1 000~7 000 t标准排水量)的水面舰艇来说,则必须配置2 080~5 880 kW的动力装置,致使动力装置占用了相当大的排水量,使舰艇的主要矛盾——排水量问题更加突出。遗憾的是,其中75%左右的装置轴功率在绝大部分航行时间内却"搁置"不用,相应装置质量和体积就成为舰艇的额外荷重。

表2-4 大、中型水面舰艇航行工况概况

航速/(n mile/h)	航行工况占全功率台数(%)	航行时间占总航行时间分数(%)
<20	<25	80
20~28	25~80	17
>28	80~100	3

舰艇的另一主要特点是,有较大的续航力。大、中型水面战斗舰艇是海军舰艇中的主要支柱,这类舰艇的续航力一般为4000~6000 n mile。要保证这样大的续航力,不得不占用很大的排水量来储备燃料(以美国"斯普鲁恩斯"级驱逐舰为例,满载排水量为7800 t,全速为33 n mile/h,巡航速度为20 n mile/h,续航力为6000 n mile,燃料需要1611 t,占满载排水量的20%,这是一个非常可观的数据)。要想显著地减少燃料的储备量,行之有效的办法是降低舰艇巡航工况时的燃料消耗量。而对于任何形式的单一装置,为了控制装置的质量与尺寸,通常以全速作为设计工况,其结果必然导致巡航工况时的经济性甚差。因为偏离设计工况越远,其经济性越差,所以无法达到降低巡航工况时燃料消耗量的目的。现代舰艇要求动力装置既要保证在短时间内达到最大航速所需的功率,又能减小动力装置的质量、尺寸;既要确保续航力、又需减小巡航工况时的耗油率。各种单一型动力装置,都不能完全满足舰艇的这些战术技术性能的要求。于是,针对水面舰艇的性能特点,构思出在同一舰艇上,采用二种具有不同特点的发动机及装置,组成由双型发动机构成的动力装置,称为联合动力装置。由于两型发动机充分发挥其各自的优点,相互取长补短,因此能很好地满足舰艇的战术技术性能的要求。

2.5.2 联合动力装置的组成形式

联合动力装置通常在低速工况(如巡航工况)航行时由一型发动机单独工作,而在某航速以上直至全速工况范围内由另一型发动机单独工作或者二型发动机共同工作。在低工况下单独工作的发动机组称为巡航机组,在高速工况时单独工作或者与巡航机组联合工作的发动机称为加速机组。巡航机组通常采用耗油率低,使用寿命长,功率不大的发动机(如轻型柴油机、蒸汽轮机或小型燃气轮机等),其功率占总功率的 25%~50%。加速机组采用启动迅速、单机组功率大、单位质量和尺寸小的发动机(如燃气轮机),这样,舰艇既能在短时间内发出最大功率达到全航速,提高了战斗力,又能在长时间的巡航中减小燃料消耗量;增加续航力,还能减小装置的质量和尺寸,并使装置的机动性得到提高。根据这种思想,在各国海军舰艇中先后出现了多种形式以燃气轮机装置为主导的联合动力装置。表 2-5 列出了它们的组成形式及工作方式。图 2-23 至图 2-25 所示的分别为各种联合装置示意图。其中,燃气-燃气联合装置(亦称全燃联合动力装置),随着燃气轮机的经济性和寿命的大大提高,舰艇巡航功率的增加,将是大、中型水面舰艇最理想的动力装置形式。

表 2-5 联合动力装置的组成形式及工作方式

序号	构 成	名称	工 作 方 式	
			巡航	全速
1	蒸汽轮机与燃气轮机	COSOG	蒸汽轮机	燃气轮机
2	蒸汽轮机与燃气轮机	COSAG	蒸汽轮机	蒸汽轮机+燃气轮机
3	柴油机与燃气轮机	CODOG	柴油机	燃气轮机
4	柴油机与燃气轮机	CODAG	柴油机	柴油机+燃气轮机
5	巡航燃气轮机与加速燃气轮机	COGAG	巡航燃气轮机	巡航燃气轮机+加速燃气轮机
6	巡航燃气轮机与加速燃气轮机	COGOG	巡航燃气轮机	加速燃气轮机

舰用联合动力装置主要形式如下。

(1) 汽-燃联合动力装置 这种装置由于蒸汽轮机装置的一系列优点,与燃气装置联合后,能适应于功率较大的轻型舰艇,蒸汽轮机动力装置保证在 80% 全速以下航行所需的功率(即全功率 50% 左右),以使经济及质量尺寸指标为最有利。蒸汽轮机-燃轮机联合装置如图 2-23 所示。

(2) 柴-燃联合动力装置 这种动力装置以柴油机为巡航基本动力,燃气轮机为加速或高速航行时的动力,主要有柴油机+加速燃气轮机(CODOG 或 CODAG),如图 2-24 所示。

柴-燃联合动力装置中用得较多的是 CODOG 型柴-燃交替推进方式。由柴油机驱动进行巡航时的低速航行;由燃气轮机单独驱动做高速航行。柴油机和燃气轮机驱动的转换由自动同步离合器实施,这使 CODOG 在装置结构、控制和运行方面得以简化,提高了系统的可靠性。柴油机功率是按巡航速度需要而选定的,故能更加突出舰艇巡航工况下低油耗的优点,以获得更大的续航力;燃气轮机则按全速航行状态选用,使其接近额定工况运行,这样既能满足舰艇高速航行时的功率需求,又能保持较低的油耗而获得经济效益。

柴-燃联合动力装置的另一种推进方式是 CODAG 型,通常采用三机两轴式配置方式,即一台燃气轮机,两台柴油机驱动双螺旋桨。巡航采用柴油机,较高航速采用燃气轮机,全航速

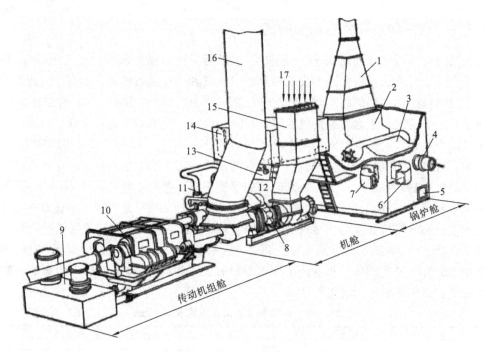

图 2-23 蒸汽轮机-燃气轮机联合动力装置
1—锅炉烟囱；2—省煤器；3—锅炉；4、5—巡航鼓风机进、出风口；6、7—主鼓风机进、出风口；
8—燃气轮机；9—主滑油泄油箱；10—传动机组；11—汽轮机；12—控制板；13—机舱控制台；
14—轮机控制室入口；15—消声器；16—燃气轮机排气管；17—燃气发生器进气管

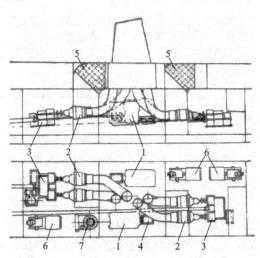

图 2-24 柴油机-燃气轮机联合动力装置
1—柴油机；2—燃气轮机；3—主减速器；4—柴油机减速器；5—进气管过滤器及消声器；6—发电机组；7—副锅炉

则采用燃气轮机和柴油机联合并车工作。这种配置方式避免了燃气轮机和柴油机单独驱动各自的螺旋桨的拖桨损失，但是存在着并车齿轮箱和控制系统复杂、两种主机同时工作的功率匹配和调速同步等问题。

柴-燃联合动力装置还有一种演变形式是 CODEAG 型，即柴电燃联合动力装置。这种动力装置采用双轴推进。在低速时，柴油发电机组向同轴直流推进电动机供电；在高速时，燃气轮机驱动螺旋桨，直流推进电动机也投入工作。

(3) 燃-燃联合动力装置 这种动力装置根据巡航主机和加速主机功率的大小,又分为燃-燃交替使用动力装置(COGOG)和燃-燃联合使用动力装置(COGAG),如图2-25所示。

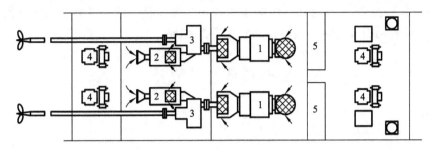

图 2-25 燃气轮机-燃气轮机联合动力装置
1—燃气轮机(加速);2—燃气轮机(巡航);3—齿轮箱;4—柴油发电机;5—日用油柜

在COGOG中,加速机组的功率远大于巡航机组的功率;在COGAG中,巡航燃气轮机的功率也比较大,在高速时联合使用可提高舰艇的最高航速。

随着柴油机技术的发展,轻型高速高增压大功率柴油机已可满足护卫舰及小型驱逐舰的需要。这种全柴联合推进方式一般由两或三台同一型号柴油机通过并车带动一根推进轴。

2.5.3 联合动力装置的特点与发展趋势

根据联合动力装置的工作特性,其具有如下特点。

(1) 因为采用了质量很轻的燃气轮机装置来提供很大一部分装置功率,因而联合动力装置的单位质量和绝对质量显著减小。

(2) 由于采用了耗油率低的巡航装置,可以增大续航力或减小燃油储备量。

(3) 由于加速机组和巡航机组彼此独立,提高了装置的可靠性,即任何一个机组发生故障都不会完全破坏动力装置的工作。

(4) 由于采用了燃气轮机装置,提高了舰艇的机动性,由启动迅速,由巡航到全速工况过程加快。

(5) 燃气轮机装置进排气管道巨大,增加了机舱结构及布置上的困难。

(6) 由于采用两种不同类型机组,所用燃油不一样,相应燃油管路较复杂,而且两台机组共同使用一台主减速器,致使该减速器结构较复杂。

目前,联合动力装置主要应用于大、中、小各种水面舰艇中,如大型高速炮艇、猎潜艇、护卫舰、驱逐舰和巡洋舰等,已成为各国海军竞相研究和采用的主动力装置形式,其发展趋势和要研究解决的问题可归结为如下几点。

(1) 燃气轮机联合动力装置是一种新型动力装置,与常规动力装置相比具有明显的优越性,已为各国海军所普遍采用和大量建造。

(2) 随着燃气轮机的不断发展和日益完善,舰艇联合动力装置的形式也不断变化和日趋完善,护卫舰目前普遍应用CODOG,驱逐舰则应用COGOG和COGAG。联合动力装置发展初期所出现过的COSAG和CODAG装置,由于常规部分所占比例大,优越性受到限制,因而已经淘汰,目前已不再建造这类舰艇。

(3) 除了燃气轮机之外,联合动力装置必须具有一整套结构复杂和技术要求很高的推进传动系统,它包括大功率高速齿轮、液力耦合器、各式离合器和同步离合器、弹性和挠性联轴器,以及大功率调距桨等传动设备,这些传动设备的技术水平和在推进传动系统中的配置是否合理,将显著影响联合动力装置的性能。随着联合动力装置的不断发展,推进传动系统也日益简化和完善。

(4) 燃气轮机的进、排气道和自动同步离合器是伴随燃气轮机联合动力装置的出现而出现的,在研制这种动力装置时必须加以研究和妥善解决。

2.6 船舶轴系与动力传递方式

2.6.1 船舶轴系

1. 轴系的作用与组成

船舶轴系的作用是将主发动机发出的扭矩传递给螺旋桨,同时又将螺旋桨所产生的轴向推力,通过轴系、推力轴承传至船体以推动舰船运动。为了保证轴系在各种运行情况下能安全可靠地工作,要求轴系应具有足够的强度、刚度,以及质量轻、尺寸小、传递功率大、效率高、维修方便、防漏装置可靠和有严格的制造工艺等。

通常直接与主机相连接并有推力轴承的轴称为推力轴。安装螺旋桨的轴称为螺旋桨轴(或推进轴)。在轴系穿过船体的地方装有专设的艉轴管;通过艉轴管的轴称为艉轴。有时螺旋桨位置靠近艉轴管,在此情况下,螺旋桨轴与艉轴成为一体,此时螺旋桨轴就起艉轴作用。如果螺旋桨远离艉轴管,则螺旋桨轴和艉轴就要分开,并在船体外用联轴器连接,连接推力轴和螺旋桨轴之间的轴均称为中间轴。

轴的任务和要求不同,船体型线和动力装置形式也不同,轴系所包括的具体组成部件也不完全一样。图 2-26(a)所示的是没有艉轴架的轴系构造图,常见于单轴系的船舶,而图 2-26(b)所示的是带有艉轴架 1(俗称美人架)的轴系构造图,常见于双轴系的船舶,它和单轴系所不同的主要是从艉轴管伸出的还有一相当长度的螺旋桨轴 2,为了支承螺旋桨质量和保护螺旋桨轴以及由它而产生的影响,必须装设尾轴架支承轴承 3。

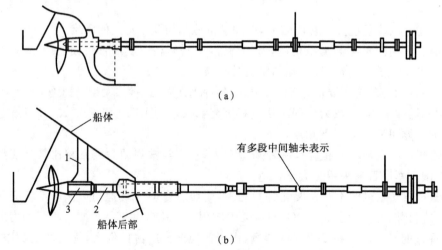

图 2-26 船舶轴系结构图
1—艉轴架;2—螺旋桨轴;3—尾轴架支承轴承

中间轴通过的水密隔舱壁上设有隔舱填料箱,隔舱填料箱的作用为在一舱室浸水时防止水流入其他舱室,平时应松开,不受负荷,当危险时才予以压紧,平时填料箱不作为支承点使用。在艉轴伸出船体的地方装设艉轴管,艉轴管穿过艉端舱壁的地方装有尾轴填料箱。

船舶轴系一般由主机输出端伸向艉部,但是在个别特种舰船上,例如,破冰船、轮渡等,除有艉轴系外,常常装有艏轴系。

2. 轴系的布置

轴系的布置取决于船体的结构,主发动机和螺旋桨的布置,同时轴系布置必须结合整个舰船设计任务和要求,以及螺旋桨、船体设计来进行。轴系的数目取决于船舶种类、船的航行性能、主机形式、装置的生命力和可靠性,以及轴系在船上布置的可能性等。

由于机舱位置和艉部型线的关系,较大船舶的轴系可长达数十米,中间轴有六至七根之多。在艉部机舱的船上,轴系很短,有时不用中间轴,而由推力轴直接和螺旋桨轴相连。在轴系较长的船舶上,必须装有水密的轴隧,在机舱和艉尖舱间围成水密的隔弄,以使轴系与货舱隔开。轴隧用水密门与机舱相通,供检修轴承,维护工作之用。轴隧高度应允许能搬运轴系的任何部件,一般在 2 m 左右,轴隧中走道宽度应不小于 500 mm,铺有花铁板和扶手。轴隧长度超过 15 m 时,艉部必须开有逃生出口,直通上甲板,以备发生事故时轮机人员直接由轴隧逃出。轴隧艉部常留有较大空地,以供放置备用轴、轴系各种零件及油箱等物。但小型舰艇就没有设置轴隧的必要。

1) 螺旋桨的布置

轴线的艏部位置是依发动机或减速器的法兰盘中心而定的,其艉部位置取决于螺旋桨在船艉部的布置。民用船舶的轴系布置应尽可能与船体基线平行,同时也要尽量避免把轴系布置得有偏斜,这样螺旋桨的推力可以全部作为推进船舶用。由于主机是全部设备中最重的设备,考虑船舶的稳定性和船舶的结构强度,在机舱布置的允许条件下应尽量将其位置布置得低一些。另一方面,为能充分利用螺旋桨的有效推力,螺旋桨的中心应与水面有一定距离,根据螺旋桨设计尺寸和船舶艉部吃水深度 T,如图 2-27 所示,其大致为 $T=(0.65\sim0.70)D$,D 为螺旋桨直径。为了使螺旋桨不致和船体的外板相距太近而造成船体的振动,以及增加不必要的附加阻力,应保证螺旋桨叶尖与船体之间有足够的间隙,船舶规范,对推进器与艉柱、舵之间的最小间隙(见图 2-27)都有规定,建议不小于如下数值:$f=0.1D$;$b=0.18D$;$c=0.10D$;$d=0.04D$。

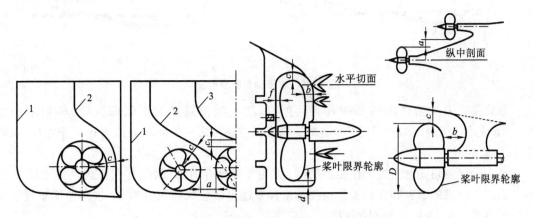

图 2-27 螺旋桨在艉部布置示意图
1—横艏剖面肋骨线;2—边桨盘面处肋骨线;3—中间桨盘面处肋骨线

一般推荐单桨轴系螺旋桨与艉柱、舵之间的间隙范围如下。

$$f=(0.10\sim 0.25)D, \quad b=(0.18\sim 0.30)D, \quad c=(0.10\sim 0.20)D, \quad d=(0.04\sim 0.06)D$$

图 2-27 所示带有尾轴架的螺旋桨布置图中,其推荐的间隙值为

$$c=(0.20\sim 0.40)D, \quad b=(0.20\sim 0.50)D$$

对于图 2-27 所示三桨装置的螺旋桨,其桨距 $a=(0.05\sim 0.08)D$,$c=(0.20\sim 0.25)D$,视具体情况可以取 $c=(0.15\sim 0.20)D$。

2) 轴线位置的确定

理想的轴线位置最好是安放成和船体基线(龙骨线)平行,而在多轴线时,二舷轴线最好是和纵舯剖面平行;但是这样理想的轴线布置往往是很难实现的。因为轴系的首尾位置必须依从于主机的布置和螺旋桨的安装,所以有时轴线和基线成倾斜角 α 或与纵剖面成偏斜角 β,如图 2-28 所示。轴系的倾斜给推进装置带来不利影响,降低了螺旋桨的有效推力,为了使有效推力不致显著下降,以及保证主机工作的安全可靠,一般 α 角限制在 $0°\sim 5°$ 之间,而 β 角限制在 $0°\sim 3°$ 之间。但是对于快艇动力装置来说,倾斜角 α 可达 $12°\sim 16°$,但超过 $16°$ 是很少的,因为这样会大大减小推力而降低航速,并使主机润滑情况恶化。

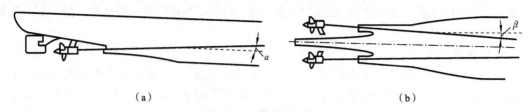

图 2-28 轴线的倾斜角和偏斜角

3) 小艇轴系布置的特点

小艇轴系的最大特点是,具有较大的倾斜角 α,该角可根据螺旋桨直径 D、主机减速箱输出法兰盘中心至发动机油底壳最低点距离 H、发动机油底壳最低点至船底距离 h,以及螺旋桨叶与船体外壳间隙 S 等因素而定,如图 2-29(a) 所示。

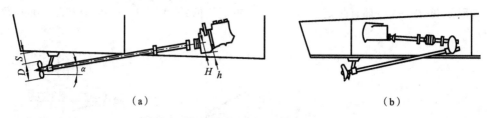

图 2-29 小艇轴系布置简图

螺旋桨叶尖与船体之间必须具有间隙,以防止碰击同时减小艉部振动,H 值不小于 100 mm 或不小于螺旋桨直径的 15%,减速箱底部与船体之间的间隙 h 应考虑工作方便,一般不小于 35 mm。

过大的倾斜角 α 对主机工作是不利的,而且布置也有困难,因此有些快艇经常采用 V 形传动以改善主机的布置和它的工作条件。这样做还可以使机舱放在艉部,这对船体布置及重心配置也有好处,如图 2-29(b) 所示。

一般小艇在近海或内河航行,经常有搁浅和碰撞的危险,因此对螺旋桨应设置防护装置,在螺旋桨底部用护柱保护。

小艇艉部型线的突然开高,使螺旋桨轴跨距增大,因此轴系转速接近于临界转速,这样危

险性较大,而且轴系弯曲度也很大,需经精确计算确定其是否安全,有时还必须在适当处增加一或两个支承点。

轴系运转时,承受着复杂的负荷:传递主机所发出的扭矩,螺旋桨本身重量引起的弯曲,螺旋桨旋转时所发出的经轴系和推力轴承传至船体的推力(所造成的压缩和拉伸),以及轴在一定转速下,由于轴的弯曲和载荷不均匀性所造成的振动等。如何合理选用和布置部件,保证它们具有足够的强度和刚度,并使其便于制造、安装和维修等,这些都是轴系设计中必须仔细研究的问题,这将在其他课程中予以讨论。

2.6.2 船舶动力传递形式

作为船舶"活力"的来源,动力装置有三个能量供应设备:主发动机(简称主机)、发电机组和辅助锅炉。如前所述主机与传动设备、轴系和推进器以及附属系统,构成推进装置。主机发出动力,通过传动设备及轴系驱动推进器产生推力,同时把推力通过轴系传递给船体。发电机组是由柴油机或燃气轮机等发动机与发电机所组成的,它发出的电能可供全船使用。锅炉利用热能产生蒸汽供蒸汽轮机及全船使用。推进力就是船的活动能力,提供推进力是动力装置的根本任务。

因此,推进装置是动力装置的主体,其技术性能直接代表动力装置的特点。推进装置的特点体现在四个方面:① 发动机的类型;② 推进器的类型;③ 发动机能量传给推进器的方式;④ 发动机所用的燃料。主机、传动设备和推进器三者不同形式的组合,可构成多种多样具有各种不同特点的推进装置形式,其中比较常用的如表 2-6 所示。推进装置,根据主机的功率传送到推进器的方式,可分为直接传动、间接传动、电力传动及特种传动等形式。

表 2-6 常用推进装置形式

序号	形 式	说 明
1		单机单桨刚性直接传动,定距螺旋桨,主机反转
2		单机单桨刚性直接传动,调距螺旋桨,主机不反转
3		单机单桨齿轮减速传动,定距螺旋桨,双转向齿轮箱,主机不反转
4		双机双桨齿轮减速传动,定距螺旋桨,主机反转
5		三机单桨齿轮减速传动,调距螺旋桨,主机不反转

续表

序号	形　式	说　　明
6		柴油机-燃气轮机单桨齿轮减速联合传动,调距螺旋桨,主机不反转
7		燃气轮机-燃气轮机单桨齿轮减速联合传动,调距螺旋桨,主机不反转
8		双机单桨电传动,定距螺旋桨,主机不反转
9	单桨　双桨　三桨　四桨	单桨-中纵剖面位置;双桨-中纵剖面平行位置;三桨-中纵剖面及其平行位置;四桨-中纵剖面及其平行位置
备注	1—柴油机;2—定距螺旋桨;3—调距螺旋桨;4—齿轮减速器;5—离合器;6—燃气轮机;7—发电机;8—电动机	

1. 直接传动

直接传动是主机直接通过轴系把功率传给推进器的传动形式(见表2-6序号1和序号2),在任何工况下,推进器与主机具有相同的转速和转向。对于采用螺旋桨的推进装置来说,由于螺旋桨在较低转速时才有较高的推进效率,因此,直接传动一般适用于转速较低的主机,如大型低速柴油机推进装置和往复蒸汽机推进装置。部分中速柴油机推进装置也采用直接传动。

直接传动是推进装置中最常见的最基本的传动形式,它的主要特点如下。

(1) 传动效率高　除轴系的传动功率损失外,没有其他功率损失,从而提高了整个推进装置的传动效率。

(2) 经济性较好　在直接传动的推进装置中,主机多数是大型低速柴油机,这类主机耗油率很低,并能使用廉价的重油;部分采用中速柴油机,其耗油率也接近低速柴油机的耗油率,并且解决了燃用重油的问题。这样就大大改善了推进装置的经济性。

(3) 轴系转速低,螺旋桨的效率较高。

(4) 装置简单,工作可靠,寿命长,管理维修方便,噪声较低。

由于直接传动形式只能采用转速较低的发动机,如低速柴油机等,这类主机质量和尺寸指标都很大,不适合于排水量较小,而功率较大的船舶;同时,由于主机和螺旋桨是直接连接的,主机的工作直接受螺旋桨特性影响,对工况多变的船舶而言,当在部分负荷下运转时,推进装置的经济性有所下降。此外，主机一般需能直接回行，这样主机的结构多了一套直接回行机构，使结构复杂化。

根据上述特点，直接传动形式特别适用于工况变化较少而航程较大的大型货船、客船、军辅船等，所以，在远洋运输船舶、沿海运输船舶中得到广泛的应用。

2. 间接传动

主机至推进器之间的功率传递，除需轴系外，还需通过某种传动设备（如齿轮减速器或离合器等）的传动形式称为间接传动形式（见表2-6序号3~7）。在这种传动形式中，主机转速与螺旋桨转速或者稍有差别，或者保持一定的速比。间接传动形式，根据传动设备的不同，可分为以下几种：

(1) 只带齿轮减速器的传动形式；
(2) 只带离合器（或联轴器）的传动形式；
(3) 既带齿轮减速器又带离合器的传动形式。

目前，船舶上所使用的传动设备，一般将齿轮减速器和离合器（或联轴器）组装在一起，形成所谓传动机组，这种机组除减速的功能外，还具有倒顺离合等作用。

根据主机和螺旋桨相互配置的数量，又可分为：

(1) 单机单桨减速齿轮传动（见表2-6序号3）；
(2) 多机单桨（并车）齿轮传动（见表2-6序号4~7）；
(3) 单机双桨（分车）齿轮传动。

间接传动一般用于中、高速发动机作主机的推进装置中。对于中速柴油机，其转速在400~1000 r/min范围内，而高速柴油机的转速，高达2500 r/min。而对于不同的船型，螺旋桨转速范围大致为：

大型油船、大型货船	60~120 r/min
快速定期货船	120~140 r/min
客船	140~200 r/min
护卫舰、驱逐舰	200~400 r/min
炮舰	400~800 r/min
快艇、水翼艇	800~1600 r/min

由此可见，中、高速柴油机作为船舶主机时，因机桨转速不匹配，必须配置齿轮减速装置，把传动轴的转速降低到螺旋桨的最佳转速，以提高推进效率，减小轴功率。近年，为了节能，低速柴油机推进装置也考虑用齿轮减速传动，使螺旋桨的转速降到50~80 r/min，这样可进一步提高螺旋桨的推进效率。

间接传动的主要优点是，可通过选用齿轮减速传动合适的减速比来适应螺旋桨低速要求，从而主机转速不受螺旋桨低速转速的限制，螺旋桨可在最佳转速范围内工作，有利于提高推进效率，由于采用质量和尺寸均较小的中、高速发动机，整个动力装置的质量和尺寸相应地减小，易于在船舶上布置，对于航速高或大型船舶，可采用多机并车的传动方式，达到大功率输出的要求，这扩大了中、高速发动机的使用范围，还可以提高装置在部分负荷下的经济性。采用倒顺离合齿轮减速传动后，可选用操纵机构简单的不可反转柴油机作主机，并使船舶倒顺车的停车操纵灵活、迅速，机动性提高，可延长柴油机的使用寿命。在采用挠性离合器（如液力耦合器、电磁离合器、气胎离合器等）的情况下，可以吸收部分扭转振动和冲击载荷，起到保护主机和轴系的作用。

间接传动由于增加了中间传动设备,降低了传动效率,装置也较复杂。在采用中、高速柴油机情况下,燃料及润滑油消耗率比低速柴油机的大,加之难以使用重油而使燃料费用增加。

间接传动在吃水浅的内河船舶及沿海中、小型船舶上广泛应用,在以大型中速柴油机及蒸汽轮机为主机的沿海、远洋船舶上,也普遍采用间接传动。对于军用舰艇,由于广泛采用蒸汽轮机、燃气轮机及高、中速柴油机作推进主机,因此也普遍采用间接传动形式。

3. 电力传动

电力传动是由主机驱动发电机发电,供电给推进电动机,以驱动螺旋桨的一种传动形式(见表 2-6 序号 8)。在这种传动形式中,主机与螺旋桨之间没有机械联系,主机和螺旋桨的转速可分别独立选取,不管螺旋桨转速负荷如何变化,主机始终作恒速运转。螺旋桨要反转时,只需改变电动机的转向,而主机转向无须改变。主机负荷变化时,对于多机组装置,可以改变发电机组工作台数,使每一台主机都在良好状态下工作。

由此可见,电力传动有如下优点。

(1) 机组配置和布置比较灵活、方便,可以布置在不宜装货的部位,多台机组增加了装置的生命力。

(2) 改变电动机的电流方向即可实现螺旋桨转向的改变,便于遥控,其操纵性好。

(3) 主机不受螺旋桨的转速限制,可采用高速机,并在恒速下工作,主机可工作在最佳状态下。

(4) 正倒车可以有相同的功率和运转性能,并有良好的拖动性能。

(5) 所有的用电设备可共用一套动力装置。

但电力传动增加了推进电动机、发电机及供电装置等,设备十分复杂,质量、尺寸大为增加;在功率传递过程中存在二次能量转换,因而效率低(一般效率低于 0.9)。特别考虑到推进电动机是低速电动机,大功率低速电动机制造困难,成本高,装置设备的修理和维护技术要求较高,因此较难推广应用,目前多用于工程船舶和特种用途的船舶上,如布缆船、灯标船、自行浮吊、挖泥船、渔船、破冰船及常规潜艇等。

4. 特种传动

1) Z 型传动装置

图 2-30 所示的为 Z 型传动装置结构原理图。图中主柴油机 1 的功率经联轴器 2、离合器 3、带有万向节的传动轴 4、上水平轴 8、上部螺旋锥齿轮 9、垂直轴 12、下部螺旋锥齿轮 14 及下水平轴 15 传递给螺旋桨 13,从而推动船舶航行。

该传动装置可使螺旋桨作回转运动,首先由电动机驱动蜗杆装置 10,使旋转套筒 16 在支架 17 中间旋转,同时使螺旋桨 13 绕垂直轴 12 在 360°范围内作平面旋转运动,用于控制船舶转向。

这种传动装置的突出特点是,操纵性能好,螺旋桨可绕垂直轴作回转。特别是,采用两台主机,更能显示其优越性。它可以使船舶原地回转、紧急停止、急速转弯、快速进退、横向移动以及微速航行等。该装置所发出的倒车推力较大,其倒车推力为正车推力的 85%~95%。这种装置还有一个特点就是安装和维修方便,主机、传动系统和 Z 型传动装置形成一个独立的联合整体,它们的主要零部件制造、安装、调试都可在车间里进行,因而简化了安装工艺。同时整个装置可与船体并行建造,缩短了船舶建造周期。整个 Z 型传动装置(包括螺旋桨)可以从船舶尾部甲板开口处吊装,检修时不必进坞或上船台,可大大缩短修船时间。

由于该推进装置具有以上特点,所以它最适宜用于港内作业船和航行于狭窄航道的小型

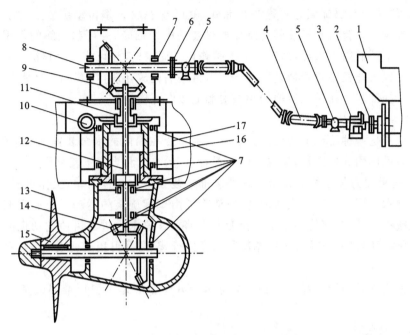

图 2-30 Z 型传动装置的结构原理图

1—主柴油机；2—联轴器；3—离合器；4—带有万向节的传动轴；5—滑动轴承；6—弹性联轴器；
7—滚动轴承；8—上水平轴；9—上部螺旋锥齿轮；10—蜗杆装置；11—齿式联轴器；
12—垂直轴；13—螺旋桨；14—下部螺旋锥齿轮；15—下水平轴；16—旋转套筒；17—支架

运输船舶。

2）舷外挂机与挂桨装置

对于内河和沿海小型民间运输船舶或工作艇、救生艇等，为了便于装拆、操纵及一机多用，且不占或少占机舱，常装有挂机装置，图 2-31 所示的即为一种舷外挂机装置。它将发动机连同传动轴和螺旋桨直接挂在船的艉部舷外。

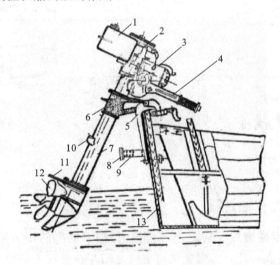

图 2-31 舷外挂机装置

1—油箱；2—飞轮及启动盘；3—发动机；4—舵柄；5—托架支承；6—托架衬套；7—艉管；
8—承推支承；9—承推支架；10—倒车挂钩；11—挡水板；12—螺旋桨；13—船体

发动机、传动轴及螺旋桨等装置挂在舷外,就可省去像 Z 型传动装置上的水平传动轴及一对螺旋锥齿轮等。整机和螺旋桨可绕托架衬套的中线回转,并可起到舵的作用。扳起舵柄还能使螺旋桨上翘而露出水面,对桨起到保护作用。必要时,还可将整套挂机装置拆下检修或更换。挂桨装置与挂机装置相似,所不同的是,将柴油机放在船内,其动力是靠 V 带或链条去驱动挂桨的。挂桨装置在民间运输的小型船舶上被广泛应用。

3) 喷水推进器传动

喷水推进器是一种特殊的传动装置。它是由布置在船内的水泵装置和吸水管、喷射管组成的一种水力反作用式推进器,喷射口的布置有水上、水下和半水下几种形式。

图 2-32 所示的为装在某水翼船上的喷水推进装置。它结构简单、工作可靠,排除了螺旋桨推进器易遭水中飘浮物冲击损坏的危险;消除了由于螺旋桨的运动导致船艉部产生的振动和引起的机械噪声;同时使传动轴系的长度大为缩短。喷水推进器可使发动机的转速保持稳定,改变水泵或喷嘴口面积就可对船舶航行速度进行调节,并可用改变喷水方向的办法使船舶回转或倒航。

喷水推进装置适用于小型内河或沿海船舶,同时可作为大型顶推船或货船的艉部助舵装置。

4) 折角传动装置

在一些船长较短的高速快艇上,轴线的倾斜角 α 要大大超过常规范围,另外考虑到快艇在高速航行时,艇首抬起,轴线与水平面的夹角更大,螺旋桨处于很大的斜流中工作。为了改善螺旋桨的工作条件,需要采用如图 2-33 所示的折角传动装置,即主机输出轴线和桨轴线之间,要求有一定夹角,使螺旋桨始终没于水中;折角传动又可使主机组能布置在船舱中最合适的位置上,以利船体的稳心调整。

折角传动装置主要用于高速快艇、水翼艇上。

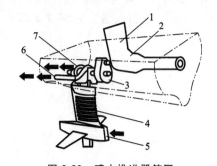

图 2-32 喷水推进器简图
1—排气管;2—燃气轮机;3—齿轮箱;
4—导管;5—进水口;6—喷嘴;7—泵

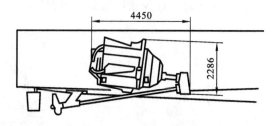

图 2-33 折角传动装置

2.6.3 船舶动力传递过程

由船舶原理可知,要使螺旋桨转动而产生推力,需要提供转动力矩以克服螺旋桨的阻力矩。转动力矩是主机提供的,因此,螺旋桨与主机之间存在着动力平衡和互相配合问题。这里只讨论动力平衡,即动力传递问题。

主机发出的功率,因传递过程有功率损失,所以,传至螺旋桨上的功率比主机发出的功率要小,这是因为主机功率要通过推动轴、中间轴和艉轴传递给螺旋桨,这样要经过推动力轴承、中间轴承及尾轴管轴承,某些推进系统还装有其他传动设备,如减速齿轮箱及离合器等,这些部件有机械损失。舰船推进装置功率传递过程如图 2-20 所示。下面分别讨论各功率的概念及其相互关系。

1. 主机功率

由主机输出端测定的功率称为主机功率,通常以 MHP 表示。船用主机类型较多,测量功率的方法也有差异,通常使用的主机功率,其性质是不同的。因此,不能以不同性质的功率直接进行比较和判定其大小。下面以主柴油机为例来说明各功率的性质。

1) 指示功率(P_i)

以示功图计算的机器功率称为机器的指示功率。用 IHP 表示。指示功率为

$$P_i = G_i \cdot H_u \eta_i / 3600$$

式中:G_i——主机每小时燃料消耗量,kg/h;

H_u——燃油低发热量,$H_u \approx 1000$ kJ/kg;

η_i——柴油机的指示效率。

2) 轴功率(P_S)或制动功率(P_b)

船用主柴油机都是通过主轴(曲轴)来输出功率的,因此,它的实际功率就是由曲轴输出端测得的功率,称为轴功率,以 SHP(见图 2-20 的 P_S)表示,也就是主机功率(MHP)。由于轴上的负荷有使主机(动力机械)制动的趋势,故轴功率又称制动功率,用 BHP(见图 2-20 的 P_b)表示。

如果轴功率不是在曲轴输出端测量的,如将扭力仪安装在轴系上某一部位测得的功率,此时轴功率必须说明。

由于功率通过活塞,连杆和曲轴机构传递过程中有各种机械损失,因此曲轴所输出的实际功率要比指示功率小。前者与后者之比称为机器的机械效率,用 η_m 表示,所以轴功率或制动功率可写为

$$P_e = P_i \eta_m$$

式中:η_m——柴油机的机械效率。

3) 船用主柴油机功率名称及其定义

主机功率,即船用主柴油机功率根据其用途特点、动力特性、经济性以及寿命等分为额定功率、常用功率、过载功率及倒车功率等四种,每一种功率必须同时标定其相应转速。

作为船用主机,相应于各种功率的船速,应以满载状态下航行的转速作为基准,即符合 $P_e = Cn^3$ 三次方曲线的变化规律。

(1) 额定功率　额定功率是指柴油机在力学强度、热负荷允许的范围内,能长期连续运转不小于 12 h 的最大功率,也称全功率,通常属于最大持续功率。是柴油机制造厂标称的名义功率,由于此时柴油机已处于高负荷状态,长时间运转对机器寿命有影响,所以有些情况下,对额定功率下运转的时数作了某些限制,如使用积累时数不得超过使用保险期的 20% 或 30%。就是说,除紧急情况(如在赶潮水、避台风等)外,一般不采用额定功率长时间运转。

(2) 常用功率　常用功率是指为达到所需的船舶航速,经常持久使用的功率。在这种功率下运转,柴油机性能(如寿命、可靠性及效率等)较好,运转最经济。

常用功率的大小为额定功率的 85%～90%,具体数值由柴油机制造厂根据实践经验,考虑到磨损、大修期限及其他因素确定。一般热负荷大的,增压度高的柴油机宜取小些,作为主机使用时,相应转速为额定转速的 95%～97%。

常用功率又称持续功率或持久功率,它是船舶营运期间使用时间最多的功率;也是船舶续

航力,燃油储存量及其他各种航行参数计算的基准,也是作为机桨匹配的功率。

(3) 过载功率　过载功率是指柴油机在超过额定功率的情况下,作短时期使用的功率,它通常用于需要有一定的功率储备以克服突然增加负荷的情况(如船用主机在顶风浪行驶时),或当船舶需要作最高航速试验的场合。

过载功率又称超负荷功率,其大小约为额定功率的110%,作为主机时,其相应转速约为额定转速的107%,连续运转时间不大于1 h。

(4) 倒车功率　只有主机才有倒车功率。所谓倒车功率是指船舶倒航时的最大功率,一般商船虽无特定的倒航速度的要求,但在进出港时;在通过狭小航道时,以及要求船舶作紧急倒航时,均需使用倒车功率,因此倒车功率对船舶的营运性能极为重要。对于军舰来说,则要求有优良的机动性及一定的最大倒航速度,故应该保证有足够的倒车功率。

倒车功率的大小与船舶种类、艉部形状及主机性能有很大关系。通常对柴油机制造厂要求的是台架试车时的倒车功率,其大小为额定功率的75%~85%,相应的转速为额定转速的91%~95%。卖船试航时倒车功率一般较小,通常为额定功率的60%~70%,相应的转速为额定转速的84%~89%。

在军用舰艇中,除以上几种功率外,还有巡航功率,也称经济功率。它是舰艇经常使用的功率。其大小按舰艇级别、任务等为额定功率的40%~80%,相应的转速为额定转速的74%~93%。

2. 收到功率 P_p 和传递效率 η_c

在艉轴尾端与螺旋桨连接处量得的功率称为收到功率,以 DHP(见图 2-20 的 P_d)表示。它是螺旋桨从主机获得的实际功率。因为主机功率在传递过程中要受到减速装置和轴系(包括推力轴承、中间轴承、艉轴、管轴等)的摩擦损耗,所以螺旋桨的收到功率总是小于主机功率,两者之比称为传递效率,以 η_c 表示,有

$$\eta_c = \frac{\text{DHP}}{\text{MHP}} = \frac{\text{DHP}}{\text{SHP 或 BHP}}$$

传递效率包括两部分:轴系效率,以 η_S 表示;减速装置效率,以 η_j 表示,所以可写成

$$\eta_c = \eta_S \eta_j$$

而轴系效率包括:推力轴承效率,以 η_{St} 表示;中间轴承效率,以 η_{Sz} 表示;艉轴管轴承效率,以 η_{Sw} 表示,故可写为

$$\eta_S = \eta_{St} \eta_{Sz} \eta_{Sw}$$

以上各式中的效率数值范围如下。

(1) 减速装置效率 η_j

齿轮减速器(单级)	0.985~0.99
齿轮减速器(双级)	0.97~0.98
液力耦合器	0.96~0.98
电磁离合器	0.97~0.99

(2) 轴系效率 η_S

机舱在船中部时	0.965~0.975
机舱在船艉部时	0.97~0.985

(3) 传递效率 η_c

直接传动	一般在 0.96 左右

减速传动	一般在 0.93 左右

(4) 电力传递效率 η_c

交流电时	$0.88 \sim 0.93$
直流电时	$0.86 \sim 0.90$

3. 推进系数

由船舶原理可知，螺旋桨吸收的能量不能完全转化为有效推力，要损耗部分能量，而螺旋桨与船体之间又相互影响，主机与螺旋桨之间的功率传递也有机械损耗。因此在主机功率 MHP 中，用在推船前进的有用功率只有有效功率 EHP（见图 2-20 的 P_e），又称拖曳功率。为了衡量整个推进系统（主机→传动装置→螺旋桨→船体）的效能，通常采用推进系数来表示，推进系数为有效功率 EHP 与主机功率 MHP 之比值，以 C_t 表示，即

$$C_t = \frac{EHP}{MHP} = \frac{EHP}{DHP} \cdot \frac{DHP}{MHP} = \eta_t \cdot \eta_c$$

式中：η_t——推进效率。

它是一个综合性指标，表示整个推进各级系统及船舶的全面性能，其数值随船体型线、轴系布置、传动方式、螺旋桨效能及船体形式而定。现代舰船中，推进系统 C_t 数值范围如下：

单螺旋桨船	$C_t = 0.70 \sim 0.80$
双螺旋桨船	$C_t = 0.60 \sim 0.70$
四螺旋桨船	$C_t = 0.50 \sim 0.65$
小艇	$C_t = 0.40 \sim 0.50$

从以上讨论中看出，目前船舶对热能的利用还不能算很完善，要提高热能的利用率，主要应改善动力装置的热力循环和机械制造工艺，提高推进器的性能和改进船舶线型，以及谋求船机桨的最佳配合，这将在其他课程中探讨。

第 3 章　船舶流体机械

3.1　船　用　泵

3.1.1　综述

1. 泵的功用与分类

泵是用来输送液体或提高液体压力的机械。在船舶上,它是一种应用最广泛、数量和类型最多的辅助机械。主、辅机所需的燃油、润滑油、冷却水,锅炉所需的燃油和补给水,生活上所需的饮用水和卫生水,压载所需的压载水,消防水和舱底水,液压舵机和液压起货机所需的动力油等,都是由泵来输送的。船用泵按不同的分类方法可分成不同的类型。

1) 按用途分

(1) 船舶动力装置用泵　船舶动力装置用泵有燃油泵、润滑油泵、淡水泵、海水泵、液压舵机油泵、液压锚机及起货机油泵、锅炉给水泵、制冷装置用的冷却水泵、海水淡化装置给水泵和排污泵等。

(2) 船舶通用泵　船舶通用泵主要有舱底水泵、压载水泵、消防泵、日用淡水泵及卫生水泵等。

(3) 特殊船用泵　特殊船用泵如油船的货油泵、洗舱泵、挖泥船的泥浆泵、渔船上的捕鱼泵等。

2) 按工作原理分

(1) 容积式泵　容积式泵是指靠泵工作部件的运动使工作容积周期性地增减变化而吸排液体的泵。根据工作部件运动方式,容积式泵又可分为往复泵和回转泵等两类。而回转泵包括齿轮泵、螺杆泵、叶片泵、水环泵等。

(2) 叶轮式泵　叶轮式泵是指靠叶轮带动液体高速旋转而使流过叶轮的液体的压力能和动能增加而吸排液体的泵。它又称透平式泵,包括离心泵、轴流泵和旋涡泵等。

(3) 喷射泵　喷射泵是指靠具有一定压力的流体产生的高速射流来引射需输送的流体的泵。这种类型泵中主要有水喷射泵、水喷射真空泵和蒸汽喷射泵等。

3) 按原动力分

按原动力分,有手动泵、电动泵、蒸汽泵、柴油机带动泵(随车泵)等。

2. 泵输送液体的条件与原理

任何液体在没有外界提供能量的条件下,不可能自发地由低处流向高处。

在图 3-1 所示的液体输送系统中,若取吸入液面Ⅰ—Ⅰ为基准面,则吸入液面Ⅰ—Ⅰ和排出液面Ⅱ—Ⅱ间单位质量液体实际流动的能量方程式可写为

$$\frac{p_1}{\rho g}+\frac{v_1^2}{2g}+E=Z+\frac{p_2}{\rho g}+\frac{v_2^2}{2g}+h_w$$

式中：p_1——吸入液面上的压力，Pa；
　　　p_2——排出液面上的压力，Pa；
　　　Z——吸排液面间垂直（提水）高度，m；
　　　v_1——吸入液面流速，m/s；
　　　v_2——排出液面流速，m/s；
　　　h_w——吸排管路中的总阻力损失能量之和，m；
　　　ρ——液体的密度，kg/m³；
　　　g——重力加速度，9.8 m/s²；
　　　E——泵给予单位质量液体的能量比能，m。

因 v_1 和 v_2 均很小，可认为 $v_1 \approx v_2$，由上式可得出

$$E = \frac{p_2 - p_1}{\rho g} + Z + h_w$$

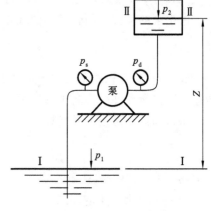

图 3-1　泵装置简图

由此可见，泵给予液体的能量，主要用来克服吸排液面上压力差和液体在管路中各种流动阻力并将液体提升一定几何高度。

显然，只有在泵的进口产生的真空度足以吸上液体和液体在泵中获得的能量能满足以上要求时，才能实现液体的输送。

3. 泵的性能参数

为了表明泵的性能，在泵的铭牌和说明书上通常给出以下性能参数，以便于选用和比较。

1）流量

流量是指泵在单位时间内所排送液体的数量。它又可分为体积流量和质量流量（又称排量）等两种。

体积流量通常用 Q 来表示，单位是 m³/s、m³/h 或 L/min。

质量流量通常用 G 来表示，单位是 kg/s、kg/min 或 t/h。

泵铭牌上标注的流量是指额定流量。

2）压头

压头又称扬程，是指泵传给单位质量液体的能量，即单位质量液体通过泵后所增加的机械能，常用 H 表示，单位是 m（液柱）。液体经过泵后，若液体所获得的能量（包括位能、动能和压力能）全部转换成位能。则扬程又可理解为泵能将液体所扬送的理论几何高度（它大于实际几何高度）。

泵铭牌上所标注的扬程是额定扬程，也就是泵在设计工况下的扬程。而泵的工作扬程取决于泵工作管路中的背压，它不一定正好等于额定扬程，根据扬程的定义可用下式估算（见图3-1）：

$$H = \frac{p_d - p_s}{\rho g} + \Delta Z + \frac{v_d^2 - v_s^2}{2g}$$

式中：p_d——泵的排出压力表读数，Pa；
　　　p_s——泵的吸入压力表读数，Pa；
　　　v_d——泵排出管内流速，m/s；
　　　v_s——泵吸入管内流速，m/s；
　　　ρ——液体的密度，kg/m³；
　　　g——重力加速度，9.8 m/s²；

ΔZ——泵吸入口与排出口的高度差，m。

由于泵的吸排管的管径相同或相近，可认为 $v_d \approx v_s$，而 ΔZ 很小，则上式可写为

$$H \approx \frac{p_d - p_s}{\rho g}$$

应当指出，容积式泵铭牌上标注的往往不是额定扬程而是额定排出压力，它是按照试验标准连续工作所允许的最高排出压力。容积式泵工作时的实际排出压力不允许超过额定排出压力。压力和扬程可按下式换算：

$$H = \frac{p}{\rho g}$$

式中：ρ——液体的密度，kg/m³；

　　　g——重力加速度，9.8 m/s²。

3) 功率

泵的功率有输出功率和输入功率之分。

(1) 输出功率 P_e　输出功率又称有效功率，是指泵在单位时间内实际传给排出液体的能量，用 P_e 表示，单位是 W 或 kW，它用下式计算：

$$P_e = GH = \rho g Q H \approx (p_d - p_s)Q$$

式中：G——泵的质量流量，kg/s；

　　　H——泵的工作压头，m；

　　　ρ——液体的密度，kg/m³；

　　　g——重力加速度，9.8 m/s²；

　　　p_d——泵的排出压力表读数，Pa；

　　　p_s——泵的吸入压力表读数，Pa。

(2) 输入功率 P　输入功率又称轴功率，指单位时间内原动机传给泵的能量，即原动机传给泵轴的功率，用 P 表示。铭牌上所标注的功率指的是额定工况下的轴功率。

4) 效率

泵的效率（总效率）是指泵的输出功率与输入功率之比，通常用 η 表示，即

$$\eta = P_e / P$$

由于泵在实际工作中不可避免地会产生各种能量损失。不可能把轴功率全部转变为有效功率，因此有效功率总是小于轴功率，即 $\eta < 1$。由此可见，效率是表明泵工作时经济性好坏或能量损失大小的参数。各种类型的泵因工作原理和制造工艺不同其效率有时相差甚远，一般往复泵效率为 75%～95%，离心泵效率为 60%～90%，而喷射泵的效率则约为 30%。

泵的能量损失包括如下几类。

(1) 容积损失——漏泄及吸入液体中含有气体等造成的流量损失。它的大小用容积效率 η_V 来衡量。容积效率仅为实际流量 Q 与理论流量 Q_T 之比，即

$$\eta_V = Q / Q_T$$

(2) 水力损失——液体流经泵内时因摩擦、撞击、旋涡等水力现象造成的压力损失。它的大小用水力效率 η_h 来衡量。水力效率 η_h 为实际压头 H 与理论压头 H_T 之比，即

$$\eta_h = H / H_T$$

(3) 机械损失——泵运动部件的机械摩擦所造成的能量损失（或功率损失）。它的大小用机械效率 η_m 来衡量。机械效率 η_m 为按理论排量和理论扬程计算的功率与输入功率之比，即

$$\eta_m = \rho g Q_T H_T / P$$

根据以上分析可得

$$\eta = \frac{P_e}{P} = \frac{\rho g Q H}{P} = \frac{\rho g Q H}{\rho g Q_T H_T} \times \frac{\rho g Q_T H_T}{P} = \frac{Q}{Q_T} \times \frac{H}{H_T} \times \frac{\rho g Q_T H_T}{P} = \eta_V \eta_h \eta_m$$

泵铭牌上标注的效率是指泵在额定工况下的总效率。

应当指出，泵的效率仅是对泵本身而言的，并没有把原动机的效率和传动装置的效率包括在内。

5) 转速

泵的转速是指泵轴每分钟的回转数，用 n 表示，单位是 r/min。一般交流电动机驱动的泵，其转速是恒定的。对于没有回转轴的蒸汽直接作用的往复泵，常以每分钟活塞的往复次数代替转速。电动往复泵的泵轴（曲轴）的转速一般比原动机转速低，泵铭牌上所标注的转速是指泵轴的额定转速。

6) 允许吸上真空高度

允许吸上真空高度是指泵在额定工况下保证不产生气蚀时泵进口处能达到的最大真空高度。它大于泵的吸水几何高度。

允许吸上真空高度是泵吸入性能好坏的重要指标，也是估算泵的最大安装高度的依据，只有在泵的安装高度小于允许吸上真空高度时，泵才能正常工作。

铭牌上所标注的允许吸上真空高度（H_s）值是由制造厂在标准大气压（101325 Pa）下，输送 20℃ 清水，通过试验把泵刚好产生气蚀时泵进口的最大真空高度减去 0.3 m 安全量后的数据。一般泵的允许吸上真空高度（H_s）在 2.5~9 m 之间。

3.1.2 往复泵

往复泵是一种容积式泵，它是靠活塞或柱塞的往复运动，使工作容积发生变化而实现吸排液体的泵。

1. 活塞泵

1) 活塞泵的基本结构与工作原理

（1）基本结构 如图 3-2 所示，泵缸 1 内的活塞 2，通过活塞杆由原动机带动在缸内做往复运动。与泵缸连通的阀箱中装有允许液体单向流动的吸入阀 3 与排出阀 4。接于泵进口的吸入管伸到被输送的液体的液面以下，并装有吸入过滤器，接于泵出口的排出管则一直延伸到需要用液体的场所。

（2）工作原理 如图 3-2 所示，当活塞从左止点向右止点移动时，泵缸左侧的容积增大，压力降低并形成真空，此时，排出阀 4 因背压大而紧闭，江中或水舱内的液体在大气压与缸内压力的压差作用下，通过吸入管顶开吸入阀 3 进入缸内，直至活塞运动到右止点为止。这是泵的吸入过程。

当活塞向左回行时，泵缸左侧的容积缩小，压力升高，迫使吸入阀关闭和排出阀开启，液体经排出阀排出泵缸，直至活塞回到左止点为止。这是活塞泵的排出过程。

因此，只要活塞不断地做往复运动，液体就不断地被吸入缸内和排出缸外，从而实现液体的连续输送。

2) 活塞泵的分类

活塞泵按其作用次数，可分为单作用泵、双作用泵和多作用泵等三类。

(1) 单作用泵——活塞在一个往复行程中吸排液各一次的泵。这种泵只有一个工作空间,其吸入与排出过程是交替进行的,所以它的流量是断续、不均匀的。图 3-2 所示的即为单作用泵。

(2) 双作用泵——活塞在一个往复行程中吸排液各两次的泵。其结构示意图如图 3-3 所示。这种泵有两个工作空间,每个空间都有自己的吸入阀和排出阀。因此,它流量要比相同尺度的单作用泵差不多大 1 倍,且要均匀得多。

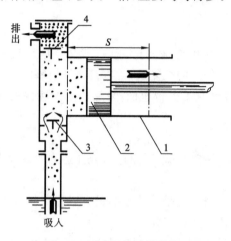

图 3-2　活塞泵的结构简图
1—泵缸;2—活塞;3—吸入阀;4—排出阀

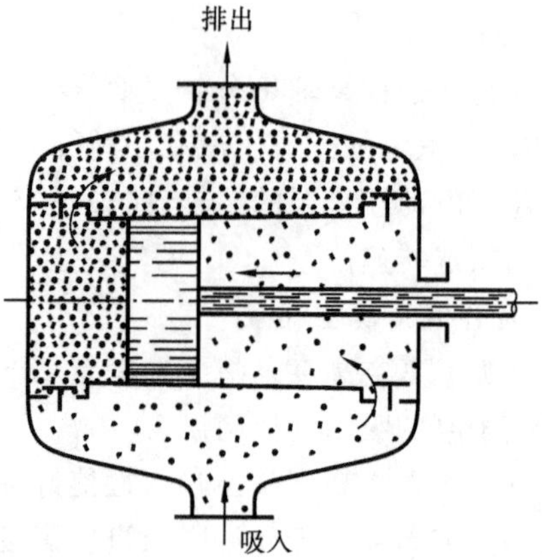

图 3-3　单缸双作用泵

(3) 多作用泵——在活塞一个往复行程中吸排液体各多次的泵。一般奇数多作用泵由多个单作用泵组合而成,而偶数多作用泵则由多个双作用泵组合而成。船上常用的有三缸三作用泵和双缸四作用泵。此外还有差动作用活塞泵即活塞在一个往复行程中一次吸入的液体分两次排出或两次吸入的液体一次排出的泵。

3) 活塞泵的流量

(1) 理论流量　活塞泵的理论流量等于单位时间内活塞在缸内所扫过的容积。

① 单作用泵的理论流量。单缸单作用泵的理论流量为

$$Q_T = 60\,ASn$$

式中:S——活塞的工作行程,m;

n——泵轴的转速,r/min;

A——活塞面积,m^2,$A = \dfrac{1}{4}\pi D^2$;

其中,D——活塞的直径,m。

K 缸单作用泵(K 个单缸单作用泵组合在一起的泵)的理论流量为

$$Q_T = 60KASn$$

② 双作用泵的理论流量。单缸双作用泵的理论流量为

$$Q_T = 60(2A - a)Sn$$

式中:a——活塞杆的截面积,m^2,$a = \dfrac{1}{4}\pi d^2$;

其中,d——活塞杆的直径,m。

K 缸双作用泵(K 个单缸双作用泵组合在一起的泵)的理论流量为

$$Q_T = 60K(2A-a)Sn$$

(2) 实际流量　活塞泵的实际流量 Q 总是小于理论流量 Q_T，其原因如下：

① 泵的阀、活塞环和活塞杆填料等处都会有一定的漏泄；

② 因阀门动作的迟滞产生了液体的流失；

③ 吸入的液体中含有气体，从而减少吸入的液体量。气体来源有四种：吸入的液体本身含有气泡；压力降低时溶解在液体中的气体会逸出；液体本身可能汽化；从活塞杆的填料箱或吸入管等不严处漏入的空气。

活塞泵的容积效率一般可达 85%～95%。实际上，由于泵的形式、大小和新旧程度的不同，η_V 会存在较大差异。

4) 活塞泵的工作特性

通过试验，我们可以测出活塞泵流量 Q、功率 P 以及效率 η 与压头 H 之间的关系曲线，如图 3-4 所示。

从图 3-4 可以看出，当泵轴转速 n 一定时，理论流量是一条与压头无关的直线。但实际上，压头 H 增高时，由于漏泄的增加，实际流量有所减少，如曲线 Q-H 所示。

功率曲线 P-H 是一条随压头增高而上升的近似直线。效率曲线 η-H 是一条上拱曲线，且在一个相当宽的压头范围内，保持较高值，最高效率点对应的压头即为泵的额定工作压头。活塞泵的工作特点如下。

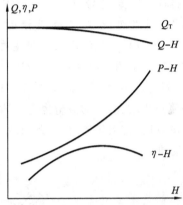

图 3-4　活塞泵的特性曲线

(1) 有自吸能力　所谓自吸能力，是指泵依靠自身能抽除泵内及吸入管路中的空气从而吸上液体的一种能力。自吸能力的好坏与泵的形式和密封性能有重要关系。值得注意的是，在活塞泵的实际装置中都装有单向底阀，使停泵后吸入管与泵内仍充满液体，以减少下次启动供液时间和防止活塞在缸内干摩擦。

(2) 可产生较高的压头或排出压力　泵能产生的最大的压头主要取决于原动机的功率、泵本身的强度和密封性能，而与泵流量大小无关。但泵的实际工作压头却取决于管路特性和泵的特性，若使用不当，就可能出现实际工作压头高于泵能产生的最大压头而使泵损坏或原动机过载的事故。故泵的出口需设安全阀，限制泵的最大工作压头，以防止泵损坏或原动机过载。

(3) 理论流量与压头(或排出压力)无关　泵的理论流量仅取决于转速、泵缸的几何尺寸(缸径和行程)和作用数，而与泵的工作压头无关。实际流量在额定工作压头范围内也几乎与工作压头无关。因此，活塞泵不能采用改变排出阀开度的办法来调节流量，否则只能引起排出压力升高、功率增大甚至发生超负荷的危险。如需调节流量，只能采用同流(旁通)调节法或吸入部分空气法来实现。

(4) 流量不均匀，存在惯性影响　由于泵缸内的活塞做不等速运动，因此，泵的流量不均匀，管路中的液流做变加速运动，从而会产生惯性影响。其中单作用泵尤甚，而多作用泵也只是有所改善而已。

(5) 转速不宜太高　泵的转速过高，阀迟滞所造成的容积损失会相对增加，阀撞击引起的噪声和磨损将加剧。此外，液流的惯性阻力损失也将增加，特别是在吸入行程，易导致缸内压力过低而发生气蚀现象。所以，电动活塞泵的转速大多在 200～300 r/min 之间。

(6) 不宜输送含有固体杂质的液体　活塞泵的活塞与泵缸之间以及阀与阀座之间都是精

密配合面,如有杂质进入,会加快磨损或把阀搁起,使泵工作失常。

上述工作特点中,其中前三点是容积式泵共同的特性。

由于活塞泵的上述特点,在流量相同时比其他泵笨重,造价较高,管理维护也较麻烦,故在船上只用于需自吸的场合,如做舱底水泵和油轮扫舱泵等。

2. 柱塞式液压泵

柱塞式液压泵分为径向柱塞式和轴向柱塞式等两大类,常用做液压舵机和液压起货机的动力油泵。

1) 径向柱塞泵

径向柱塞泵以其内柱塞呈径向布置而得名。具有工作压力高,流量适宜,使用寿命长(可达 10 000 h 以上),能满足液压系统无级调速要求等特点。

图 3-5 所示的为该泵的工作原理图。配油轴 6 与缸体 2 为间隙配合。设原动机带动缸体 2 顺时针旋转,当浮动环 7 与缸体 2 同心(见图 3-5(a))时,柱塞 3 只是随缸体 2 旋转,油缸的容积不发生变化,泵空转;当浮动环被推向右侧(见图 3-5(c))时,柱塞受浮动环的牵连,在随缸体转动同时,还在缸内做径向往复运动。在上半周,柱塞退出油缸,使油缸的工作容积增大,经配油轴的油道 5 吸油;在下半周,柱塞压入油缸,使油缸的工作容积减小,经配油轴的油道 1 排油;若再把浮动环右推(见图 3-5(b)),使与缸体的偏心距 e 增大,则缸体转一周,柱塞的径向往复行程增大,泵的流量也随之增大;当浮动环被推向左侧(见图 3-5(d))时柱塞在随缸体转动的同时,在上半周,柱塞逐渐压入油缸,经油 5 排油,在下半周,柱塞逐渐退出油缸,经油道 1 吸油。

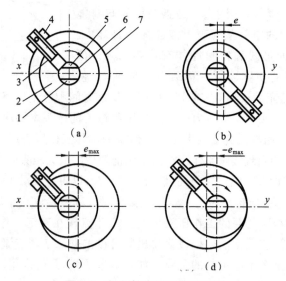

图 3-5 径向柱塞泵工作原理图

1,5—油道;2—缸体;3—柱塞;4—滑履;6—配油轴(中央阀);7—浮动环

可见,只要改变浮动环相对于缸体的偏心距 e 就可调节泵流量,只要改变浮动环偏移的方向,就可改变泵吸排油的方向。

2) 轴向柱塞泵

轴向柱塞泵分为斜盘式和斜轴式(摆缸式)等两类,这里简单介绍斜盘式。

图 3-6 所示的为斜盘式轴向柱塞泵的原理图。缸体 2 上有 7 个或 9 个均匀分布的轴向油缸,靠弹簧和液压的作用,油缸左端与用定位销固定于泵体上的配油盘 3 紧密贴合,它与泵轴

1用键连接。从缸体右端伸出的各缸的柱塞4,用其球头铰接滑履5,靠弹簧11、回程盘10和液压对柱塞的作用力,滑履始终紧贴于斜盘6上。配油盘3上两配油槽8分别与处于内外半圆的油缸和油口7、9连通。

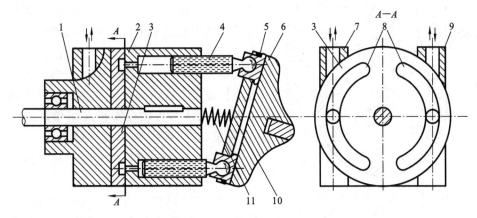

图 3-6 斜盘式轴向柱塞泵原理图
1—泵轴;2—缸体;3—配油盘;4—柱塞;5—滑履;6—斜盘;7、9—油口;8—配油槽;10—回程盘;11—弹簧

当泵轴驱动缸体顺时针(由左向右看)转动时,柱塞就带动滑履和回程盘一起回转(滑履沿斜盘平面滑动)。若斜盘平面与轴线垂直,则柱塞只随缸体转动,油缸的容积不发生变化,泵空转。若斜盘顺时针偏转一倾角,则柱塞在随缸体转动的同时,由于受斜盘的约束,从上至下的外半周柱塞环逐渐压入油缸,缸内油液经配油盘的右配油槽8和油口9排出;从下至上的内半周柱塞环逐渐退出油缸。油液经油口7和左配油槽8吸入。显然,斜盘的倾角越大,缸体转一圈柱塞的轴向往复行程就越长,泵的流量越大。若斜盘从中位逆时针偏转一倾角,则外半周柱塞环逐渐退出油缸,油液经油口9吸入;内半周柱塞环逐渐压入油缸,缸内油液经油口7排出。

可见,改变斜盘的倾角,可改变泵的流量;改变斜盘倾斜的方向,可改变泵的吸排方向。

柱塞式变向泵在船上获得广泛应用,主要由于柱塞变向泵与齿轮泵和叶片泵相比,它的效率高,各种泵的总效率 η:齿轮泵的为 0.6~0.8,螺杆泵的为 0.7~0.85,叶片泵的为 0.75~0.85,柱塞泵的为 0.75~0.90。同时柱塞式变向泵还具有密封性能好、寿命长、噪声小、工作可靠、结构紧凑、单位质量的功率大和易于实现油流的变量和变向等优点。通常压力在 10 MPa 以上,甚至达到 40 MPa。流量一般在 25~400 L/min,最大达 1000 L/min 以上。但柱塞式变向泵结构复杂,制造较困难,价格较贵。

3.1.3 回转泵

回转泵是通过运动部件在泵壳内的回转运动,造成工作空间容积变化,从而实现吸排液体的泵。根据同转部件的结构形式,回转泵可分为齿轮泵、螺杆泵和叶片泵等几种。其中又以齿轮泵、叶片泵在船上应用最为广泛。

回转泵除了有容积式泵共有的性能特点外,还具有转速高、体积小、质量轻,以及回转部件摩擦面多等特点,因此适合于输送具有润滑性的液体且要求排量不大的场合。船上多用做润滑油泵、燃油输送泵、驳油泵和液压系统中的动力油泵等。

1. 齿轮泵

1) 齿轮泵的基本结构与工作原理

齿轮泵按齿形分,有正齿、斜齿和人字齿等三种;按啮合方式分,有外(啮合式)齿轮泵和内

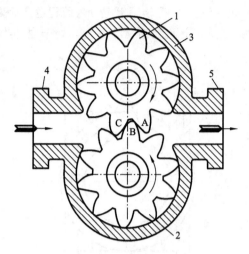

图 3-7 齿轮泵工作原理图
1—主动齿轮；2—从动齿轮；
3—泵体；4—吸入口；5—排出口

(啮合式)齿轮泵等两种；按转动方向分，有可逆转齿轮泵和不可逆转齿轮泵等两种。

(1) 外啮合式齿轮泵 其基本结构如图 3-7 所示。在泵体 3 中装有一对完全相同且互相啮合齿轮。其中被原动机带动回转的齿轮 1 称为主动齿轮，它与主动轴之间用键连接；被主动齿轮带动回转的齿轮 2 称为从动齿轮，它与从动轴之间或用键连接或滑套在从动轴上。主动轴与从动轴互相平行。主、从动齿轮分别被泵体和泵的前后端盖(图中没画出)所包围，形成密封空间。与吸入口 4 相通的吸入腔和与排出口 5 相通的排出腔由啮合的轮齿 A、B、C 隔离。

(2) 工作原理 当主动齿轮按图示方向顺时针回转时，左侧因齿 C 逐渐退出啮合，其所占据的齿间容积逐渐增大，压力相对降低，于是液体在吸入液面上的压力作用下，经吸入管和吸入口 4 流入该齿间。随着齿轮的回转，一个个吸满液体的齿间转过吸入腔，沿泵壳内壁转到右侧的排出腔，当轮齿(如齿轮 A)逐渐进入啮合时，充满齿间的液体即被轮齿不断挤出，并从排出口连续排出。

从上述工作原理可得如下结论。

① 泵吸、排液是靠轮齿退出和进入啮合实现的。轮齿退出啮合一侧为吸入腔，进入啮合一侧为排出腔，故泵不能反转。

② 泵吸、排腔的密封是靠中间啮合的轮齿、泵体内壁与齿顶的径向间隙和端盖与齿轮端面间的间隙实现的。

③ 主、从动齿轮均存在不平衡径向力。

④ 齿轮泵磨损面较多，一般只用来输送有润滑性的油液。

2) 齿轮泵的流量与特性

(1) 理论流量 从齿轮泵的工作原理可知，齿轮泵的每转理论流量为两个(主、从)齿轮全部齿间工作容积之和。若假设轮齿间的形状和大小完全一样，则两个齿轮所有齿间工作容积总和就相当于一个圆环体的容积，故理论流量近似为

$$Q_T = \frac{1}{4}\pi(D_2^2 - D_1^2)bn$$

式中：D_1——齿根圆直径，m；
　　　D_2——齿顶圆直径，m；
　　　b——齿宽，m；
　　　n——齿轮转速，r/min。

实际上，轮齿所占的容积比齿间容积小，所以按上式求得的理论流量总是偏小，但如齿数多于 12，则上式有足够的准确性。

从上式可以看出，齿轮泵的流量主要取决于齿轮的结构尺寸和泵轴的转速。

(2) 实际流量 齿轮泵的实际流量 Q 总是小于理论流量 Q_T，其原因如下。

① 吸油时油液不能完全充满齿间。当油液流动阻力较大、转速过高或吸入液面压力太低

时影响尤甚。

② 油气和空气从油液中析出。当吸入压力过低时,油液汽化和空气从油液中析出而产生气泡,占据了一部分齿间容积,使流量降低。

③ 存在内、外部泄漏。齿轮端面与泵端盖之间的轴向间隙、齿顶与泵体之间的径向间隙和两齿轮的轮齿啮合面的不严密,会产生内漏,泵轴伸出泵盖处的轴封装置会产生外漏。

齿轮端面间隙的泄漏途径短而宽,其泄漏量与轴向间隙的三次方成正比,与间隙两端压差成正比,泄漏量大,占总内部泄漏量的 70%～80%。可见,装配泵时,在不发生卡阻和碰撞的情况下,应尽量减小端面间隙。最佳端面间隙可通过改变泵体与泵盖间的垫片厚薄来获得。

若容积效率为 η_V,则齿轮泵的实际排量 Q 可表示为

$$Q = Q_T \eta_V$$

齿轮泵的容积效率通常在 0.7～0.9 之间,采用间隙补偿结构的泵,效率可达 0.8～0.95。由上面分析可知,容积效率的大小与泵的密封间隙、吸入和排出压力、油液的黏度,以及泵的转速等因素有关。

(3) 齿轮泵的特点如下。

① 具有容积式泵的共同特性(能自吸、可产生很高的压力、理论流量与工作压力无关)。

② 齿轮泵的吸、排方向取决于原动机的回转方向,故一般齿轮泵不能反转。

③ 流量连续,但存在脉动。

流量的脉动程度与齿数、齿形和转速等有关。一般高速泵、斜齿轮泵或人字齿轮泵、齿轮齿数多的泵,流量的脉动程度较小,即流量较均匀。

④ 转速不宜高于 4000 r/min 和低于 200～300 r/min,常用转速为 1400～4000 r/min。

⑤ 结构简单、价格低廉。

因泵无须吸、排阀,且与电动机直连,所以结构简单、紧凑;因制造加工容易,易损件少,故价格低廉。

⑥ 摩擦面较多,且密封间隙较小,故适用于泵送不含固体颗粒而有润滑性的油类。

2. 螺杆泵

1) 螺杆泵的分类和工作原理

(1) 螺杆泵的分类　按工作时吸排空间是否被严格隔开,螺杆泵可分为非密封式与密封式等两类。非密封式只适用于低压和输送高黏度的油液或油脂,密封式适用于高压和输送低黏度的油液。按泵内工作的螺杆数,可分为单螺杆泵、双螺杆泵和三螺杆泵等三类,船舶上以三螺杆泵和单螺杆泵应用最广。

(2) 螺杆泵的基本结构与工作原理　图 3-8 所示的为三螺杆泵,主要由泵缸和装于其内的主动螺杆、从动螺杆组成。当原动机带动主动螺杆转动时,从动螺杆或由于螺牙的相互啮合或由于传动齿轮的传动做反向转动,主、从动螺杆螺牙的相互啮合沿轴向形成许多密封的螺旋槽容积。螺杆的一端,螺牙逐渐退出螺旋槽,螺旋槽容积增大,液体泵的进口吸进,直至该螺旋槽容积被密闭为止;与此同时,螺杆的另一端,螺牙啮入螺旋槽,螺旋槽的容积减小,槽内油液经泵的排出口排出,直至该螺旋槽容积消失为止。

螺杆转一圈,螺杆两端分别形成一个密闭的螺旋槽容积(吸液)和消失一个螺旋槽容积(排液),中间的各密闭螺旋容积均向排出端移动一导程。只要螺杆不断地转动,液体就连续地从一端吸入,沿轴向向另一端输送和从另一端排出。可见,泵的输液过程也就是密闭螺旋容积形成、轴向移动和消失过程。

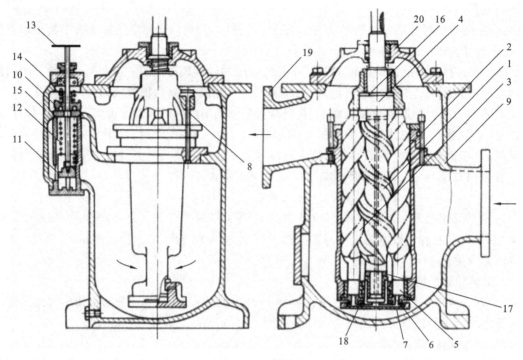

图 3-8 三螺杆泵
1—主动螺杆;2、3—从动螺杆;4—平衡活塞;5、6—平衡轴套;7—盖板;8—回油管;
9—泵壳衬套;10—安全阀;11—防转滑销;12、14—弹簧;13—手轮;15—调节螺杆;
16、17—推力垫圈;18—推力垫块;19—泵壳;20—轴封

从螺杆泵的工作原理可以得出如下结论。

① 一般螺杆泵的吸、排端取决于主动螺杆的转向,故不能反转。

② 由于吸、排端存在压差,故主、从动螺杆上存在不平衡的轴向力,工作压力越高,其值越大。

③ 吸排腔是靠螺杆与泵缸的径向间隙和螺牙的啮合实现密封的,螺杆长度的导程数越多,密封性能越好。

2) 螺杆泵的性能

(1) 理论流量 螺杆泵在转动时,因各密封空间中的油液被螺杆推动时是做轴向等速运动的,所以其理论流量可表示为

$$Q_T = 60Atn$$

式中:A——泵缸的有效过流面积,是泵缸内腔横截面与螺杆端面横截面之差,m^2;

t——螺杆的导程,m;

n——泵轴转速,r/min。

可见,螺杆泵的理论流量仅取决于泵的结构尺寸和转速,而与压力无关。由于其轴向流速为导程 t 和转速 n 的乘积,不随时间变化而变化,故泵的瞬时流量是均匀的。

(2) 实际流量 螺杆泵的实际流量为

$$Q = Q_T \eta_V$$

式中:η_V——容积效率。

三螺杆泵的容积效率一般为 0.70~0.95;单螺杆泵的容积效率为 0.65~0.85。

螺杆泵的容积效率 η_V，主要与泵的漏泄量与转速有关。而泵的内漏泄量与径向间隙的立方及吸排腔的压差成正比，与螺杆的有效长度及油液黏度的平方根成反比。漏泄量虽与直径成正比，但理论流量与螺杆的节圆直径 d_H^3 成正比，故直径增大时，泵的 η_V 提高；另外，泵的转速增加，漏泄量不变，但理论流量 Q_T 增加，所以泵的容积效率亦相对提高。

应当指出，增加转速和螺杆直径虽可提高泵的流量和容积效率，但圆周速度大，会增加摩擦损失而导致发热，液流轴向速度过大，则会使吸入端压力降低而使泵易产生气蚀。

(3) 螺杆泵的工作特点　螺杆泵除具有容积式泵的一般特点外，还有以下特点。

① 流量与压力范围较广。三螺杆泵的流量一般为 $0.6\sim600$ m³/h，工作压力一般为 $0.34\sim34$ MPa。当增加螺杆长度和密封容积个数时，可用做液压系统中的动力油泵。

② 流量均匀无脉动，工作压力稳定，不会产生困油现象，故运转平稳、噪声小。

③ 流量均匀，转速可以很高。因螺杆的回转惯量小，且液体从轴向吸入不做回转运动，不受离心力影响，吸入性能好，故适用转速高。转速一般为 $1450\sim3000$ r/min，由电动机带动的滑油螺杆泵的转速甚至高达 10 000 r/min 以上。

④ 泵内液体的扰动小，所以液体不易起泡，特别适宜做油水分离器的供给泵。

⑤ 输送液体的种类和黏度范围广。螺杆泵可以输送如蜜糖、汽油及合成液体等各种黏度的液体。

⑥ 泵的性能对液体的黏度较敏感。

⑦ 螺杆的加工和装配要求较高，价格高（约为同规格齿轮泵的 5 倍）。

3. 叶片泵

叶片泵又叫滑片泵和刮片泵，也是一种容积式泵。在船上常用做液压系统的动力油泵或其他工作系统的输油泵，稍加改进还可作为油马达使用。叶片泵可分为单级泵和多级泵、单作用泵和双作用泵、定向定量泵和变向变量泵等。

1) 叶片泵的基本结构与工作原理

(1) 单作用叶片泵　图 3-9 所示的为单作用时叶片泵的原理图。在泵体内装有内表面为圆柱形的定子（泵缸或衬套）2，圆柱形转子 1（偏心距为 e）安装在定子内。在转子上开有若干条近似的径向槽，槽中装有可做径向滑动的叶片 3。转子通过泵轴由原动机驱动。在定子和转子的两侧装有配油盘和端盖，在配油盘上开有呈对称布置的圆弧形的配油窗口（如图中虚线所示），可以把工作容积顺序与泵的吸、排腔沟通。当转子逆时针回转时，叶片受离心力的作用

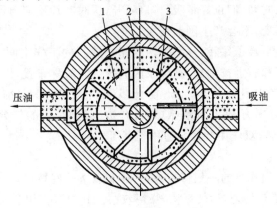

图 3-9　单作用叶片泵
1—转子；2—定子；3—叶片

外滑而紧贴在定子内表面。于是定子2、转子1、叶片3和配油盘间将形成许多密封的工作空间。当相邻两叶片间的工作空间在右侧时,因叶片从槽中伸出,容积逐渐增大,经配油盘上的吸油窗口而吸油,在左侧时,因叶片受定子内壁限制被压入槽内,容积逐渐减小,经配油盘上的排油窗口而排油。

于是,转子每转一周,每个密封工作空间就完成一次吸、排油。由于吸、排腔存在压差,故转子要承受不平衡的径向力。工作压力越高,径向力就越大。为此,单作用泵又称非平衡式或非卸荷式叶片泵,它不适用于高压。显然,单作用泵的流量与转子相对于定子的偏心距e的大小有关,吸排方向与转子偏心的方向有关。若泵体内的定子相对于转子可以左右移动,则改变偏心距e的大小和方向,即可改变泵的流量和方向,该泵变成了变向变量叶片泵。

(2) 双作用叶片泵

图3-10所示的为双作用叶片泵的原理图。其基本结构与单作用泵的类似,只是定子2的内表面曲线由两段长半径R的圆弧、两段短半径r的圆弧和连接它们的四段过渡曲线组成,近似呈一椭圆形。装在转轴上的圆柱形转子1与定子同心,转子两侧的配油盘,各有四个配油口。

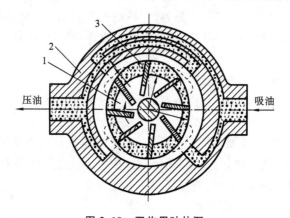

图3-10 双作用叶片泵
1—转子;2—定子;3—叶片

由图3-10可见,当转子由短半径r顺时针转向长半径R处时两相邻叶片间的工作空间的容积逐渐增大,压力降低,经配油盘的配油口左上或右下吸油;当叶片由长半径R向短半径r处转动时,叶片间容积减小,经配油盘的配油口,左下或右上排油;当相邻两叶片同时位于吸、排配油口之间的封油区时,它们正好将吸、排口隔开,这时叶片顶端与定子的圆弧部分接触,旋转时两叶片间的容积不变,不会产生困油现象。

从图3-10可以看出,转子每转一周,每两相邻叶片间的工作空间就两次吸油和两次排油(右下和左上吸油,左下和右上排油)。这种泵因吸排空间对称布置,作用在转子上的油压作用力可以互相平衡,不会产生不平衡径向力。为此,双作用泵又称为平衡式或卸荷式叶片泵。

当然,要完全平衡径向力,其工作腔数(即叶片数)必须是4的倍数。为了满足密封条件,叶片数不得少于6。显然,双作用叶片泵适用于高压环境。

2) 叶片泵的特点

叶片泵除了具有容积式泵的一般特点外,它还有以下一些特点。

(1) 结构紧凑,流量较均匀,运转平衡,噪声较小。其中双作用泵尤佳,适用于较精密的液压传动。

(2) 单作用泵的流量与转子相对于定子的偏心距有关,吸排方向与转子偏心的方向有关,只要定子可双向偏移,单作用泵就可衍生为变向变量泵。

(3) 单作用泵存在不平衡的径向力,双作用叶片泵则无。

(4) 双作用叶片泵的内部密封性能较好,工作压力和容积效率均较高(一般结构叶片的单级双作用泵压力高达 7 MPa,容积效率高达 0.80~0.95)。

(5) 叶片泵不能反转,否则不但会改变吸排方向,斜置叶片的叶片泵还会导致叶片滑动困难,甚至发生机损事故。

(6) 对油液的清洁度和黏度都较敏感。若油液中含有杂质,不但会加快精密工作面的磨损,甚至发生叶片在叶片槽中咬死。

3.1.4 叶箍式泵

1. 离心泵

1) 离心泵的基本结构和工作原理

图 3-11 所示的为单级离心泵的结构简图。它的主要工作部件是叶轮 1 和泵壳 3。叶轮是由若干弧形叶片 2 和前后圆形盖板所构成的。叶轮用键和螺母固定在泵轴 6 的一端,轴的另一端穿过轴封装置伸出泵壳与原动机连接。泵壳呈螺旋渐扩形,故亦称为螺壳或蜗壳。泵的吸入、排出接管 4、5 分别和泵壳的中心和螺壳的出口相通。

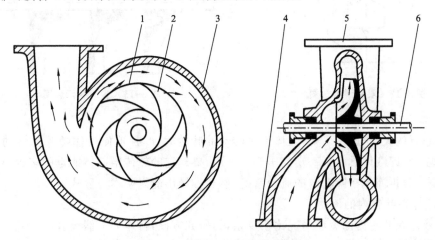

图 3-11 单级离心泵的基本结构
1—叶轮;2—叶片;3—泵壳;4—吸入接管;5—排出接管;6—泵轴

泵工作时,预先充满泵中的液体受叶片的推压,随叶轮一起回转,产生一定的离心力,自叶轮中心向外甩出。与此同时,在叶轮中心形成一定的真空,在大气压作用下,液体经吸入管进入叶轮。

流出叶轮的液体,压力和速度都比进入叶轮前增加了许多。螺壳将它们汇聚并平稳地导向扩压管。扩压管流道截面逐渐增大,液体流速降低,大部分动能转变为压力能,然后进入排出管。于是,叶轮不停地回转,液体也就连续不断地被吸入和排出。

2) 离心泵的分类

(1) 按泵轴布置的方向,可分为立式泵和卧式泵等两种。

① 立式泵——泵轴呈垂直布置,占地小,但重心高,拆装和管理不便。

② 卧式泵——泵轴呈水平布置,占地大,但重心低,拆装和管理方便,由于吸入口位置较高,因而不利于泵的正常吸入。

(2) 按液体进入叶轮的方式,可分为单吸泵和双吸泵等两种。

① 单吸泵——只有叶轮的一侧有吸入口(见图 3-11),泵的结构简单,加工容易,适用排量不大的场合。

② 双吸泵——叶轮的两侧都有吸入口(见图 3-12),相当于两个单吸式叶轮对称地并联在一起,适用于大排量的场合。

(3) 按叶轮的数目,可分为单级泵和多级泵等两种。

① 单级泵——液体仅经一个叶轮增压就排出泵外,适用于工作压头不高的场合。

② 多级泵——液体顺次经过同一泵轴上多个叶轮增压后才排出泵外(见图 3-13),相当于多个单级泵串联在一起。级数越多,产生的压头越高,但泵的结构也越复杂,泵内能量损失增加,船用泵一般不超过 4 级。

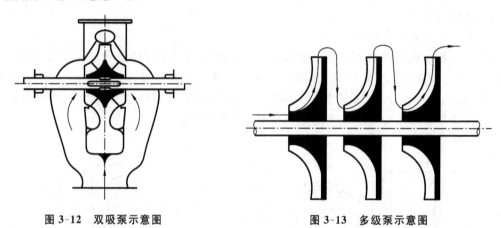

图 3-12 双吸泵示意图　　　　图 3-13 多级泵示意图

3) 离心泵的压头和排量

从离心泵的吸、排原理可知,液体流过转动的叶轮时,叶片迫使液体随叶轮转动从而增加了液体的能量,即液体具有了一定的压头。然而,要确定叶轮传给液体能量的多少及其相关因素,就必须先分析液体在叶轮内的流动情况,然后推导出能量基本方程式。

(1) 液体在叶轮内的流动。

由于液体在叶轮内的流动情况比较复杂,为研究方便,特作如下假设。

① 流经叶轮流道的液体为理想液体,即假定泵在完全没有水力损失的情况下工作。

② 流经叶轮的所有液体质点的运动轨迹都是相同的,即严格地与叶片断面相符,而且在相同半径的圆柱面上,各液体质点的流动状态(压力和流速等)均相同。显然,这种情况只有在叶片无限多、无限薄的情况下才能实现,即假定叶轮为理想叶轮。

离心泵工作时,叶轮流道中任一液体质点在随叶轮一起回转的同时,又沿叶片引导的方向向外流动。随叶轮做圆周运动的速度叫牵连速度,即叶轮在该处的圆周速度 u,相对于叶轮的运动速度叫相对速度 w_∞,如图 3-14 所示。液体质点相对于静止泵壳的运动(见图 3-15),称为绝对运动,其绝对速度用 c_∞ 表示。根据速度合成的原理,c_∞、u 和 w_∞ 有如下关系:

$$c_\infty = u + w_\infty$$

显然,叶轮中任一液体质点的三个速度矢量 u、w_∞ 和 c_∞ 都将构成一个速度三角形,如图 3-16 所示。液体质点的绝对速度 c_∞ 可分解为周向分速度 $c_{u\infty}$ 和径向分速度 $c_{r\infty}$。

圆周速度 u 的方向与叶轮上任一点的切线方向相同,其大小与叶轮的转速 n 和直径 D 成正比,即

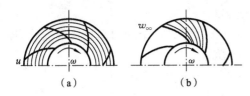

图 3-14 液体的圆周运动和相对运动

(a)液体的圆周运动；(b)液体的相对运动

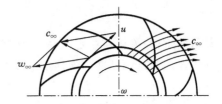

图 3-15 液体的绝对运动图

$$u = \frac{\pi D n}{60}$$

相对速度：w_∞ 与叶片表面相切，其方向随叶片的弯向情况而定，大小则随径向分速度 $c_{r\infty}$ 的变化而变化。$c_{r\infty}$ 的大小取决于叶轮尺寸和泵的排量。若叶轮的直径为 D、宽度为 b、排量为 Q_T，忽略叶片厚度的影响，则 $c_{r\infty}$ 可表示为

$$c_{r\infty} = \frac{Q_T}{\pi D b}$$

$c_{r\infty}$ 和 u 的夹角 α_∞ 称为液流角，w_∞ 和 u 的夹角 β_∞ 称为叶片安装角。

液体进、出叶轮的能量变化只与液体质点在叶轮进口和出口的运动参数有关。进出口速度参数分别用注脚 1 和 2 表示。图 3-17 所示的为用统一比例尺描绘的某一离心泵叶轮的进、出口速度三角形。

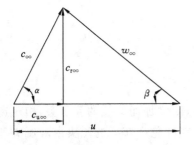

图 3-16 叶轮内任意液体质点的速度三角形

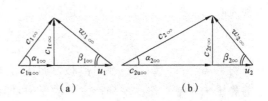

图 3-17 叶轮进、出口速度三角形

(a)进口速度三角形；(b)出口速度三角形

从图可知 $u_2 > u_1$，$c_{2\infty} > c_{1\infty}$，$w_{2\infty} < w_{1\infty}$。这是叶轮以液体做功和部分能量转换的结果。

(2) 离心泵的压头方程。

液体流经叶轮后比能的增加，是叶轮对其做功的结果。假设液体在泵内按上述理想情况流动，并且不计任何水力损失，这样泵的轴功率完全传递给了液体。因此，泵的轴功率可写为

$$P = \rho g Q_{T\infty} H_{T\infty}$$

式中：$Q_{T\infty}$——叶片无限多泵的理论排量，m^3/s；

$H_{T\infty}$——叶片无限多泵的理论压头，m；

ρ——液体的密度，kg/m^3。

另外，泵的轴功率也可写为

$$P = M\omega$$

式中：M——作用于泵轴上的力矩，即作用于液体的外力矩，$N \cdot m$；

ω——叶轮旋转的角速度，rad/s。

因此可得

$$H_{T\infty}=\frac{M\omega}{\rho g Q_{T\infty}}$$

动量矩定律：液体在稳定流动下，每秒钟从一个断面到另一个断面动量矩的变化，等于同一时间内作用于这两断面间液体上的外力矩。由此可得

$$M=M_2-M_1=\rho g Q_{T\infty}(c_{2u\infty}r_2-c_{1u\infty}r_1)/g$$

式中：M_1——叶轮出口处的动量矩；

M_2——叶轮进口处的动量矩；

r_1——叶轮出口圆周半径，m；

r_2——叶轮进口圆周半径，m。

又因 $\omega r_1=u_1$ 和 $\omega r_2=u_2$，故可得离心泵压头的理论方程式为

$$H_{T\infty}=\frac{u_2c_{2u\infty}-u_1c_{1u\infty}}{g}$$

为了提高泵的压头，理论上常设计成液体径向无冲击流入叶轮，即 $\alpha_1=90°$，则理论压头方程式可简化为

$$H_{T\infty}=\frac{u_2c_{2u\infty}}{g}$$

根据图 3-17 所示的速度三角形，利用余弦定律，可得

$$u_1c_{1u\infty}=\frac{c_{1\infty}^2+u_1^2-w_{1\infty}^2}{2}$$

$$u_2c_{2u\infty}=\frac{c_{2\infty}^2+u_2^2-w_{2\infty}^2}{2}$$

则可得到离心泵压头方程的另一种表达形式为

$$H_{T\infty}=\frac{u_2^2-u_1^2}{2g}+\frac{w_{1\infty}^2-w_{2\infty}^2}{2g}+\frac{c_{2\infty}^2-c_{1\infty}^2}{2g}$$

它表明了离心泵的压头包括因离心力的作用圆周速度增加而产生的静压头、相对速度下降产生的静压头和绝对速度增加产生的动压头，即液体在叶轮中获得的压头由静压头和动压头两部分组成。

离心泵压头方程不仅在理论上确定了液流速度参数与其在叶轮获得能量的基本关系，而且提示了提高压头的途径。由方程得知如下结论。

(1) 泵产生的压头与叶轮的尺寸和转速有关。要获得较高的压头，就必须增大叶轮的外径 D 或提高转速 n。然而叶轮外径的增大，直接影响到泵的结构尺寸和质量，而转速的提高则受泵气蚀性能和材料强度的限制。到目前为止，离心泵的最高转速多在 8000～10000 r/min 左右，单级泵所能达到的压头为 150 m 液柱。如欲获得更高的压头，则需采用多级泵。

(2) 泵的压头与液体在叶轮中的运动速度有关，而与被输送液体的性质无关。同一离心泵输送不同密度的流体时，只要 Q_T 相同，所产生理论压头 $H_{T\infty}$ 便相同。离心泵若用于排送空气，则因空气在标准状况下密度仅为 1.293 kg/m³，约为水的密度的 1/800，即使泵能产生的压头高达 100 m，它在吸排口间所能造成的压差也只有 0.001 29 MPa。故在大气压作用下，泵只能把空气吸上 0.129 m。这是空气从叶轮获得的压头不足以克服在管路中的流动阻力而排出泵外之故。可见，离心泵没有排除空气的能力，启动前需引水或灌水排空气，泵才能正常工作。

(3) 泵所产生的压头与叶片出口安装角 $\beta_{2\infty}$ 有关。因为即使泵的转速 n、几何尺寸 D_2、b_2

和排量 Q 相同,出口速度三角形却随 $\beta_{2\infty}$ 变化而变化,如图 3-18 所示。根据图 3-18(b) 所示的叶轮出口速度三角形,理论压头方程式可改写为

$$H_{T\infty} = \frac{u_2}{g}(u_2 - c_{2r\infty}\cot\beta_{2\infty})$$

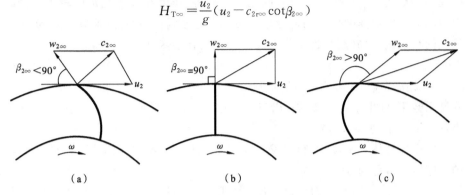

图 3-18 叶片弯向对压头的影响
(a) 后弯式叶片;(b) 径向式叶片;(c) 前弯式叶片

由上式可知:

后弯式叶片,因 $\beta_{2\infty} < 90°$,$\cot\beta_{2\infty} > 0$,则 $H_{T\infty} < u_2^2/g$;

径向式叶片,因 $\beta_{2\infty} < 90°$,$\cot\beta_{2\infty} = 0$,则 $H_{T\infty} = u_2^2/g$;

前弯式叶片,$\beta_{2\infty} < 90°$,$\cot\beta_{2\infty} < 0$,则 $H_{T\infty} > u_2^2/g$。

那么,离心泵叶轮究竟采用哪一种方向的叶片好呢?请看表 3-1 列出的各式叶片弯向的性能比较。

表 3-1 各式叶片弯向性能的比较

性能参数	叶片弯向		
	后弯式叶片	径向式叶片	前弯式叶片
产生的总压头	最小(随 $\beta_{2\infty}$ 减少而减少)	居中	最大(随 $\beta_{2\infty}$ 增大而增大)
静压头所占比例	最大($c_{2\infty}$ 小,动压头小)	居中	最小($c_{2\infty}$ 大,动压头大)
消耗功率	最小	居中	最大
水力损失	最小	居中	最大
应用情况	多用(用于离心泵)	少用(用于可逆随车泵)	不用(但用于离心通风机)

注:不同弯向叶片 $c_{2\infty}$ 的大小,请参阅图 3-18。

由于后弯叶片产生总压头中静压头占的比例大、效率高,可通过增大叶轮直径或级数来获得高压头。所以离心泵叶轮的叶片均采用后弯式的。在管理中,要防止反转或叶轮的前后方向装反。否则,叶轮的叶片就会变成前弯运转,这不但增加了功耗,使原动机过载,而且还可能由于静压头不足以克服管路阻力而造成供液中断。显然,可逆转柴油机的随车冷却水泵,叶轮只能采用径向式叶片,这样才能保证反转叶片的出口安装角度和同速度下压头不变。

4) 离心泵的实际压头、排量

(1) 离心泵的实际压头。

离心泵基本方程是建立在两个假设的基础上推导出来的。实际上,离心泵叶轮并非理想叶轮,流过的液体亦并非理想液体。所以在确定离心泵压头的时候,必须考虑实际液体通过实际叶轮时必然产生的各种损失。

在叶片无限多的叶轮中,叶片对液体的约束作用很强,相对速度是均匀的。然而,在实际叶轮中,叶片数是有限的,这样两叶间有一定的距离,叶片对液体的约束大为减弱,以致造成叶轮流道中同一圆周上各液体质点所具有的压力不相等,压力在叶片迎水面较大,背水面较小,这样流道中液体的相对速度呈不均匀分布。由于上述原因,叶轮在高速旋转时,就会产生与旋转方向相反的自旋流,自旋流引起压头损失。叶片数有限多时,泵的理论压头方程为

$$H_T = K H_{T\infty}$$

式中:K——自旋流系数,一般为 0.6~0.9。

自旋流系数 K 与叶片数,叶轮进、出口半径比 r_1/r_2,以及叶片出口安装角 β_2 等有关。叶片数越小,r_1/r_2 和 β_2 越大,K 越小。

由于泵输送的液体具有黏性,因此离心泵压头,还必须考虑液体流经叶轮时各种流阻损失。泵的实际压头方程为

$$H = H_{T\infty} K \eta_n \quad \text{或} \quad H = H_T \eta_n$$

式中:η_n——水力效率,一般为 0.8~0.95。

当离心泵的铭牌失落时,可按下面经验公式来估算额定压头:

$$H = (1.0 \sim 1.5) n^2 D_2^2 \times 10^{-4}$$

式中:n——泵的转速,r/min;
D_2——叶轮外径,m。

多级泵的压头,还应乘以级数。

(2) 离心泵的排量。

由于泵内液体的流动是连续的,在不考虑叶片厚度影响的情况下,泵的排量为

$$Q_T = \pi D_2 b_2 c_{2r}$$

式中:D_2——叶轮外径,m;
b_2——叶轮出口叶片宽度,m;
c_{2r}——液体出口径向速度,m/s。

考虑叶片厚度和泄漏的影响,泵的实际排量为

$$Q = Q_T \eta_V$$

式中:η_V——泵的容积效率,一般为 0.80~0.97。

当离心泵的铭牌失落,且用于输送清水时,可按下面经验公式来估算其额定流量:

$$\{Q\}_{m^3/h} = \frac{D_1^2}{125}$$

式中:D_1——泵吸入口直径,mm。

5) 离心泵的能量损失

离心泵在工作中会产生各种能量损失、使实际的压头和排量都比理想情况小。另外,泵如在非额定排量下工作时,还会产生一些额外损失。了解影响泵效率的有关因素,有助于提高管理水平。

离心泵的能量损失包括水力损失、容积损失和机械损失。

① 水力损失。

液体由吸入管流经叶轮、泵壳等处产生的摩擦、撞击和涡流所造成的损失,称为水力损失。损失的大小与过流部件的几何形状、壁面的表面粗糙度、液体的黏度和液流的速度等有关。水力效率 η_h 的高低,表明了水力损失的大小。

② 容积损失。

液体流经存在工作间隙的过流部件时,在两边压差作用下,从间隙中泄漏所造成的损失,称为容积损失。泄漏包括外部泄漏和内部泄漏。液体通过轴封或泵壳之间的接合处泄漏到泵外,称为外部泄漏,一般不很严重。液体通过叶轮进口与泵壳(或阻漏环)之间的间隙或平衡孔漏回叶轮吸入口,称为内部泄漏,这是引起容积损失的主要因素。容积效率的低高,表明容积损失的大小。

③ 机械损失。

泵在运转时,轴封、轴承和叶轮圆盘等处的机械摩擦所造成的损失,称为机械损失。机械效率 η_m 的低高,表明机械损失的大小。

离心泵上述各种损失的总和可以用泵的总效率来衡量,即

$$\eta = \frac{P_e}{P} = \eta_m \cdot \eta_h \cdot \eta_V$$

式中: P_e ——泵的有效功率;

P ——泵的轴功率。

一般情况下,大排量离心泵的效率较高,高压头离心泵的效率较低。

6) 离心泵的特性

(1) 离心泵的定速特性曲线。

在转速一定时,表征泵的压头、轴功率、效率和允许吸上真空高度与排量之间的关系曲线,称为定速特性曲线。在恒定转速下,改变排出阀开度,测出泵在不同工况时的排量 Q、压头 H、轴功率 P 和允许吸上真空高度 $[H_s]$。并据 Q、H 算出不同工况下的有效功率 P_e,据 P 和 P_e 算出总效率 η。于是,可作出 $Q\text{-}H$、$Q\text{-}P$、$Q\text{-}\eta$ 和 $Q\text{-}[H_s]$ 曲线。图 3-19 所示的为船用 2.5CL-4 型离心泵在 2900 r/min 下的定速特性曲线。

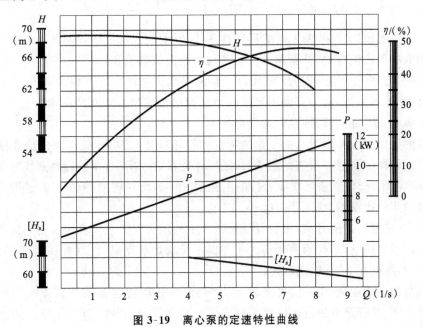

图 3-19 离心泵的定速特性曲线

下面对定速特性曲线作定性分析。

① 在 $Q\text{-}H$ 特性曲线上,对应于任一排量 Q,都可以找出与之相应的 H、P 和 $[H_s]$ 值。通

常，把 Q-H 曲线上的点，称为工况点。可见，Q-H 曲线是许许多多的工况点的集合。从图 3-19 还可知，随着压头的升高，泵的排量是减小的。对应于排量为零时（即排出阀关闭的情况下）的压头最大（不会高出额定工作压头很多），称为封闭压头。

② 从 Q-P 曲线可以看出，泵的轴功率随排量的增大而增加。当排量为零时轴功率最小（一般为额定轴功率的 35%～50%）。因此，离心泵可在排出阀完全关闭的情况下启动，以降低电动机的启动负荷。但不允许泵长时间封闭运行，否则输入的全部功率都用于搅拌液体而转化为热能，可能导致泵的零部件过热，以致发生碰擦甚至咬死现象。应当指出，容积式泵绝不允许封闭启动。

③ 由 Q-η 曲线可以看出，离心泵在额定转速下有一个最高效率点，在 Q-H 曲线上与其相应的点称为最佳工况点。一般最佳工况点就是设计的额定工况，此工况下的性能参数定为额定参数。显然，从经济的角度出发，应尽量使泵运行在最佳工况点上。

一般把比最高效率低 5%～7% 的区间定为泵的适宜工况区。显然 Q-η 曲线上效率最高点的左右越平缓，泵的适宜工况区就越宽。

(2) 管路特性曲线。

泵总是连接在一定的管路系统上工作的。因此，液体从吸入液面通过某一管路泵至排出液面所需的压头，必须足以克服管路的静压头和阻力。管路的静压头包括吸、排液面之间的位置水头（$H_2 - H_1$）和压力水头（$P_2/\rho g - P_1/\rho g$），这部分压头与通过管路的流量无关，用 H_{st} 表示，而管路阻力损失 h_w 可表示为

$$h_w = KQ^2$$

式中：K——比例常数，随管路情况而异。

于是把液体输送到需要的地方去所需的压头 H_e 表示为

$$H_e = H_{st} + h_w = (H_2 - H_1) + \frac{P_2 - P_1}{\rho g} + KQ^2$$

根据上式可画出图 3-20 所示的管路特性曲线，它的起点取决于管路的静压头。而曲线的倾斜程度则取决于比例常数（即管路的沿程和局部阻力系数总和）。

泵工作时，当 K 值不变，而 H_{st} 变为 H'_{st} 时，曲线就由 AB 平行上移到 $A'B'$。当管路阻力系数增大（例如滤器脏污、阀门开度不足或液体黏度增大等）使 K 值升高，而 H_{st} 不变时，曲线就由 AB 左斜至 AB''，使管路特性曲线变得更陡。

离心泵的工作压头和排量取决于泵的特性和管路特性。因为，只有泵传给液体能量恰好等于管路流过同样流量液体所需的压头时，工况才能稳定。所以，泵的特性曲线与管路特性曲线的交点 M（见图 3-21）就是泵实际运行的工况点。M 点所对应的排量与压头，即为泵在该管路上工作时的实际排量 Q_M 和压头 H_M。

泵启动后，随着转速的升高，很快就使泵所产生的压头大于管路静压头而开始排液。泵的压头随排量的增加而下降，而管路所需压头却因排量增加而增高，因而经一定时间后，两者的压头趋于平衡，泵就在 M 点稳定运行。

若瞬间泵的工况点从 M 点偏离至 A 点，则泵的压头不能达到液体以较大排量流过该管路所需的压头 H_{gA}，管路中的液体流量将被迫减少，泵的压头升高，直至泵给出的压头等于管路需要的压头 H_M 为止。反之，若瞬间泵的工况点从 M 点偏离至 B 点，则泵的压头大于液体所需压头 H_{gB}，多余的能量就转化为动能，使管路中液流速度增加，泵的压头会因排量增加而减小，直至工况点从 B 点移至 M 点为止。可见，离心泵具有自动调节性能。

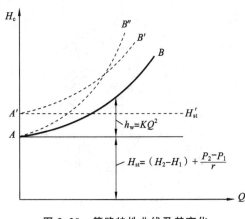

图 3-20 管路特性曲线及其变化

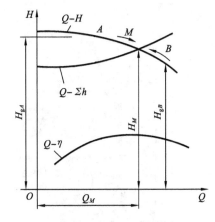

图 3-21 离心泵工况点的确定

(3) 离心泵的工作特点。

离心泵的工作原理和结构决定了它有以下特点。

① 吸排连续，排量均匀，适用范围广。

② 转速高，可直接与原动机相连，尺寸小，质量轻，造价低。

③ 可抽送含杂质的污水，易损件少，管理和维修简便。

④ 泵的排量随工作压头而变，便于调节排量。

⑤ 泵能产生的额定压头主要取决于叶轮的外径和转速，单级泵特别适宜中、大排量和中压头。

⑥ 无自吸能力。但采用专用的抽空装置和特殊的泵舱结构，也可具有自吸能力。

目前，在船上离心泵多作循环水泵、冷却水泵、压载泵、舱底水泵、消防泵以及锅炉给水泵等。

2. 旋涡泵

1) 旋涡泵的工作原理与性能

图 3-22 所示的是旋涡泵典型结构之一。它主要由叶轮 1 和泵壳 2 等组成。叶轮是外周分布有较多叶片的等厚圆盘。叶轮、泵盖及泵壳之间的空腔构成了流道 4。等截面的流道被隔舌 5 分开，其两端顺径向外延形成吸、排口。

当叶轮高速旋转时，泵内的液体受叶片的驱动而一起回转。由于叶轮内液体的圆周速度要比流道中液体的圆周速度大，产生的离心力也大，液体就会从叶片间甩出，进入流道，并迫使流道中的液体向心流动，从叶片根部进入叶间，这种环形运动称为纵向旋涡。液体绕流叶片时，在叶片背面产生一种旋涡(见图 3-23)，称为横向旋涡。可见，液体在叶片和环形流道中的运动轨迹是绕泵轴的圆周运动、纵向旋涡和横向旋涡叠加而形成的复杂涡列。对固定的泵壳来说，它是一种前进的螺旋线；而对转动的叶轮来说，则是后退的螺旋线。这样，液体在沿整个流道前进时，就多次进出叶间，多次获取能量，宛如多级离心泵一样，一直到最后从排出口排出。

旋涡泵产生的压头的高低主要与纵向旋涡的强度和液体进出叶间的次数有关。叶轮内液体和流道内液体离心力之差越小，纵向涡流的流阻越小，纵向涡流越强，产生的压头就越高。在叶片数一定的范围内，随着叶片数的增加，泵产生的压头相应升高，但在叶片数超过一定值后，流阻的增大反而使泵产生的压头降低。通常，闭式叶轮叶片数为 20～60 个，开式叶轮的叶

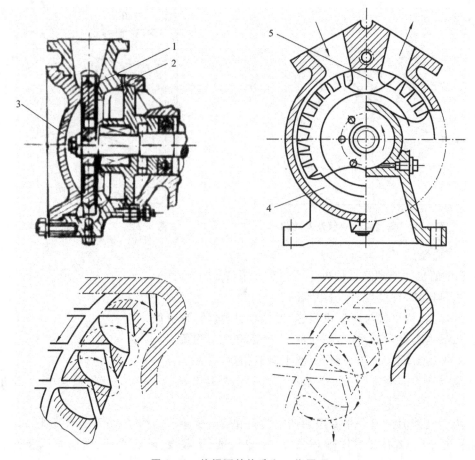

图 3-22 旋涡泵的构造和工作原理
1—叶轮；2—泵壳；3—泵盖；4—流道；5—隔舌

片数为 22～26 个。

旋涡泵的内部漏泄主要发生在叶轮端面与泵体和泵盖之间的轴向间隙和叶轮外圆与隔舌处的径向间隙上。前者一般为 0.1～0.5 mm，后者为 0.15～0.3 mm，隔舌的宽度应超过两个叶片间距。

图 3-24 所示的为某旋涡泵的特性曲线。它表明旋涡泵产生的压头随排量的增加而明显地降低。这是因为排量增大时，流道内液体的圆周速度 c 相应地增大，使纵向旋涡变弱。理论上叶轮和流道内的液体圆周速度一样时，纵向旋涡消失，泵产生的压头为零。当排量为零时，$c=0$，纵向旋涡最强，泵的压头最高。旋涡泵的 H-Q 曲线比离心泵的 H-Q 曲线要陡峭得多，故泵的工作压头的变化对排量影响不会像离心泵那么敏感。

从图 3-24 所示的 η-Q 曲线可以看出，随排量的减小，轴功率是增大的，当排量为零时，轴功率最大，故泵应在全开排出阀时启动，且不宜采用节流调节法调节排量。需调节排量时，可采用回流调节或变速调节。

旋涡泵的 η-Q 曲线比较陡峭，故旋涡泵的适宜工作范围很窄，效率很低，一般不超过 45%。

2) 旋涡泵的特点

(1) 结构简单，制造和维修方便，成本低。

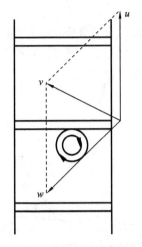

图 3-23　旋涡泵液体进入叶轮时速度三角形

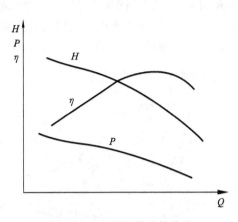

图 3-24　旋涡泵的特性曲线

（2）可在较小的排量范围内获得较高的压头。在相同叶轮外径、转速和级数下，旋涡泵产生的压头为离心泵的 2～5 倍。

（3）泵的效率很低，一般不超过 45%。这是由于泵内液体多次进出叶间，并在流道内产生旋涡，摩擦和冲击损失均较大。

（4）吸入性能较差。允许吸上真空高度一般不超过 4～5 m，这是因为液流进入叶间时冲角较大，液流紊乱，速度分布极不均匀，压头损失较大。

（5）结构采取一定措施和泵内有存液的情况下，可以具有自吸能力，并能抽送汽液混合物。

（6）不宜输送带固体颗粒和黏度太大的液体。液体黏度增加，泵的压头和效率会急剧降低；而输送带固体颗粒的液体，则叶轮易磨损。

综上所述，旋涡泵适用于小排量、高压头、功率较小和需要自吸的场合。它比容积式泵结构简单，尺寸和质量都小。在船上，旋涡泵常用做辅助锅炉或压力柜的给水泵、中小型柴油机的冷却水泵、汽油驳运泵和小船的消防泵等。

3.1.5　喷射泵

喷射泵是利用具有一定压力的流体引射另一种流体的泵。前一种作为动力的流体称为工作流体，后一种为输送对象的流体称为抽吸流体或引射流体。

1. 喷射泵的种类与用途

按照工作流体与引射流体（或固体）的不同，喷射泵可分为以下六类。

（1）用液体抽吸液体的喷射泵，如舱底水喷射泵。

（2）用液体抽吸气（汽）体的喷射泵，如射水真空泵。

（3）用液体抽吸固体的喷射泵，如挖泥船上用来挖泥的泥浆泵。

（4）用气（汽）体抽吸液体的喷射泵，如锅炉的注水器。

（5）用气（汽）体抽吸气（汽）体的喷射泵，如空气喷射器。

（6）用气（汽）体抽吸固体的喷射泵。

工作流体通常是水、水蒸气、压缩空气和烟气等。两种流体都是液体者，只需讨论其流动过程；两种或其中一种流体为气体者，则要同时讨论流动过程和热力过程。这里只对液体抽吸液体的水喷射泵作一般介绍。

2. 喷射泵的结构和工作原理

水喷射泵的结构如图 3-25 所示。喷嘴是一段平滑而急剧收缩的锥管,一端与工作水入口管相连,另一端插入吸入室内。与吸入室连接的是由圆锥形管(喉管)与圆柱形管组成的混合室。截面逐渐扩张的锥管即扩压管前端连接混合室,后端与排出管连接。

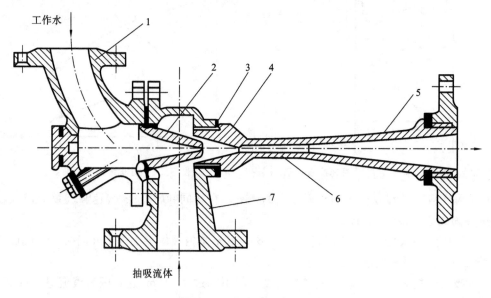

图 3-25 水喷射泵的结构

1—工作入口水管;2—喷嘴;3—调整垫片;4—混合室喉管;5—扩压管;6—混合室;7—吸入管

喷射泵的工作,大致可分为三个过程:喷射过程、引混过程和扩压过程。图 3-26 所示的为喷射泵的流体压力和速度变化曲线。

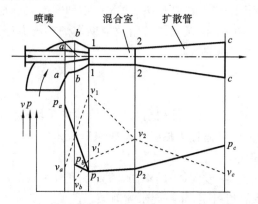

图 3-26 水喷射泵工作时流体压力和速度变化曲线

1) 喷射过程

当压力 p_a 为 0.3～21.5 MPa 的工作水,流经喷嘴射入吸入室时,由于喷嘴流道断面的急剧收缩,流速由 v_a 急增至 v_1(v_1 通常可达 25～50 m/s),而压力则由 p_a 骤降到吸入压力 p_1,从而在喷嘴口周围形成一个低压区。

2) 引混过程

抽吸液体被吸入喷嘴周围的低压区,同时被高速冲击喷嘴的工作水所裹带,一起引射至混合室中。在此,两种流体相互碰撞进行动量交换。工作水的速度由 v_1 逐渐降至 v_2,抽吸液体

的速度则由 v_1' 升至 v_2，在混合室出口处成为同样流速的混合液体。

3) 扩压过程

混合液体从混合室出口截面2流出，进入锥形扩压管。在扩压管中，混合液的流速从 v_2 降至出口处的 v_c，而压力则从 p_2 增至出口处的 p_c。可见，扩压管的作用在于把混合液体的部分速度能转换为压力能，以便液体克服排出管的阻力而排出。

3. 喷射泵的性能与特点

1) 水喷射泵的性能

(1) 当其他条件不变时，泵的排出压力 p_c 降低，泵的引射流量增加，直至泵发生气蚀时，引射流量就不再增加了。应当指出，喷射泵产生气蚀时，一般不会使泵的工作完全破坏，只是阻碍引射流量的增加而已。

(2) 当其他条件不变时，泵的吸入压力 p_b 降低，引射流量减小，当 p_b 降低至某值时，泵的引射流量就会因发生气蚀而急剧减小。

(3) 当其他条件不变时，工作水的压力 p_1（或工作水流量）降低，引射流量迅速减小。反之，p_c（或工作水流量）增加，则引射流量迅速增加，但当引射流量的增大导致泵发生气蚀时，引射流量却不再随 p_c 的增加而增加，而泵的效率却随 p_a 增加而降低。

(4) 当工作流体或引射液体的温度提高时，泵发生气蚀的可能性增大，泵的引射流量可能因此而急剧降低。

2) 喷射泵的特点

(1) 效率低。这是因为喷射泵工作过程中存在大量水力损失。偏离最佳工况时，效率更低。

(2) 结构简单，体积小，价格低廉。

(3) 没有运动部件，工作可靠，噪声很小，使用寿命长，平时无须维护修理。

(4) 启动迅速，可造就较高的真空度，自吸能力强。

(5) 可输送含固体杂质的污浊液体，即使被水浸没也能正常工作。

水喷射泵主要用做应急舱底水泵、偶尔短时间工作的货舱排水泵和真空泵。

3.2 船用空气压缩机

3.2.1 空气压缩机的用途和分类

压缩机是一种压缩气体、提高气体压力或输送气体的机械。用于压缩空气的机械称为空气压缩机，简称空压机。空压机产生的压缩空气压力一般为 0.2 MPa 以上。常用的压缩机有离心式和活塞式等两种。本节讨论的是船上普遍采用的活塞式空压机。

压缩后的空气称为压缩空气。储存于空气瓶中的压缩空气，俗称冷气。压缩空气在船舶上主要用于以下几个方面。

(1) 压力在 2.442~2.942 MPa 的压缩空气用来启动主机。

(2) 压力在 0.98 MPa 左右的压缩空气用做大、中型柴油机操纵和换向机构的动力。

(3) 压力在 3.92 MPa 左右的压缩空气用做操纵离合器、刹车、填充压力水柜、鸣放汽笛、吹洗机件和海底阀等。

空压机是消耗机械能的机械，必须靠原动机（电动机、内燃机）拖动。

船上的空压机一般为间歇性运行，连续运转的时间往往不超过 1 h，原动机多为电动机。大中型柴油机船舶上,通常配备 2~3 台电动空压机。某些中小型船舶上,柴油机的自由端配备有由曲轴上偏心轮驱动的空压机,有些船舶则采用柴油机某缸停止喷油的方法来产生压缩空气。为了保证柴油机长期停车或大修后能启动,这类船舶上还另配备有电动空压机或手摇空气泵。

活塞式空压机有低压(0.78~0.98 MPa)、中压(0.98~7.84 MPa)、高压(7.84~98 MPa)和小排量(10 m³/min 以下)、中排量(10~30 m³/min)、大排量(30 m³/min 以上)之分。常用的结构形式如图 3-27 所示。

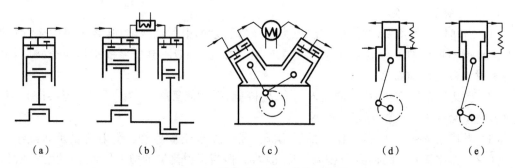

图 3-27 活塞式空压机分类示意图

(a) 立式、单缸、单作用;(b) 立式、双缸、单作用,二级;(c) V形、双缸,二级;
(d) 单列、串叠式;(e) 单列、串缸、差动式

3.2.2 基本结构和工作原理

活塞式空气压缩机的基本结构如图 3-28 所示。主要由吸气阀 1、排气阀 3(分别通过吸排气管与外界相连)、气缸盖 2、活塞 4、气缸 5、连杆 6、曲轴 7 和曲轴箱 8 等构成。电动机通过皮带轮、曲轴和连杆带动活塞在气缸内做往复运动。

下面首先讨论单级活塞式空压机的理想工作循环。

所谓理想工作循环,即不考虑工作循环中的泄漏,气流流经阀和管路时的压力损失以及气流做不等速运动的惯性影响,并假设空气与缸壁等无热交换,压缩过程中空气的温度不变,压缩后的空气全部排出气缸。虽然上述假设实际上不可能存在,但它对掌握空压机工作原理和其工作特点是十分重要的。

如图 3-29 所示,当活塞 2 在气缸 1 中从左止点 a 向右移动时,活塞 2 左边的气缸容积增大,缸内形成真空,大气中压力为 p_1 的空气就压开吸气阀 3,等压进入气缸,一直到活塞移到右止点 b 为止。这是吸气过程,如图 3-29 所示的 p-V 图上的直线 a-b 所示。

当活塞 2 改变运动方向从右止点向左移动时,吸气阀 3 关闭,活塞 2 左边的气缸容积减小,气体受到压缩,压力升高,直到活塞左移至点 c,缸内压力上升至 p_2 为止,这是等温压缩过程,如曲线 b-c 所示。

当活塞由点 c 继续左移时,排气阀 4 开启,空气等压排出气缸,直至活塞左移至左止点 d 为止,这是等压排气过程,如直线 c-d 所示。至此,空压机完成了一个工作循环。只要活塞不断在缸内做往复运动,空气就不断被吸入、压缩和排出。由于 p-V 图上吸气、压缩和排气过程线所组成的面积 $abcd$ 表示空压机一个理想工作循环所消耗的压缩功,故图 3-29 所示的曲线有理论示功图之称。

以上讨论的理想工作循环虽不能实现,然而它是耗功最小而排气量却最大的工作循环,如果把实际工作循环与其进行比较,可以从中得到启示,从而提高空压机的管理水平。

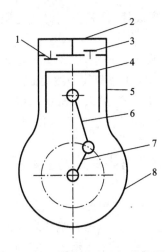

图 3-28 活塞式空压机结构图

1—吸气阀;2—气缸盖;3—排气阀;4—活塞;
5—气缸;6—连杆;7—曲轴;8—曲轴箱

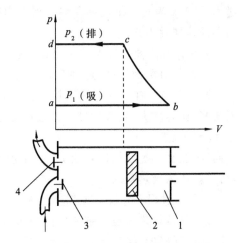

图 3-29 单级空压机的理论示功图

1—气缸;2—活塞;3—吸气阀;4—排气阀

空压机实际工作循环与理想工作循环的主要差别在于以下几点。

(1) 有余隙容积。所谓余隙容积指的是活塞排气冲程结束时,缸内的剩余容积。它由阀窝空间、活塞顶到第一道活塞环的环形空间和活塞与气缸盖之间的空间所组成,其中以后者为最大。活塞式空压机必须有余隙容积,以免曲柄连杆机构受热膨胀或连杆轴承松动等,引起活塞撞击气缸盖,或空气中的水蒸气被压缩时凝结成水,产生"液击"而造成机损事故。由于余隙容积的存在,排气过程结束时,缸内就会残留一部分压缩空气。如图 3-30 所示,当活塞从左止点右移时,残存在余隙 V_0 中的压缩空气就沿曲线 4-1 膨胀,直至活塞右移

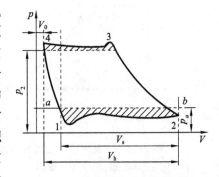

图 3-30 活塞式空压机的示功图

至点 1,缸内压力低于大气压力为止,这时新鲜空气才压开吸气阀进入气缸。于是,在吸气冲程中就多了一个膨胀过程,吸气行程由 a-b 缩短到 1-b,吸气容积相应地由 V_h 减小到 V_s,显然,余隙容积 V_0 越大,膨胀过程越长,吸气容积就越小。所以,为了提高空压机的排气量,应尽量减小余隙容积。一般,余隙容积占工作容积的 3%~8%。

运转中,空压机的余隙容积会因轴承的磨损、连杆弯曲变形或更换较厚的气缸垫床而变大。

为了便于测检,余隙容积常用余隙容积高度来表征。余隙容积高度指的是活塞位于缸盖端的止点位置时,活塞顶与缸盖间的距离。船用小排量空压机,余隙容积高度一般为 0.5~1.8 mm。为了比较不同类型的空压机,常采用相对余隙容积,它是余隙容积与气缸工作容积的比值。

(2) 有阻力损失。空气流经吸入滤器、吸排气阀和管路时均有阻力损失,且与气流速度的平方成正比。吸入端的阻力损失,使吸气阀开启延迟,膨胀过程延长,吸气压力降低,气缸的吸气量将由于吸气行程的缩短和吸气比容的增大而减小;排出端的阻力损失势必使排气压力升高,不但会使膨胀过程延长,而且压缩耗功将随之增大。图 3-30 所示示功图中,1-2 为实际吸

气过程线,3-4 为实际排气过程线。点 1 出现波谷,点 3 出现波峰,这是启阀时需克服气阀弹簧力和阀片惯性力之故。

(3) 存在气流惯性影响。在吸排气过程中,气流随活塞做不等速运动,使气流流动的阻力损失随流速的升降而增减,这种现象称为气流脉动,所以实际吸排过程线为波动曲线。

(4) 空气与气缸壁等有热交换。由于空气与缸内存在着温差,进入气缸的新鲜空气因吸热而膨胀,比容增大,吸气量减小。经压缩后的空气,比缸壁温度高,故在排气过程,空气不断放热而降低温度。

同样,在膨胀过程初期,缸内空气温度高于周围温度,成为放热膨胀,随着膨胀过程的延续,后期就成为吸热膨胀。

(5) 压缩过程不等温。虽然空压机采用了冷却措施,然而气缸中的空气总是来不及得到充分的冷却(特别是高速大缸径的空压机),所以实际压缩过程是介于等温绝热之间的多变过程。冷却情况好的,接近于等温,冷却情况差的接近于绝热。图 3-31 所示的是三种压缩过程的示功图。显然,用水或空气冷却气缸的目的之一,就是使压缩过程尽量趋近于等温,以减小压缩耗功,提高空压机的效率。

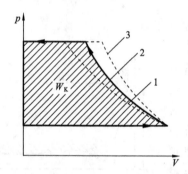

图 3-31　三种不同压缩过程示功图
1—等温压缩;2—多变压缩;3—绝热压缩

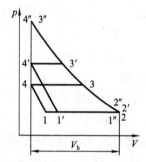

图 3-32　排气压力对实际吸气容积的影响

(6) 有泄漏损失。由于气阀和活塞环等密封性能不好,空压机工作时,空气总会通过活塞环和气阀等不严密处泄漏,这些泄漏只能尽量减小,而不可能消除。

从以上讨论可知,空压机的实际排量总是小于理论排量,实际压缩耗功总是大于理论耗功。空压机的实际循环包括膨胀、吸气、压缩和排气四个过程,在活塞一个往复冲程内完成。由于图 3-30 所示的实际循环各过程线围成的面积 1234,表示一个工作循环的压缩耗功,所以图 3-30 所示示功图有实际示功图之称。空压机的实际示功图可用示功器测出。

空压机排气压力与吸气压力之比 ε 称为压缩比(或压力比),即

$$\varepsilon = \frac{p_2}{p_1}$$

式中:p_2——排气压力,若忽略排气阀和管路阻力损失,则 p_2 等于中间冷却器压力或储气瓶的压力;

　　　p_1——吸气压力,若忽略滤清器、管路和吸气阀的阻力损失,则 p_1 等于大气压力。

3.2.3　空压机的热力性能参数

1) 排气压力

空压机的排气压力一般用空压机排气接管处的压力表示出。

运行中,空压机的排气压力是变化的,铭牌上标出的排气压力指的是额定排气压力。一般来说,空压机宜在低于额定排气压力下运行,但只要强度和排气温度允许,也可超过额定排气压力工作。运行中,空压机的排气压力不取决于其本身,而主要由排气系统(如空气瓶)的压力(称为"背压")决定。若排气系统的气量供求平衡,则空压机稳定于某压力下运行;若系统的气量供不应求,则排气压力会逐渐降低;若系统的气量供过于求,则排气压力就逐渐升高,直至达到额定排气压力为止。

空压机运行中,若一级或二级排气量改变,或者在中间冷却器中空气温度变化,则级间压力将发生相应的变化。所以,级间压力的变化往往意味着一级或二级排气量的变化。

2) 排气量

空压机的排气量(输气量)是指在额定转速下,单位时间内,本级排出的空气容积换算成第一级进口状态的空气容积值。在实际工作循环中,存在余隙容积、吸气压力降低、进排气管中的压力损失和气流脉动、空气与机件的热交换、过排气阀的弹簧力及阀片的惯性力、空气的泄漏等因素的影响,使空压机的吸气量减小,导致实际排气量总是小于理论排气量。这些影响实际排气量的主要因素可用以下四种系数来表示。

(1) 容积系数 λ_V。

容积系数用于表示余隙容积对气缸工作容积利用程度的影响。它与压缩比、压缩多变指数、余隙容积所占压缩容积的百分数有关。一般取值为 0.5~0.9。

(2) 压力系数 λ_p。

压力系数用于表示吸排气管道和气阀中空气的压力损失、压力脉动及气阀弹簧力等,使吸气压力低于大气压力和吸气延后对吸气量产生的影响。一般取值为 0.95~0.98。

(3) 温度系数 λ_T。

温度系数用于表示吸入缸内的空气因吸热体积膨胀密度减小对吸气量的影响。其值一般取为 0.92~0.99。

(4) 泄漏系数 λ_L。

泄漏系数用于表示密封不良产生泄漏对排气量的影响。分外漏和内漏,外漏指直接漏入大气或第一级管道的泄漏,它将影响排气量;内漏指空气由排气腔漏回至缸内或高压级漏入低压级气缸内或级间管道中的泄漏,不但会引起排气量的减小,而且还会导致级间压力不正常、排气温度升高和增加耗功等,一般取值为 0.90~0.98。

上述四种系数的乘积称为容积效率或输气系数。即输气系数或容积效率可表示为

$$\lambda = \lambda_V \lambda_p \lambda_L \lambda_T$$

其中容积系数对容积效率的影响最大。于是空压机的实际排气量为

$$V_S = \lambda V_T$$

式中:λ——容积效率;

　　V_T——理论排气量。

3) 排气温度

排气温度指的是各级排气管处或排气阀室内测得的温度,其值低于缸内压缩终了空气的温度。

压缩终了空气的温度为

$$T_2 = \varepsilon^{\frac{n-1}{n}} T_1$$

式中:T_2——压缩终了时空气的热力学温度,K;

T_1——进气终了时缸内空气的热力学温度,K;

ε——实际压缩比;

n——压缩多变指数,$n=1\sim1.4$。

排气温度过高会使润滑油黏度降低,润滑性能恶化。因为排气温度高,润滑油中的轻质馏分易挥发。一方面导致压缩空气含油量增大,另一方面易形成积炭,堵塞气阀通道和加速活塞与气缸的磨损。实践证明,采用一级压缩,机油温度在180~210℃时,积炭最严重。所以排气温度一般不应超过200℃。

4) 功率和效率

空压机的耗功,一部分用于压缩空气,另一部分用于克服机械摩擦,前者称为指示功,后者称为摩擦功,两者之和称为轴功。与耗功相应,空压机的功率有指示功率、摩擦损失功率和轴功率之分。一般空压机铭牌上标注的或说明书给出的为轴功率。

排气压力相同时,单位排气量所消耗的功率,称为比功率,单位是 $\mathrm{kW/(m^3 \cdot min^{-1})}$。它是评价同一类型空压机直观的经济指标。

空压机的效率有机械效率和热效率之分。机械效率为

$$\eta_\mathrm{m}=\frac{P_\mathrm{i}}{P_\mathrm{b}}$$

式中:P_i——指示功率,kW;

P_b——轴功率,kW。

由于空压机是一种消耗功的机械,故其热效率的含义不同于柴油机。常用的为等温指示效率。空压机的理论等温循环指示功率与实际循环指示功率之比,称为等温指示效率,以 η_s 表示。它反映了实际消耗的指示功率与最小指示功率的接近程度。

机械效率的高低,反映了空压机结构和润滑条件的完善程度;而等温指示效率的高低,则表明空压机的热力过程和冷却条件的完善程度。它们都是评价空压机的经济指标。

3.2.4 多级压缩和中间冷却

多级压缩和中间冷却指的是,空气在低压缸中压缩到某一压力后,排至空气冷却器中冷却,然后进入下一级气缸中继续压缩,如此连续下去,直至空气排入空气瓶为止。空气的排出压力经一级压缩达到的,称一级压缩压力;经二级压缩达到的,称二级压缩压力,依此类推。空气的级间冷却称为中间冷却。

采用多级压缩和中间冷却的原因如下。

(1) 一级压缩能达到的最高排气压力受余隙容积限制。如图3-32所示,排气压力越高,膨胀过程就越长,吸气行程就越短。当排气压力高达一定值时,膨胀过程需延续到吸气冲程终了。这时空压机的工作循环变成膨胀→压缩→膨胀,即不吸气也不排气,空气压力也就不再升高了。

(2) 降低排气温度。单级压缩的压力比一般不超过6~7,否则对空压机的润滑不利。因压缩过程不可能是等温的,故排气温度必然随排气压力的升高而升高。当排气压力达到一定值时,排气温度就会接近或超过润滑油的闪点(215~240℃),使润滑条件恶化,润滑油变质、裂化和结焦,不但会加剧气缸和活塞的磨损,而且还会使吸排气阀发生故障,严重时还可能引起爆炸事故。为了保证空压机安全可靠地工作,一级压缩压力就不应过高,以排气温度不超过200℃为宜。降低排气温度的最有效措施是采用多级压缩和中间冷却,以降低单级压缩比和次

级吸气温度。

（3）使实际压缩过程更有效地接近等温过程，减小压缩耗功，提高效率。多级压缩之所以省功，主要在于中间冷却。理论分析表明，冷却不完善，空气冷却后的温度比原始温度每升高3℃，下一级的压缩耗功增加1%。

（4）提高输气系数。因为单级压缩比降低后，余隙容积对吸气容积的影响减小了。

（5）减小活塞上的作用力，相应减小了有关机件的质量和尺寸，便于机器的维修。

上述诸因素中，第(2)点是最主要的。所以，工作压力为2.94 MPa的船用空压机，通常都采用二级压缩。为使耗功最省，各级负荷均匀和空压机运转平稳，理论上多级空压机的压缩比按均分的原则分配，即

$$\sqrt{\frac{p_2}{p_1}}=\sqrt{\frac{p_3}{p_2}}=\cdots=\sqrt{\frac{p_{n+1}}{p_n}}=\varepsilon$$

式中：p_{n+1}——末级排气压力；

p_n——末级吸气压力，也是前一级的排气压力。

但实际设计的多级空压机，各级的压缩比往往是逐级略降的，这是因为后级比前级冷却常差些，后级进气温度比前级高，高压缸的相对余隙容积要大一些，各级压力损失不同。

3.3 通风机

3.3.1 通风机的用途和分类

通风机（简称风机）也是一种输送气体的机械，其工作压力通常不超过14.7 kPa。

风机主要用于船员和旅客房间、机炉舱、货舱以及燃料舱等的通风，或排出舱室内污浊空气（包括易燃烧的挥发性气体），或向舱室提供新鲜空气，以改善船员和旅客的工作或休息条件，减少运输货物的损坏，确保船舶航行的安全。此外，风机也是空气调节装置和燃油辅助锅炉等系统中不可缺少的设备。

按工作原理，风机可分为离心式风机和轴流式风机等两类。

按工作压力，风机可分为低压风机、中压风机和高压风机等三类。低压风机工作压力低于980 Pa，通常用于生活舱或机炉舱通风；中压风机工作压力为0.98~2.9 kPa，通常用于锅炉送风或引风；高压风机工作压力为2.9~14.7 kPa，用于高速空调通风。

风机按连接方式，可分为送风机、抽风机和风扇等三类。送风机的排出管路接至舱室，将外界新鲜空气送入舱室；抽风机的吸入管路接至舱室，将舱室内污浊空气排至大气；风扇只是使舱室内空气流通。

3.3.2 离心式风机

1. 离心式风机的工作原理和结构

离心式风机与离心泵相似，也是通过高速旋转的叶轮传递能量的。所不同的是，泵输送的是不可压缩的液体，而风机输送的则是可压缩的气体。但是，风机的工作压力一般不超过14.7 kPa，可以忽略气体的可压缩性。于是离心泵的工作原理和压头理论均适用于离心式风机。

离心式风机主要由进风口、轴、叶轮和机壳等组成,如图3-33所示。

在离心泵中,通常只采用后弯叶片或径向叶片的叶轮,而在离心式风机中,三种形式叶片的叶轮都有采用,且叶片数目较多。按叶片的形式,风机的叶轮可分为径向叶片叶轮、后弯叶片叶轮和前弯叶片叶轮等三种。

(1) 径向叶片叶轮。它又分为直线型径向叶片叶轮和曲线型径向叶片叶轮等两类,分别如图3-34(a)、(b)所示。这种叶轮结构简单,加工方便,在转速和叶轮的尺寸相同时,全风压和效率居中,正反转均可,适用于低压通风机。其中图3-34(a)所示型号,进口的气流角(相当于离心泵叶轮的进口液流角)不等于90°,气流进入叶轮时有较大的冲击损失,噪声也较大;而图3-34(b)所示型号,在额定工况下运行时,无冲击损失,噪声较小。

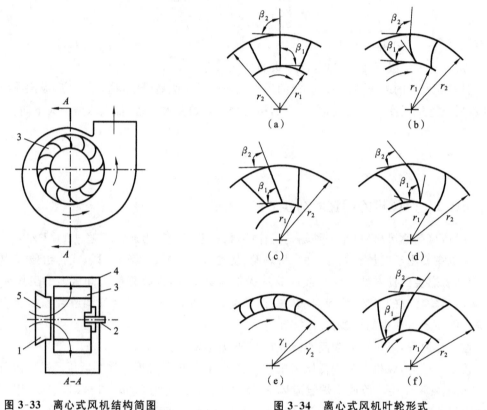

图3-33 离心式风机结构简图
1,5—进风口;2—风机轴;3—叶轮;4—机壳

图3-34 离心式风机叶轮形式

(2) 后弯叶片叶轮。它又分为直线型后弯叶轮和曲线型后弯叶轮等两类,分别如图3-34(c)、(d)所示。这种叶轮静压的比例和效率均较高。但在转速和叶轮的尺寸相同时,全风压低,故在既定风压下结构尺寸较大,主要用于高压风机。其中图3-34(c)所示型号,加工方便,造价低,有时在主叶片间装有小的引导叶片,以缩短出口处的叶片间距,减小涡流损失;图3-34(d)所示型号,叶轮的叶片出口安装角较小,叶片间流道较狭长而面积逐渐扩大,流阻和噪声较小,工作平稳,但相同风压时,外形尺寸比前几种的大。

(3) 前弯叶片叶轮。它又分为前弯多叶叶轮和前弯型叶轮等两类,分别如图3-34(e)、(f)所示。这种叶轮产生的全风压较高,故外形尺寸较小,质量轻,造价较低,但静压的比例和效率均较低,适用于低、中压和大排量的通风机。其中图3-34(e)所示型号,叶片多而短,具有较大的进口流通面积和能较好地适应气流的叶间流道,适用低压大风量的风机,虽然效率低,但结构紧凑,所以仍广泛使用;图 3-34(f)所示型号,在风压相同时,叶轮的外径较小,或者转速较低,故适用于外形尺寸要求较小的场合,但由于叶轮出口气流速度较大,涡流损失也较大。船上风机的安装位置一般较小,多使用前弯型叶轮风机。

2. 离心式风机的特性

与离心泵类似,离心式风机的特性指的是有关参数之间的关系。常用特性曲线来表示。

1) 全风压

全风压是指 $1\ m^3$ 空气通过风机获得的能量,单位为 Pa。

离心式风机产生的全压 p 可用下式估算:

$$p = \rho \psi u_2^2$$

式中:ρ——空气密度,标准状态下 $\rho = 1.29\ kg/m^3$;

ψ——全压系数。后弯式的为 $\psi = 0.4 \sim 0.6$;径向式的为 $\psi = 0.6 \sim 0.8$;前弯式的为 $\psi = 0.8 \sim 1.1$;

u_2——叶轮出口处的圆周速度,m/s。

2) 风量

风量是指在额定转速和标准状态(温度为 20℃、压力为 7.45 kPa、相对湿度为 50% 和空气密度为 $1.29\ kg/m^3$)下,单位时间风机的吸气容积,单位为 m^3/h。在通风机设计中,可根据舱室的每小时空气交换次数来确定风机的风量,或通过实验测得。风机的风量可按下式估算:

$$Q = \psi_Q \frac{\pi}{4} D_2^2 u_2$$

式中:ψ_Q——流量系数,一般为 $0.05 \sim 0.4$,比转数越大,其值越大;

D_2——叶轮外径,m;

u_2——叶轮出口圆周速度,m/s。

3) 定速特性

定速特性曲线有:全压(静、动压之和)与风量之间的关系曲线(p-Q),静压与风量之间的关系曲线(p_{st}-Q),效率与风量之间的关系曲线(η-Q),轴功率与风量之间的关系曲线(P_b-Q)。

不同叶型的风机,其特性曲线是不同的。图 3-35 所示的为后弯叶片离心式风机的特性曲线。p-Q 曲线除小流量区略呈驼峰外,基本上自左至右陡峭地向下倾斜,即随风压减小,风量是增大的。P_b-Q 曲线对应于最高效率处有一最大值,故即使选配风机时,估算的风管阻力高于或低于额定风量时的实际阻力,电动机均无过载之忧。

图 3-36 所示的为前弯叶片离心式风机的特性曲线,H 曲线呈马鞍形(短叶型更明显),驼峰可能位于较大风量和高效率区(常用区),而驼峰左侧曲线的下降段属不稳定工作区,故应防止风机在该区段工作,否则可能发生喘振。P_b-Q 曲线由左至右向上倾斜,随风量的增大,功率较显著地上升。当风管的实际阻力较估算值低时,功率就会超过额定工况时的功率,所以,为了防止原动机超负荷运行,使用中应注意调节风管阻力,以免实际风量超过额定风量过多,而且原动机的功率储备系数应适当提高。

由于风机的风压较低,而输出速度很高,动压头占总压头的比例已不能忽略,故风机的特性曲线中往往同时标出 p-Q 和 p_{st}-Q 曲线。

离心式风机风量为零时,功率较小,宜关闭出风闸门封闭启动。

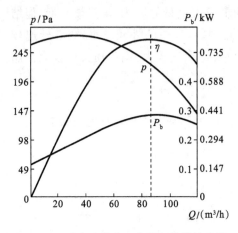

图 3-35　后弯叶片离心式风机的特性曲线

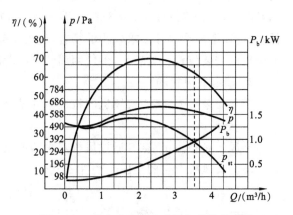

图 3-36　前弯叶片离心式风机的特性曲线

3.3.3　轴流式风机

轴流式风机是叶片式风机中的一种，也是通过叶轮把机械能传递给气体的。其结构如图 3-37 所示。当叶轮 4 高速转动，气流流过机翼形截面的叶片时，叶片面部与背部产生的压差对叶片升力的反力就促使气流向前流动并旋转，使气流离开叶轮时的压力和绝对速度提高。静止的导向叶片 3 将偏转的气流平缓地改变为轴向，气流的绝对速度降低，圆周运动的动能转变为静压能。气流流过机壳（若为扩散形）时流速进一步降低，把部分动能转变为静压能。机壳的进口处常做成喷管形或圆弧形集风口。出口常做成扩压管形。当叶轮的圆周速度超过 130 m/s 时，风机进出口处常设消声装置，以减小噪声。叶轮叶片外缘与机壳的径向间隙一般取为叶片高度的 0.008～0.01。间隙太大，风机的风压和效率下降；太小则易碰擦。叶轮的叶片与导向叶片间的轴向间隙一般在平均半径处取为叶片弦长（叶片截面中线两端点距离）的 0.25～0.40。间隙过小，进入导叶气流不均匀，能量损失增多，噪声增大，并会引起叶片振动；间隙过大，会使风机轴上尺寸加长，壁面摩擦损失增大。

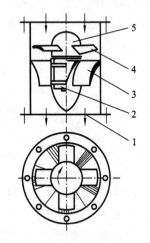

图 3-37　轴流式风机

1—机壳；2—电动机；3—导向叶片；
4—叶轮；5—轮毂

轴流式风机转速高、风量大、压头低、结构简单、质量和占地均小。既可作舱室送风用，也可作舱室抽风用。

离心泵中推导的欧拉方程，同样适用于轴流式风机。全风压和风量也可用离心式风机相应的公式估算，只是压力系数 ψ 取为 0.02～0.5，流量系数 ψ_Q 取为 0.3～0.6。

图 3-38 所示的为 CLZ-5 型船用轴流式风机的特性曲线。其中 $Q\text{-}P_b$ 为流量-电动机功率曲线。从图 3-38 可见，为使风机有较高的运行效率，轴流式风机宜用于阻力较小（风量较大）的通风系统。当估算的风管阻力高于或低于实际值时，电动机无过载之忧。但某些轴流式风机全风压曲线的驼峰可能位于较大流量和高效率区，驼峰的左侧曲线下降段属不稳定区，应避免在该下降段运行。因风量为零时的功率并不小，轴流式风机一般在全开出风闸门下启动，且不宜在短时间内频繁启停。

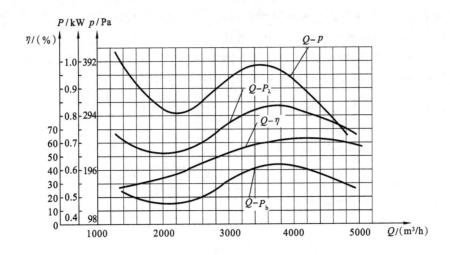

图 3-38　CLZ-5 型船用轴流式通风机的特性曲线

3.3.4　风机的选用

风机可根据风量和风压的要求从风机的样本或系列手册中选用。

风量可按其使用场所的要求确定。如舱室用风机,可按舱室的容积及换气次数等确定风量;锅炉风机,可按燃料完全燃烧所需空气量和过量空气系数确定风量。风压可根据所确定的风量、送风的距离和高度、转弯次数、风管的尺寸等计算。

船用风机的压头一般低于 14.7 kPa。计算管路阻力时,可认为气体不被压缩,因此可用伯努利方程计算风机的风压。如图 3-39 所示,风机的风压 p 为

$$p = p_2 + \rho\frac{v_2^2}{2} - \left(p_1 + \rho\frac{v_1^2}{2}\right) = p_0 + \rho\frac{v_0^2}{2} + h_{Hn} - (p_0 + h_{Bn}) = h_{Hn} + h_{Bn} + \rho\frac{v_0^2}{2}$$

式中:ρ——空气密度,kg/m³;

h_{Hn}——排出风管压力损失,Pa;

h_{Bn}——吸入风管的压力损失,Pa;

p_0——舱室外大气压力,Pa;

p_1——风机吸入口处压力,Pa;

p_2——风机排出口处压力,Pa;

v_0——排风管出口处的风速,m/s;

v_1——风机吸入口处的风速,m/s;

v_2——风机排出口处的风速,m/s。

可见,风机的压头只是用于克服吸排管路阻力损失和使气体以一定流速从排出口排出。当送风的位置较高时,风压还须计入位置高度。

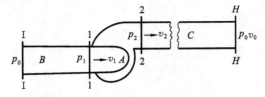

图 3-39　具有吸排管路的通风装置

风管中气体的流速对阻力和噪声均有影响。流速越高,噪声越大。为了兼顾噪声和风管尺寸之间的矛盾,一般吸排风管的风速不超过 20 m/s。

考虑到计算和实际情况的差别以及管路泄漏等,选用风机时,风量和风压应有 15%~20% 的储备系数。此外,所选风机的噪声强度应在允许范围内。

第 4 章 船舶辅助装置

4.1 船舶制冷装置

4.1.1 制冷装置的作用与分类

制冷就是从某一物体或空间吸取热量,并将其转移给周围环境介质(水或空气),使该物体或空间的温度低于环境的温度,并维持这一低温的过程。单位时间内从物体或空间吸收的热量称为制冷量。用于完成制冷过程的设备综合体称为制冷机或制冷装置。用于存放低温物体的空间称为冷藏室或冷库。

实现制冷的途径有天然制冷和人工制冷等两种,天然制冷是以天然冷源,利用冰融化需吸收融解热而实现制冷的。人工制冷以制冷机或制冷装置来产生冷源。它以消耗一定的外功或热能,将物体或空间的热量转移至环境介质(水或空气)中去,从而达到制冷的目的。

制冷技术广泛应用于工业、农业、医疗卫生、交通、国防和科学技术中。在船舶上,主要用于食品储藏、渔获物保鲜、居住舱和专用舱室的空气调节以及货物的冷藏运输等。为保证舰艇战斗力和适应长时间隐蔽潜航,甚至弹药的安全储存等,也普遍应用制冷技术。

人工制冷方法按工作原理可分为以下三类:
(1) 利用液体汽化吸收汽化潜热的特性制冷;
(2) 利用气体膨胀时温度下降吸取热量制冷;
(3) 利用半导体的帕尔帖效应制冷。

目前,船舶上广泛应用的是利用液体汽化吸热的制冷方法。这种制冷方法称为蒸气制冷。其装置的类型有蒸气压缩式、蒸气喷射式和吸收式等三种。蒸气压缩式制冷装置的应用最为普遍。压缩式制冷装置是由一系列的设备组成的,其中最主要的设备为压缩机。在装置中用于实现制冷的物质,称为制冷工质或制冷剂。

蒸气压缩式制冷装置可按下述分类。
(1) 按压缩机的种类分有活塞式制冷装置、离心式制冷装置、回转式(螺杆式、中片式)制冷装置等三类。
(2) 按制冷工质分有纯工质(R12,R11,R22,R134a 等)制冷装置、混合工质(共沸点的、非共沸点的)制冷装置等两类。
(3) 按压缩级数分有单级制冷装置、多级制冷装置等两类。
(4) 按工作循环分有回热的制冷装置、不回热的制冷装置、单一的制冷装置、复叠的制冷装置等。

当前内河和沿海船舶上,主要采用活塞式、单级压缩、纯工质的制冷装置,所以本节也就以此为主进行讨论。

4.1.2 蒸气压缩式制冷装置的基本组成和工作原理

蒸气压缩式制冷装置是由压缩机、冷凝器、膨胀阀(或毛细管)和蒸发器这四个最基本的设备组成的相互连接而又密闭的系统,如图 4-1(a)所示。

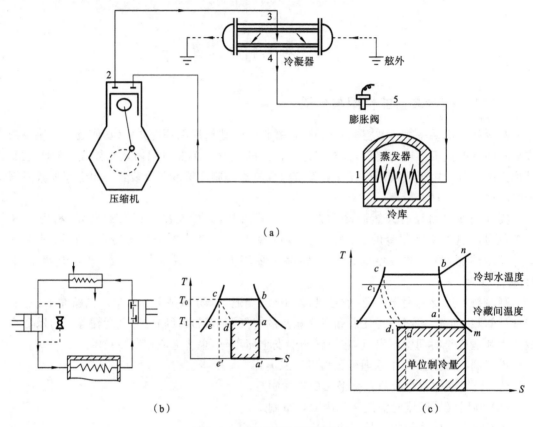

图 4-1 压缩式制冷装置原理
(a) 基本组成;(b) 工作原理;(c) 过冷状态下的压缩蒸发制冷循环

低压低温的液体冷剂进入蒸发器中,并吸收冷库内的热量不断沸腾汽化,压缩机将蒸发器内的低压冷剂蒸气吸入气缸内,并将其压缩,压力和温度均升高的冷剂蒸气排向冷凝器,被在冷凝器内循环的冷却介质(水或空气)冷却而重新冷凝成液体冷剂。在冷凝过程中,冷剂经膨胀阀节流降压成为低压低温的液体冷剂(严格地说应为气液混合物)。至此,已完成制冷循环。只要此制冷循环不断地进行,冷库的热量也就会不断地通过装置中循环的冷剂转移给外界的冷却介质,从而达到产生并维持冷库低温的目的。可见,制冷循环是由汽化、压缩、冷凝和节流四个过程组成的。

假定制冷循环是由理想制冷循环——逆卡诺循环变化得到的循环。逆卡诺循环由两个绝热过程和两个等温过程组成。如图 4-1(b)所示,绝热压缩过程(a-b)由压缩机来完成,等温放热过程(b-c)由冷凝器中的凝结放热来实现,通过膨胀机来进行绝热膨胀(c-e),而等温吸热(e-a)则是制冷剂在蒸发器中以汽化吸热来实现的,这样的循环即称为压缩蒸发制冷循环。从 T-S 图可看出逆向卡诺循环的过程。

如以 q_0 代表每千克制冷剂从低温热源所移出的热量,并称为单位质量制冷量(kJ/kg)。在 T-S 图上则可用图形面积来表示,即 $q_0 = i_a - i_e$,其中 i_a 为点 a 的焓值;i_e 为点 e 的焓值,而压缩机所消耗的外功则为 $W_1=i_b-i_a$，制冷剂在膨胀机中对外做功为 $W_2=i_c-i_e$。在整个循环中每千克制冷剂所消耗的外功 $W=W_1-W_2=$ 面积 $abcea$。这部分功在转变成热量后，将和 q_0 一起传给高温热源。因此，传给高温热源的热量 $q=q_0+W=$ 面积 $a'bce'a'$。

循环中每千克制冷剂产生的制冷量 q_0 和所消耗外功 W 的比值，表征着制冷循环的热经济性，即消耗单位外功所能制冷的冷量，称为制冷系数 ε，这样，逆卡诺循环的制冷系数即可写成

$$\varepsilon_0=\frac{q_0}{W}=\frac{T_0}{T_1-T_0}$$

由图 4-1 可看出，逆卡诺循环的制冷系数总是大于其他任意逆循环的制冷系数的。从公式可以看出，要提高制冷系数，就应尽量提高蒸发温度 T_0 并降低冷凝温度 T_1。但实际上，T_0 的提高受到冷库所需低温的限制，而 T_1 降低则受到冷却水温度的限制。

在实际的装置中总是用膨胀阀（或称调节阀）来代替膨胀机。虽然膨胀阀中的节流过程没有能够利用工质的膨胀功，但是由于液态制冷剂的比容很小，制造这样小尺寸的膨胀机将引起结构上和工艺上的困难。而膨胀阀的构造简单，操作也极方便。当用膨胀阀代替膨胀机时，节流过程 c-d 是不可逆的，但 c、d 两点的焓值相等，显然循环的制冷系数 ε 将降低，即

$$\varepsilon=\frac{i_a-i_d}{i_b-i_a}=\frac{i_a-i_c}{i_b-i_a}<\varepsilon_0\left(=\frac{i_a-i_e}{(i_b-i_a)-(i_c-i_e)}\right)$$

调节阀的节流过程使得装置的制冷量减小。为了减少调节阀的影响而增大制冷量，常使制冷剂在冷却器中达到过冷状态（见图 4-1(c)c_1）。通常使过冷度约为 5 ℃，可以提高制冷量大约 2%。

压缩终了制冷剂处在饱和状态 b 时，全部压缩过程 a-b 是在湿蒸气区域内进行的，称为湿压行程。如果制冷剂在蒸发器中受热至饱和状态 m，则压缩过程将完全在干燥的过热状态下进行（图中过程线 m-n），称为干压行程。

理论上干压行程的制冷系数低于湿压行程，但是在有余隙容积的压气机中会引起液体冲击问题，所以实际上的制冷装置都是采用干压行程的。

为了实现干压循环，一般采取措施如下：① 设置液体分离，若来自蒸发器的制冷剂蒸气尚具有一定湿度，就可使其在液体分离器中进行分离，以防压缩机吸入湿蒸气。② 配备热交换器，在热交换器中用来自冷凝器之液态制冷剂对从蒸发器出来的制冷剂蒸气进行加热，因而可保证压缩机吸入干饱和蒸气或过热蒸气。③ 利用热力膨胀阀也可使压缩机吸入干饱和蒸气或过热蒸气。

制冷装置制冷量的大小，随其工作状况不同而有所改变。因此通常说，制冷量为若干 kJ/h，应该标明其工作状况。为了便于衡量和比较机器的制冷能力和其他性能，根据常用的温度范围，制定出了公认的温度条件如下。

① 标准工况：蒸发温度-15℃，制冷温度+30℃，过冷温度+25℃。
② 空调工况：蒸发温度+15℃，制冷温度+35℃，过冷温度+30℃。

4.1.3 制冷剂和载冷剂

1. 制冷剂

制冷剂是在装置内不断发生状态变化、完成制冷循环，以传递和转移热量的工作物质，故又称为工质。制冷装置正是通过制冷剂的不断汽化和液化，将低温物体转移的能量进行补偿的。

1) 热力学性质

(1) 对应于大气压力下的蒸发温度要低。一个大气压下的蒸发温度越低,就越易得到低的制冷温度,并可使蒸发压力高于大气压,防止空气漏入制冷系统。当空气进入系统时,其热阻较大,会降低热交换器的热交换效果,降低装置的制冷能力,同时会使压缩机排气压力升高,压缩耗功增大,冷剂的冷凝温度升高,使装置的制冷量和制冷系数下降。空气中含的水分会使采用某些冷剂的装置局部发生"冰塞",影响或完全中断制冷循环;有些冷剂与水化合后,还会腐蚀金属,缩短设备的使用寿命。

(2) 冷凝压力要低。冷剂液化时的冷凝温度只能高于冷却介质(水或空气)的温度,而冷凝温度对应的饱和压力就是冷凝压力。也就是说,冷凝压力很大程度上取决于冷却介质的温度。对不同的物质来说,即使能提供同样的冷凝温度,其冷凝压力也会有高低。从前述可知,在一定蒸发温度下,冷凝压力越低,压缩机的耗功越小,设备受力越小,其质量或尺寸和成本均可降低,又可提高系统的密封性,减小冷剂的泄漏。一般冷凝压力以不超过 1.6 MPa 为宜。

(3) 冷剂的汽化潜热要大。汽化潜热大,单位质量和单位容积的制冷量均较高,有利于提高装置的制冷量或减小其结构尺寸。

(4) 临界温度要高。临界温度高,易于使气体冷剂液化,同时有利于制冷系统工作的稳定。

2) 物理、化学性质

(1) 具有较高的导热系数。以利提高热交换器的传热量,减小热交换器的结构尺寸和质量。

(2) 具有一定的溶水性。进入系统的少量水分就会溶于或部分溶于冷剂中,消除或减小"游离水"的存在,从而消除或减小制冷系统发生"冰塞"的可能性。

(3) 具有较好的化学稳定性和较强的惰性。这样,冷剂就不易分解或聚合而改变其性能,使系统的工作稳定,同时对金属不会产生腐蚀,对润滑油不起化合作用。

(4) 电绝缘性能好。对于封闭式压缩机,冷剂要与电动机的线圈接触,冷剂绝缘性能的好坏直接关系到压缩机工作的可靠性。

3) 安全性和经济性

(1) 不燃,不爆,对人体无害。

(2) 价廉,易购得。

4) 常用制冷剂的基本特性

(1) 氨(NH_3、R717)。

氨的汽化潜热大于常用的几种氟利昂制冷剂,单位容积制冷量大,导热系数高,工作压力适中,标准大气压力下的蒸发温度为 $-33.4℃$,标准工况下的蒸发压力为 0.14 MPa,冷凝压力为 1.1 MPa,临界温度为 $132℃$,溶水性极强,制冷系统无"冰塞"之患;价廉,储取方便;微溶油,对润滑油无稀释作用。但压缩机排气带出的润滑油难以返回,冷凝器、储液器、蒸发器的下部需设放油设备。

氨有强烈臭味和较大毒性,在 $260℃$ 以上和空气中的含氨量达 16%~25%时,有燃爆的危险。对天然橡胶、铜和大多数铜合金有腐蚀作用,所以氨装置中禁用铜和天然橡胶。

(2) 氟利昂-12(R12)。

氟利昂在标准大气压下,蒸发温度为 $-29.8℃$,标准工况下的蒸发压力为 0.086 MPa,冷却压力为 0.6 MPa,工作压力适中;不燃不爆,无色无臭,化学稳定性好,对金属腐蚀性小;汽化潜热和单位容积制冷量比 R22 的小,对水的溶解度小,易使制冷系统(特别是膨胀阀的阀孔)发生"冰塞";渗透性强,易泄漏;会侵蚀天然橡胶,极易与油互相溶解,价格昂贵。

(3) 氟利昂-22(R22)。

R22 的基本性质与 R12 的相近,但单位容积制冷量比 R12 的大 40%～60%,与 R717 相当;标准大气压下的蒸发温度为 $-40.8℃$,更适用于低温;标准工况下的蒸发压力为 0.2 MPa,冷凝压力为 1.13 MPa;溶水性稍强,系统发生"冰塞"的可能性较小;8℃以上能与油互溶,8℃以下(如蒸发器中)润滑油返回压缩机较困难;渗透性比 R12 更强。

(4) 氟利昂-502(R502、R22/R115)。

R502 由 R22 和 R115 混合而成,具有 R12 和 R22 类似的热力学、化学和物理性质。标准大气压下的蒸发温度为 $-45.6℃$,单位容积制冷量高于 R22 的,但汽化潜热低于 R22 的。标准工况下的蒸发压力为 0.36 MPa,冷凝压力为 1.24 MPa;工作压力稍高于 R22 的,但排气温度较低。

R12 是目前船舶上应用最广泛的冷剂,常用制冷温度的范围为 $-40\sim10℃$。但由于 R12 属第一批禁用冷剂,故新造船舶的制冷装置大多以 R22 取代 R12,但冰箱和小型制冷装置不要求单位容积制冷量太大,而且 R22 排温太高,正在寻求 R12 的代用品。R22 较多用于中小型空调器的制冷装置,R502 则多用于采用封闭式压缩机的装置。除渔船和渔品加工厂外,运输船舶已很少采用 R717。采用对天然橡胶有侵蚀作用冷剂的装置时,密封件可采用氯丁橡胶或丁腈橡胶。

5) 制冷剂的发展

由于目前使用的含氯的氟利昂冷剂进入高空后会分解出氯原子,氯原子会破坏大气中的臭氧层,使臭氧层吸收太阳紫外线的功能减弱,给地球上人类和生物带来巨大的危害,所以,1987 年联合国环保组织在加拿大的蒙特利尔签署了《关于控制消耗臭氧层物质蒙特利尔议定书》。协议规定,2000 年停用 R12 等 15 种对臭氧层破坏性大的物质,而 R22 等 38 种对臭氧层破坏性稍小的物质将于 2035—2060 年停用。发展中国家可延缓 10 年执行。可见研制和生产不含氯的冷剂已迫在眉睫。目前汽车空调业界和某些家用冰箱正在以无氯的 R134a(目前未列入禁用范围)取代 R12。相信随着现代科技的发展,将研制出更多更适用的含氯氟利昂的代用品。

2. 载冷剂

在制冷装置中,若冷剂直接从被冷物质吸热,则该制冷系统称为直接制冷系统;若被冷物质的热量是通过中间介质(水或盐水)转移给冷剂的,则该制冷系统称为间接制冷系统。在间接制冷系统中用来传递和转移热量的中间介质(水或盐水),称为载冷剂。采用间接制冷既可将"冷量"送至较远和较宽的场所,又可把有毒的冷剂与被冷物质隔离。

作为载冷剂的物质应无毒,腐蚀小,化学性质稳定,不燃,在工作温度范围内不凝固和不汽化;具有较大的比热和良好的导热性,且价廉。

在空调制冷装置中常以淡水作载冷剂,在冷藏制冷装置中常以盐水作载冷剂。盐水有氯化钠、氯化钙或氯化镁溶液等。

水的冰点为 0℃,而盐水的冰点则低于 0℃。在一定浓度范围内,盐水的冰点随浓度的升高而下降,但比热却随浓度增大而增大。故应根据冷剂的蒸发温度正确选择盐水的浓度。盐水的冰点以低于冷剂蒸发温度 5～8℃为宜,以保证其有较好的流动性。但盐水具有较强的腐蚀性,使用中应加缓冲剂(重盐酸钠或氢氧化钠),以中和盐中的酸性。

4.1.4 制冷装置实例

图 4-2 所示的为 $CL\text{-}\dfrac{J}{Z}4$ 型制冷装置的系统原理图。

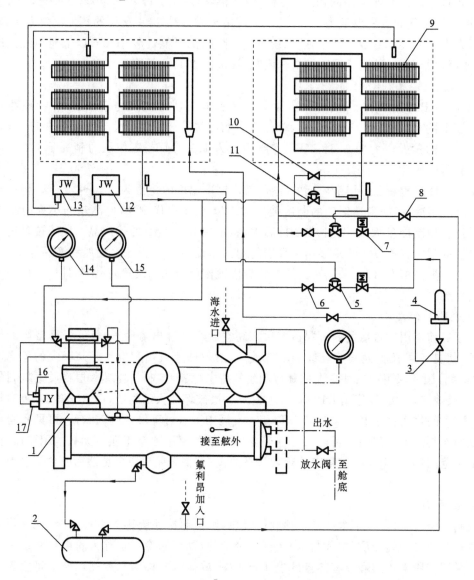

图 4-2 $CL\text{-}\dfrac{J}{Z}4$ 型制冷装置系统图

1—压缩机冷凝机组；2—储液器；3、6、8—直通截止阀；4—过滤干燥器；5—热力膨胀阀；
7—电磁阀；9—蒸发盘管；10—旁通阀；11—背压阀(热力膨胀阀)；12、13—温度继电器；
14—真空压力表；15—压力表；16—高压继电器；17—低压继电器

1. 主要技术规格

标准制冷量　　16747.2 kJ/h(4.65 kW)

压缩机型号　　2F6.5 型

电动机功率　　4 kW

冷凝器形式　　壳管式水冷

膨胀阀型号　　　　RF-2 型
R12 充入量　　　　10 kg
冷藏温度　　　　　鱼肉库的为-5~9℃；蔬菜水果库的为 2~7℃

2. 冷藏温度的自动调节

各库的库温是由温度继电器 12 和 13、电磁阀 7、热力膨胀阀 5、背压阀 11 和低压继电器 17 协同控制的。

当鱼肉库和蔬菜水果库或只是其中一个库的库温回升至调定值的上限时,温度继电器就接通两个或只是其中的一个电磁阀的电源,两电磁阀或只是一个电磁阀开启,冷剂经热力膨胀阀供入两个或只是一个蒸发器。此时,蔬菜水果库的背压阀因蒸发器出口的冷剂的过热度高于关闭过热度,背压阀开启。于是,回气压力升高,一旦回气压力上升至低压继电器的闭合压力时,接通电动机的电源,压缩机启动,开始制冷循环,库温逐渐下降。当其库温降至调定值的下限时,温度继电器就切断该库的电磁阀的电源,电磁阀关闭,停止该库蒸发器的供液。若此时停止制冷循环的是蔬菜水果库(两库同时制冷时,先达库温下限的一般为高温库),若作背压阀的热力膨胀阀的关闭过热度调整恰当,则此时背压阀也关闭。此后只剩下一个冷库继续制冷;直至该库温度达其调定值的下限,温度继电器切断电磁阀的电源,电磁阀关闭。于是,蒸发器的供液完全停止,回气压力迅速下降,一旦降至低压继电器调定值的下限,低压继电器就切断电动机的电源,压缩机停车。随着库温的回升,又会重复上述过程。于是,两库的库温就维持在调定范围内。

由上述可见,只要其中一个冷库的库温回升至调定值的上限,装置就会投入工作;只有当两库的库温均降至调定值的下限或一库的库温达下限而另一库温未回升至上限时,装置才会停止工作。

压缩机的启停由低压继电器控制,较好地解决了一机多库且库温要求不同的自控问题。不但可以防止装置在回气压力低于大气压的不正常情况下运行;而且停机前可以将曲轴箱内冷剂尽量抽空,防止压缩机下次启动时"奔油",但若电磁阀和膨胀阀关闭不严或压缩机的高低压油发生串漏,就可能在库温未回升至上限时,压缩机因低压压力的升高而启动,随后又会因低压压力速降而停车;当过滤器发生严重脏堵或膨胀阀发生"冰塞",或冷库的热负荷过小时,就可能在库温未降至下限,而压缩机却因低压压力过低而停车,随后压缩机又会因低压压力的升高而启动,结果均会导致压缩机频繁地启停。

此外,由于鱼肉库蒸发器出口管路上未装止回阀,停机后蔬菜水果库的冷剂蒸气就可能倒流至鱼肉库蒸发器而影响鱼肉库的库温。当蔬菜水果库的热负荷大而鱼肉库的热负荷小时,影响尤甚。

4.2　船用空气调节装置

4.2.1　空气调节的任务

所谓空气调节,就是对空气进行必要的处理,然后以一定的方式送入舱室,使室内的温度、湿度、气流速度和清新度适于工作与生活的要求。对空气进行处理的装置,称为空气调节装置,简称空调装置。为了改善船员和旅客的生活条件,在现代船舶上通常都装有空调装置。

众所周知,人对气温的变化最为敏感,所以温度是保持舱室适宜气候的主要因素。人休息时,若室温低于15℃,人体内的热量主要通过皮肤散发。温度越高,热量的散发就越困难。当室温高于37℃(通常人体的温度)时,人体通过皮肤散发热量已不可能,只得靠出汗和呼吸散热,这就是为什么气温越高,流汗越多,人越感到热的道理。相反,当气温太低时,人体内的热量则会通过皮肤大量散失,气温越低,散失的热量越多,人就越感觉冷。所以,必须对温度进行调节,使其保持在既有利于人体散热但又不至于散失过多热量的适宜范围内,以消除人对冷热的不适。

但是,人的冷热感觉是相对的。在空气的相对湿度不同的情况下,即使气温相同,人对冷热的感觉也会有差异,而且这种差异随空气相对湿度变化幅度的提高而增大。在夏季,若空气比较潮湿,由于不利于出汗和呼吸散热,与同气温空气干燥时相比,人就会感到闷热而不舒服;相反,在冬季,在同样的气温下,空气越潮湿,人越感到寒冷。但是,若空气过于干燥,由于人体散发的水蒸气量增加,人们就会感到口干舌燥。所以,空气的湿度也必须调节。

此外,在相同的温度和湿度下,有风,夏天就凉快一些,冬季则寒冷一些,故风速也必须控制。

可见,人对冷热的感觉,与温度、相对湿度和风速均有关,只是温度的影响最为敏感而已。

夏季舱室的适宜温度还需考虑室内外的温差不宜过大,以6~10℃为宜,以免人进出舱室时有骤冷骤热不适感和易于感冒。船员舱室室内外温差应小些,而旅客舱室室内外温差可适当大些。为避免舱室内的人感觉不适,室内温度分布要尽可能均匀,沿高度方向的温差也应控制。

供入舱室的新鲜空气量应能确保把室内的二氧化碳等有害气体冲淡至允许浓度以下,即使室内有人抽烟,仍能保持室内空气的清新。为此,新鲜空气供给量应远远超过正常呼吸所需要的 2.4 $m^3/(h·人)$ 的供气量,通常供给量为 30~503 $m^3/(h·人)$。

空调舱室中多余的空气可以从房门上部的栅格或缝隙逸出到走廊,其中一部分经回风口被空调器的风机吸入,以减小舱外新风的吸入量,节省空调器的能耗;另一部分则经非空调舱室或走廊尽头排至船外,从空调舱室排出的再次进入空调器进行处理的空气,称为回风,为保证舱室内空气的清新度,回风量的比例不宜过大。

空调装置工作时所产生的噪声会使人感到不适,必须加以限制。

现将空调舱室设计标准列于表 4-1 中,以供参考。

表 4-1 空调舱室设计标准

项 目	工 况		项 目	工 况	
	冬季采暖	夏季降温		冬季采暖	夏季降温
温度	18~22℃	27~29℃	风速	0.25 m/s 以下	
室内外温差	—	6~10℃	新鲜空气供入量	30~50 $m^3/(h·人)$	
室内高低温差	不超过 3~5℃		噪声	65 dB 以下	
相对湿度	30%~40%	40%~60%			

应当指出,船舶空调一般仅以满足舒适和卫生的需要即可,对温度等气象条件的要求并不很严格,允许有较大范围的波动,这种空调称为舒适性空调。而用于工艺生产和科学考察的船舶,以及先进军舰等的空调,对空气的温度、湿度和清新度的要求则要严格得多,这类空调称为高精度的空调。对于一般商船来说,舱室空调应保持的气候条件,完全取决于旅客和船员的舒适感。

设计和配备空调装置时,对于航线一定的商船,舱外的条件一般以最恶劣的气候条件为依据确定。对于航线不定的远洋船舶,舱外的条件常取－18～20℃的温度和80%～100%的相对湿度作为最冷的气候条件,取35℃的温度和70%的相对湿度作为最炎热的气候条件。航行中,若遇到更为恶劣的气候条件,则可用加大回风量的办法进行调节。

4.2.2 空调系统的组成

空调装置是由许多设备组成的综合体,故又称为空调系统。它由空气调节器、布风器、风管和回风口等组成,以完成空气的净化、处理和输送的任务。

1. 空气调节器

空气调节器是新风与回风进行混合、消声、净化、降温除湿和加热加湿的综合性装置,简称空调器。按其制冷装置的冷剂与处理的空气热交换方式,可分为直接蒸发式(或直接冷却式)和间接蒸发式(或间接冷却式)等两类;按空气进入空调器的方式,可分为吸入式(风机位于空调器的末端)和压出式(风机位于空调器的首端)等两类。

2. 布风器

布风器是空调系统最末端的设置,装于空调舱室内。其任务是把加工处理后的空气以一定流速和方向供入空调舱室,使供风与室内空气混合良好,温度分布均匀;改变供入室内的风量或增设热交换器,就可调节舱室内的温度和湿度。

布风器的形式很多,根据其安装位置,可分为两种:装于舱室天花板上的顶式布风器和装于舱室壁的诱导器,客舱和公共舱室多采用顶式布风器。

装有喷嘴的布风器,当供入的空气从喷嘴高速喷出时,有吸卷室内空气的作用,可使供入的空气与室内空气更好地混合。这种功能称为布风器的诱导作用,被吸卷的室内空气称二次风,供入室内的空气称一次风,二次风量与一次风量比称为诱导比。显然,诱导比越大,供入的空气与室内空气的混合效果越好,室内温度分布不均匀度越小。

3. 风管和回风口

风管的截面有矩形和圆形等两种。前者,风管占据空间的高度小,管路的分支和交接均较方便,常用于中、低速空调系统;后者,当流通截面积相同时,其湿度小,故摩擦阻力小,此外制造、安装和维修均较方便,常用于高速空调系统。设计时,应尽量选用成批加工的"标准"尺寸的风管,以降低造价。

低压低速空调系统的风管采用0.75～1.0 mm白铁皮制造,高压高速空调系统的风管则采用轻合金板材或镀锌白铁皮制造。

风管外壁需包隔热层,以减小处理后的空气的冷(或热)损失和防止管外壁凝露。常用的隔热材料有聚苯乙烯泡沫塑料和矿石棉。隔热层的厚度一般为20～40 mm。

噪声要求严格的空调系统,在布风器前的风管内,常加设管式消声器。

回风口通常集中于空调舱室的一侧,位于舱室门的下部,或以门与门槛的狭缝作回风口,以便把回风汇集于走廊。回风的一部分引回空调器再处理,多余部分从走廊尽头排出。现代船舶空调系统大都采用走廊回风。

4.2.3 空调系统的分类

按空气的处理和输送方式,船舶空调器可分为集中式和独立式等两大类。

1. 独立式空调器

独立式空调器又分为整体式和分体式等两类。一台独立式空调器只适用于一个或几个舱室的空气调节,或一个大舱室内安装几台独立式空调器。在未设中央空调的船舶上,二等客舱、三等客舱、会议室、酒吧和娱乐场所等常采用独立空调器,而机舱的集控室则一般都采用独立式空调器。

独立式空调器由一套制冷装置、送冷(或热)风风机、冷却用风机的电器控制系统组成。以上诸设备装于一箱体内的,称为整体式;压缩机、冷凝器和冷却风机等装于一箱体内置于室外,蒸发器、冷(或热)风机、毛细管和电器控制元件装于另一箱体内置于室内的,称为分体式。两者相比,分体式的噪声低(好产品可低于 40 dB),可增大冷凝器的散热面,降低冷凝温度,提高制冷量,但室内外连接管的接头处理不好,易造成冷剂泄漏,室外机维护管理较不便。不管整体式还是分体式,都存在空气的清新和温度分布均匀难以保证的问题。

2. 集中式空调器

大、中型的空气调节器一个或数个装于一机房内,将处理后的空气或冷(热)媒水用风管或水管送至各舱室,这种空调装置称为集中式空调器或中央空调。其优点是经济性较高,便于维护管理,噪声低,但安装麻烦,占据的空间大,机组的可靠性要求高,需专业人员看管。

按调节方式,集中式空调器可分为集中处理系统、集中-二次处理系统和风机盘管式空调器等三类。

(1) 集中处理系统　集中处理系统即空调分区的全部供风由一个空调站(可以有数个空调器)集中处理,后经风管送至各空调舱室。

(2) 集中-二次处理系统　集中-二次处理系统即空气经空调器处理后,在布风器(或分支风管)中或分区的主风管中进行二次处理。

(3) 风机盘管式空调器　风机盘管式空调器由制冷机组、循环泵、冷热水输回管、风机、盘管组成。风机、盘管箱置于空调舱室内,集中处理后的冷媒水或热水通过循环泵和输回管,在盘管箱内的热交换器内循环,冷却或加热由风机输送的管外流过的空气,从而使舱室内的空气得以降温或升温。

4.2.4　空气调节装置实例

下面介绍由我国设计制造,广泛用于我国建造的万吨级客货轮和货轮上的空调器,图 4-3 所示的为该空调器的原理图。

1) 主要技术规格

空调制冷量　　　209.34 kW
压缩机型号　　　8FS10 型
电动机功率　　　55 kW
采用的冷剂　　　R12

2) 空调舱室温度的自动调节

空调器中,空气的加热和冷却为直接式的。送风温度:冬季由气动温度调节器 20 和气动蒸气调节阀 21 控制;夏季则由热力膨胀阀 9、温度继电器 18、电磁阀 8 和压缩机的自动能量调节装置协同控制。

三台空调器的蒸发器 11(空气冷却器)并联于一套制冷系统上。温度继电器 18 以回风温度作控制信号,控制电磁阀 8 的启闭。当回风温度高于调定值的上限时,温度继电器接通电磁

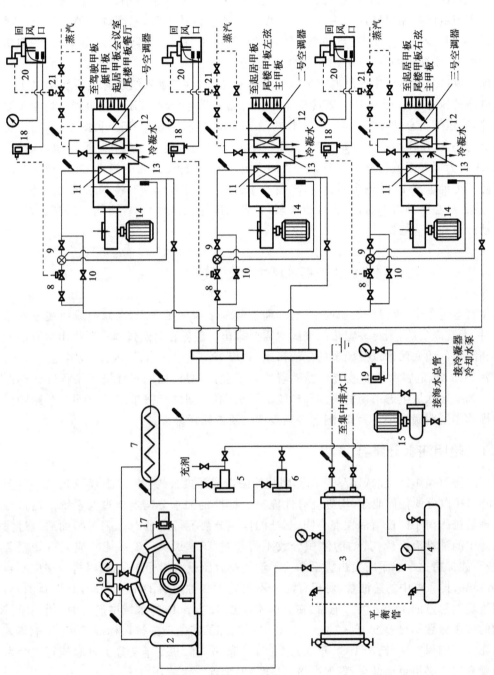

图 4-3 空调装置系统原理图

1—压缩机;2—油分离器;3—冷凝器;4—储液器;5—干燥器;6—过滤器;7—回热器;8—电磁阀;9—膨胀阀;10—手动膨胀阀;11—蒸发器(空气冷却器);12—空气加热器;13—喷湿器;14—空调风机;15—冷却水泵;16—高、低压继电器;17—压差控制器;18—温度继电器;19—压力继电器;20—气动温度调节器;21—气动蒸汽调节阀

阀的电源,阀开启;冷剂供入蒸发器。当送风温度较高或供风量较大时,蒸发器出口冷剂蒸汽的过热度大,膨胀阀的开度大,供液量多,回汽压力高,自动能量调节装置使压缩机自动增缸工作,装置的制冷量增大。随着送风温度的降低,蒸发器出口冷剂蒸汽的过热度减小;膨胀阀关小,供液量减小,回汽压力降低,压缩机自动减缸工作,装置的制冷量减小。于是,送风温度和冷剂的蒸发压力就保持相对稳定。一旦回风温度降至调定值的下限,温度继电器就切断电磁阀的电源,阀关闭,停止向蒸发器(空气冷却器)供液,低压压力很快下降,低压继电器16即切断电动机的电源,压缩机停机,以防止舱室的温度过低。

为了保证制冷装置运行中冷凝器有足够的冷却水通过,冷却水系统装有其触头串接于压缩机控制电路的压力继电器19中。若冷却水的压力低于调定值,则该压力继电器就切断压缩机组的电源,使压缩机自动停机。高、低压继电器16同时控制压缩机和冷却水泵15,当系统的空调热负荷小,低压压力低于调定值时,低压继电器即可同时使压缩机和水泵停机,以减小电耗;当低压压力回升至低压继电器触头闭合的调定压力时,冷却水泵先启动,待冷却水的水压建立而使压力继电器19的触头闭合后,压缩机才启动。由于压缩机与冷却水泵之间有这种联锁控制关系,故在手动启动时,应先启动水泵,后启动压缩机,然后再转换至"自控"。否则,压缩机启动后可能又会停机。

4.3 船舶防污染装置

船舶在营运过程中,为保证船舶的平稳性,需加装一定量的压载水,在修船或换装不同品种的油料时,为洗净货舱,则有一定量的洗舱水需要排出。船舶在营运过程中要排出含有一定量燃料油和滑油的舱底污水以及船员的生活污水、垃圾等。上述污油、污水、垃圾若进入海中,将会严重污染水域,危害海洋生物资源。随着航运事业的发展,船舶对环境污染程度日趋严重。为防止和减轻水域生态平衡的失调和环境的污染,联合国国际海事组织(IMO)对船舶污水污物的排放作了明确规定。为此,船上必须设置必要的防污染设备。

4.3.1 船用油水分离器

根据国际海事组织制定的《1973年国际防止船舶造成污染公约》和1978年议定书的有关规定,凡400 Gt以上的任何船舶,均应装有性能符合标准的油水分离器或过滤系统。通过分离设备处理后排入海中的任何油性混合物,其油的体积分数不得超过100×10^{-6},而通过过滤系统排入海中的油性混合物,其油的体积分数不得超过15×10^{-6}。该系统并应装有警报装置,在系统不能保持这一水平时发出警报。关于油船排放压载水的标准是:瞬时排放率应不超过60 L/n mile;排入海中的总油量,对现有油船不得超过货油总量的1/15 000,对于新油船,则不得超过货油总量的1/30 000。通常,在离岸不超过12 n mile的水域中航行时,船舶所排污水的油的体积分数不得超过15×10^{-6}。公约中还制订了其他一些排污标准规定。《中华人民共和国海洋环境保护法》已于1982年8月23日公布,并自1983年3月1日起施行。今后这方面的规章制度必将更加健全,更加严格,以便更好地保护水域环境。

油水分离器是船舶对机舱污水、油船压载水和洗舱水进行处理,使其达到国际政府间海事咨询组织(IMCO)防污染公约和我国政府规定的排放标准,保护水域环境的有效和必备的设施。目前已研制出多种形式性能良好的油水分离器,其性能还在不断改善和提高。

船用油水分离器按用途,可分机舱舱底水油水分离器和压载水、洗舱水油水分离器等两类。前者容量一般为 0.5~10 t/h,通常以 1~3 t/h 的多见;后者容量较大。目前世界上油水分离器的最大容量为 1000 t/h。

含油污水的处理方法有物理分离法、化学分离法、电分离法和生物分离法等。船用油水分离器目前基本上都采用物理分离法。它是利用油和水的密度差或利用过滤、吸附等物理措施使油水分离的。油污水中的油分为浮上油、分散油和乳化油等三种形式,其中浮上油易分离,乳化油难以分离。

1. 重力分离法

含油污水静置一定时间,在重力场的作用下,由于油和水的密度不同,油液全上浮于水面而与水分离,这是含油污水物理处理的最基本原理。其优点是装置简单、操作方便;缺点是只能分离自由状态的油,而不能分离乳化状态的油,当油粒直径小于 50 μm 时分离困难。

2. 过滤分离

多孔过滤元件能将油挡住而让水通过,过滤材料的细小缝隙也能使小油粒互相接触而聚合成大油粒而上浮。油粒逐渐聚合长大过程,称为粗粒化过程,故过滤元件又称为聚合元件。过滤材料一般为砂、卵石、微孔塑料管、合成纤维、泡沫海绵和烧结状树脂等。过滤分离法性能较好,装置也较紧凑,因而在大型的船用油水分离器中获得广泛的应用。

3. 吸附分离

吸附分离是利用多孔性的固体材料直接吸附油污水中的油,以达到油水分离的目的的,常用的吸附材料有活性炭、石英砂粒、外涂胺类化学剂的颗粒状物品以及各种高分子化合物。它们具有较大的比面积(如活性炭的比面积高达 500~1500 m^2/g),有很强的吸附油微粒能力。随着吸附过程的进行,吸附材料会出现饱和现象,对吸附材料进行"再生"处理后可重复使用。

现有的油水分离器大多采有多层斜板的机械分离方法,也有采用机械分离加纤维粗粒化元件或过滤材料分离的。图 4-4 所示的为多层斜板式油水分离器的结构。

此种形式油水分离器多用于处理机船舱底的油污水。油水分离器壳体内有上下两个室,上部为粗分离室 16,下部是细分离室 9。当含油污水由分离器的入口沿切线方向进入粗分离室时,在扩张的管道中减速并在粗分离室 16 中做螺旋流动而进行粗分离。螺旋流动产生的离心力作用,不仅能增加油粒互相碰撞的机会,而且还可以使比较轻的油粒向粗分离室 16 的中部汇集(颗粒较大的油粒上浮到顶部集油室 19)。液流经过多孔阻滞板 20 时,环流运动停止,较小的油粒便聚集成大油粒而沿多孔阻滞板 20 上升至集油室 19。在粗分离室 16 处理过的含油污水通过集油罩 6 中部流入细分离室 9,沿斜板 10 的外周与分离器壳体之间的环形空间下降,流向急剧变化使含油污水流入各斜板 10 之间的空间。此后含油污水以极慢的速度流经多层斜板 10 间的狭窄通道,细小油粒互相碰撞,使油粒聚集而变大,当其受到的浮力大于本身重力和水的阻力而上浮时,油位沿着斜板 10 的下表面向外流动,最后脱离斜板外边缘而直接上浮至集油罩 6 的下面,再经油上升管 17 进入油水分离器的上部集油室 19。被分离出的油经排油管 1 排至污油柜。

处理过的水通过细分离室中央集水管 11,经油水分离器底部的排水管 12 排出。集水管在每两层斜板之间沿周向开有 6 个小孔,以使斜板间的水能均匀流入管内。最上部的斜板通过拉撑板 8 和螺钉固定于壳体上的支撑板 7 上。斜板均套在集水管 11 上,各斜板(倾斜角为 15°)间均有支撑板相互隔开,以构成容积相同的水室。

此外,在油水分离器顶部还装有浮球 3,控制空气排放阀 2,可放掉由舱底水泵带来并聚集在油水分离器顶部的空气,以免油面过分下降。在油水分离器的上部和下部设有蒸汽加热器 18(有

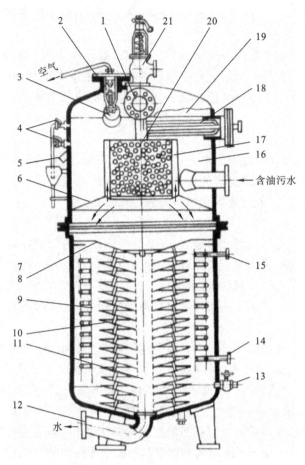

图 4-4 多层斜板式油水分离器
1—排油管；2—空气排放阀；3—浮球；4—试验旋塞；5—自动排油电极的插口；6—集油罩；7—支撑板；
8—拉撑板；9—细分离室；10—斜板；11—集水管；12—排水管；13—排泄阀；14—加热蒸汽出口法兰盘；
15—加热蒸汽进口法兰盘；16—粗分离室；17—油上升管；18—蒸汽加热器；19—集油室；20—多孔阻滞板；21—安全阀

的下部不装），当气温较低或分离黏度较大的含油污水时，可进行加热，使油粒易于上浮和排出。

多层斜板式油水分离器能够处理的油粒直径大于 $10~\mu m$；对于一般重油的微小油粒来说，处理后，污水的油的体积分数为 $(10\sim20)\times10^{-6}$；能保证船舶在横倾 15°时仍能正常工作。

CYF 型系列国产船用油水分离器也用来处理船舶机舱舱底水，采用重力分离、机械分离和粗化分离相结合的组合结构，其系列产品的容量分为 0.6 t/h、1 t/h、2 t/h、3 t/h 和 5 t/h 等五种不同规格，可满足各种吨位船舶的使用要求。

4.3.2 生活污水处理装置

船舶生活污水主要包括厕所排出物（粪便和冲洗水）、厨房废水和洗涤水（浴室、盥洗室、洗衣机等排水）及医务室内排弃污水。船舶污水和废水量很难精确确定，一般欧洲设计者趋向于以平均每人每天 70 L 厕所污水和 2 倍于此的洗涤水计算，而美国的一些机关则建议以每人每天 114 L 厕所污水和 2 倍于此的洗涤水计算。

为保护沿海、内河和湖泊水体不受污染，除 IMCO 1973 年防污染公约对生活污水排放有严格限制的规定外，各国家或地区当局，对各港区、沿海和内河各水域中，船舶生活污水排放标准都有各自严格规定,或者不准排放。因此国际航线船舶必须具备能达到的所经水域和港口当局规定标准的污水处理设备。

目前的污水处理设备大体上可分成两种类型:一类是无排放型,即在限制水域储存在船内不向舷外排放,留待航行在非限制海域排放或向陆上收容设施排放,或者在焚烧炉中烧掉。另一类是排放型,它将污水处理成符合各港口当局规定排放标准的无害废水排出舷外。

1. 无排放型污水处理设备

最简单的无排放型生活污水处理设备就是一个单纯收存系统,即设置一个很大的粪便收存柜,在限制水域将所有厕所污水(包括粪便和冲洗水)收存在其中,留待航行至远离陆地的非限制海域时排出或向陆上收容设施排出;无害的洗涤污水则直接排放入海。该简单的生活污水收存系统如图 4-5 所示。

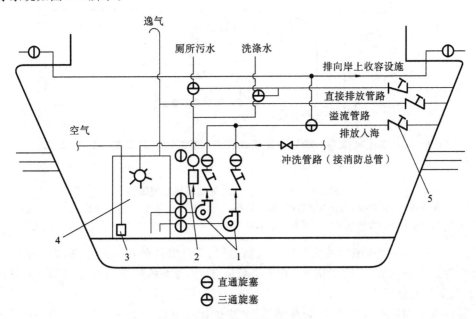

图 4-5　简单生活污水收存系统
1—污水排出泵;2—粉碎机;3—空气扩散器;4—污水收存柜;5—防浪排出阀(截止止回阀)

这个系统最主要的设备是污水收存柜,它的内表面必须光滑,且应涂有防腐保护层。柜底应倾斜以利排空。柜体必须严密,防止渗漏。柜内应设有冲洗设备,防止排空后发出臭味,储存时间超过 24 h 的收存柜,最好设有充气装置,以维持固体悬浮物的漂浮和减少发生可燃气和臭味。应设有带防火罩的逸气管,导出可燃气体。污水收存柜的容积必须足以收存禁止排放期间的厕所污水,对于长期航行和停泊于限制冰域的船舶来说,污水收存柜的容积可达很大,这就使它的应用受到一定的限制。

大多数无排放型污水处理设备只是单纯收存厕所污水,并用物理-化学方法进行处理,使粪便污物和液体分离,并把经过滤、澄清和灭菌、消毒及除臭等处理后成为无害而且外观清洁的液体存于收存柜,可用于再冲洗厕所。这种污水处理设备称为再循环收存系统。

再循环收存系统由于不仅只收存厕所污水(洗涤水直接排放入海),而且将大部分冲洗水处理后再循环使用,所以收存柜的容积可大大减小。分离出来的粪便污物变成污泥状,被收集到储存柜中,可待到港后排至岸上收容设施,或航行于非限制海域时排放入海,或者排送至焚烧炉烧掉。

再循环污水处理系统中，由于冲洗液体循环使用，所以冲洗液可以用水，也可以用其他液体。为保证循环冲洗液卫生无害，要求处理标准较高，通常要求无臭味、外观清洁，大肠杆菌数量不超过 240 个/100 mg。多次循环使用使冲洗液粪尿成分增大时，应及时更换洗液。

图 4-6 所示的 Aqua-Sans 污水处理装置是再循环污水处理设备的典型例子。

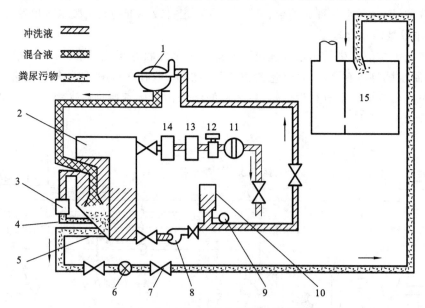

图 4-6　Aqua-Sans 污水处理装置系统图

1—便池；2—捕集器；3—袋形过滤器；4—粪尿储槽；5—Aqua-Sana 储液槽；6—打浆泵；7—止回阀；8—循环泵；9—压力开关；10—蓄压器；11—过滤器；12—压力调节器；13、14—过滤器；15—焚烧炉

Aqua-Sans 污水处理装置使用无色、无臭、透明、不自燃且对人体无害，称为 Aqua-Sans 液的液体作为循环冲洗液，它比水稍轻，易于与粪尿分离，因而该冲洗液几乎可以 100% 回收循环使用，需要补充量极少。

这种污水处理装置由分离柜、再生装置、焚烧炉和控制箱等部分组成。粪便和冲洗液从便池流入分离柜，靠比重差而分离，粪尿积于粪尿储槽 4 中，而冲洗液则向上，经捕集器 2 和袋形滤器 3 去除固体微粒后，注入 Aqua-Sans 储液槽 5。并在分离柜内同时进行消毒、杀菌处理。由于 Aqua-Sans 液本身具有抑制细菌活动的功效，所以所需氯化剂量很少。

储液槽中的冲洗液由循环泵增压后，经蓄压器分送至各厕所备冲洗用。蓄压器 10 的压力用于控制压力开关 9，再控制循环泵 8 的启停，维持循环系统压力在 0.21～0.34 MPa 范围内。当压力降低到 0.21 MPa 时，启动循环泵，当压力升高到 0.35 MPa 时，停止循环泵。

蓄压器出口与冲洗管路并联的再生装置，用于除去冲洗液中溶解的微量色素物质，并防止冲洗液产生臭味。再生装置由滤器和压力调节器组成，用于滤除冲洗液的固体微粒和脱臭、脱色处理。这些滤器的滤芯都做成筒状或袋状，更换十分方便。

分离柜内粪尿储槽下面沉积的粪便量达一定高度时，液位感受器就会自动启动打浆泵（粉碎机）6 和焚烧炉 15，将粪便粉碎成污泥送至焚烧炉烧掉，焚烧炉是装有小型燃烧器自动控制温度的炉子，打浆泵联动，从预扫风、点火预热、到蒸发、焚烧和冷却，全部自动进行。6～10 L 粪尿约用 30 min 即可烧完，仅残留少量无菌灰烬，需定期清除。

这种处理装置结构新颖，实现了全自动运行，工作中无需人与粪便接触，需要清洗时，只要注入清洗海水或淡水，用循环泵循环即可，操作方便。该处理装置除数量很少的无菌灰烬外，完全无需排放,因此能满足任何水域的要求。

2. 排放型生化污水处理设备

大多数排放型污水处理设备采用生物-化学的处理方法。生物处理是利用细菌等微生物的新陈代谢活动,分解、吸收污水中的有机物质,将它们转化为二氧化碳和水等无害成分或组成新的细菌细胞,从而使污水澄清的方法。它使悬浮固体量和生化需氧量大大降低,然后再辅以化学药物的消毒杀菌处理,即可使污水净化达到排放标准。

细菌等微生物有喜氧性的和厌氧性的两类。船用污水生化处理设备都利用喜氧细菌,喜氧细菌靠其很强的吸附能力和对有机质的分解能力,使其周围附着各种有机的和无机的悬浮固体(包括各种原生动物、后生动物和菌类等)形成以细菌为主体的复杂成分的生物污泥或活性污泥。在静置时,它们凝成絮状,很容易从水中分离出来。在供氧充分并与污水充分接触时,活性污泥以其极强的吸附能力,吸收污水中各种有机的、无机的污水物质作为污泥中微生物的营养源。一部分污物被分解为二氧化碳和水等无害成分,一部分则形成细菌的细胞,于是使污水得以澄清和净化。

图 4-7 所示的为污水的活性污泥处理装置的典型例子,它是一种采用活性污泥完全氧化处理兼化学消毒处理的集成式高效能完全排放型船舶污水处理装置。

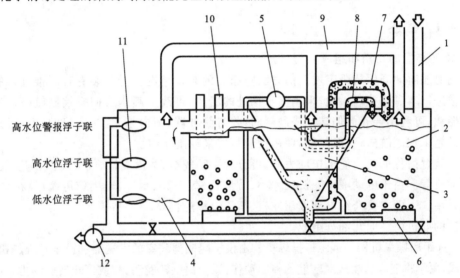

图 4-7 Super Trident 型污水处理装置原理图
1—污水进口;2—曝气室;3—沉淀室;4—消毒室;5—鼓风机;6—空气扩散器;
7—活性污泥回升管;8—浮渣回升管;9—逸气管;10—氯溶解器;11—浮子开关;12—排出泵

如图 4-7 所示,该装置由曝气室 2、沉淀室 3 和消毒室 4 三部分和其他附属设备组成。污水首先进入曝气室。当鼓风机 5 经设于底部的空气扩散器 6 向曝气室供入空气时,空气扩散器便产生大量上升的气泡,使污水和活性污泥充分接触,并对其充分供氧,以增强喜氧微生物的新陈代谢活动。活性污泥吸收流入污水中的污物,将它们分解为二氧化碳和水等无害成分和组成新的细菌细胞,二氧化碳经逸气管逸出,而水和污泥停留大约 24 h 后,流进沉淀室。

在沉淀室中,活性污泥凝絮沉降下来,从沉淀室底部经活性污泥回升管,被鼓风机供至回升管的空气流提升引射,返回曝气室,再去吸收污水中的污物。沉淀室做成表面平滑的漏斗状,有利于污泥从其底部被空气引射进入回升管,以防污泥淤积于沉淀室里。漂浮在沉淀室水面的固体浮渣,经位于水面中央的撇渣盘和浮渣回升管 8,也被来自鼓风机的空气流提升引射回曝气室。污泥和浮渣回升管是用聚乙烯塑料制成的透明管,可从外部观察到污泥和浮渣返回情况。在沉淀室上部,经曝气和沉淀处理的水,从溢流管流经加入一定氯化物药剂的氯溶解器10,增加氯离子含量后,流进消毒室4,在其中进行充分消毒。

氯溶解器是一个长方形壳体围成的通流空间,内装两个盛次氯酸钙消毒药片的小圆筒,筒底部开口可使水流与药片接触,以溶解一定药量。水流增大可使溶解器中水位升高,水流与较多药片接触,溶入氯量增加;水流减小时,溶解器水位降低,水流接触药片少,溶入氯量减少。这样,就能随水流量的变化自动调节溶氯量,保持水中有适宜的含氯量,从而保证消毒的质量。正常运行情况下,药片消耗量大约每人每天 5 g。

消毒室装有三个浮子开关,下面两个是控制排出泵启停的高位开关和低位开关,最上面一个是高位警报开关,用于排水泵故障或其控制失灵使水位上升时发出警报,避免水溢出柜外。该污水处理装置处理后的排放水,其各项指标均低于各国规定的排放标准。由于长时间曝气处理,产生污泥量很少,无需陆上收容,是一种完全净化排放装置。

4.4 船舶操舵装置

4.4.1 概述

1. 操舵装置的功用和组成

控制船舶航向即保持既定航向的方法随船舶的装备情况而异。装有直翼推进器的船舶,可利用推进器本身来控制航向;采用喷水推进的船舶,可改变喷水方向来控制航向;装有转动导管的船舶,可利用导管的偏转来控制航向;装有侧推器(横向喷流舵)的船舶,可利用侧推器和其他措施来控制航向;一般船舶,使用操舵装置来控制航向。

操舵装置简称舵机。舵机按动力源,可分为手动舵机、蒸汽舵机、气动舵机、电动舵机和电动液压舵机等。由于电动液压舵机尺寸小、质量轻、效率高、耐冲击、工作可靠,故在现代船舶上广泛采用。下面主要介绍电动液压舵机(简称电液舵机)。

完整的舵机由下面几部分组成。

(1)远距离操纵机构　远距离操纵机构由设于船舶驾驶室的发送器和设于船艉舵机房的受动器组成,用于将舵令转换成对转舵的控制动作,以便提供转舵动力,或停止转舵动力,或改变转舵动力供给方向。电液舵机的远距离操纵机构有液压式、电力式和电液式等三种。

(2)转舵动力机械　转舵动力机械是安装于舵机房或机舱提供转舵动力源的机械设备。电液舵机的转舵动力机械是电动机液压泵组。液压泵又称为舵机油泵。

(3)转舵机构　转舵机构是装于舵机房内将转舵动力转换为转舵力矩的机构。目前电液舵机普遍采用往复式的转舵油缸作为转舵机构。

(4)舵　舵是装于舵机房的舵柱(或舵杆)上,插于水下,承受水流作用力,产生转船力矩的设备。目前普遍采用流线型平衡舵、不平衡舵和襟翼舵(子母舵)等,其结构如图 4-8 所示。

(5)追随机构　追随机构是装于舵机房,在舵转至舵令要求的舵角时,切断转舵动力的供给,自动使舵停止转动的机构。常用的有杠杆式(分不带和带副杠杆式)追随机构和电力式(分电桥式和自整角机式)追随机构等。

(6)应急装置　应急装置是在常用操舵装置失灵时,用于维持舵机正常工作的应急备用的舵机设备。

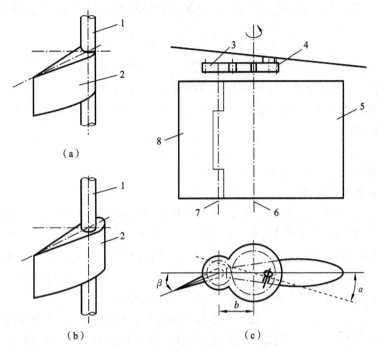

图 4-8 舵

(a) 不平衡舵；(b) 平衡舵；(c) 襟翼舵

1—舵柱；2—舵；3—行星齿轮；4—定齿轮；5—主舵；6—主舵柱；7—辅舵柱；8—辅舵(襟翼)

（7）辅助装置　辅助装置包括舵角指示,最大舵角限位装置等。

2. 舵的作用原理

　　舵机对船舶航向的控制是通过作用在船艉部舵叶上的水压力来完成的。如图4-9所示,船舶前进时,若舵处于正舵(舵角 $\alpha=0°$)位置,则舵两侧水压相等,舵对船舶的航行无影响,船舶直线航行。但是,在舵偏转一舵角 α 后,水流即以冲角 α 流向舵叶,使舵两侧的流线不对称,水压分布不均匀,产生一垂直于舵面的水压力的合力 F_N。水压力的合力 F_N 对船舶的重心 O 产生的力矩 M_s 使船舶转向,称为转船力矩。其值可用下式计算：

$$M_s = F_N L\cos\alpha \approx \frac{1}{2}C_L \rho A V^2 L$$

式中：L——舵压力中心至船舶重心的距离,m；

　　　C_L——升力系数,与舵叶的几何形状有关,随 α 而变；

　　　ρ——水的密度,kg/m³；

　　　V——舵叶处水的流速 m/s,可取航速的 1.15～1.2 倍；

　　　A——舵叶面积,m²。

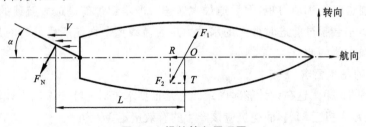

图 4-9 操舵转向原理图

舵的水压力 F_N 对舵杆轴线的力矩 M_a 是使舵绕轴线偏转的力矩,称为舵的水动力矩。

$$M_a = F_N \cdot x_c = \frac{1}{2} C_N \rho A V^2 x_c$$

式中:x_c——舵压力中心至舵杆轴线的距离(随舵角 α 而变),m;

C_N——舵叶的压力系数,与舵叶的几何形状有关,随 α 而变。

显然,舵匀速转动时,舵机施加于舵杆上的转舵力矩 M 应等于水动力矩 M_a 和舵承总摩擦力矩 M_f 之和,即

$$M = M_a + M_f$$

对于平衡舵,一般 $M_f = (0.15 \sim 0.20) M_a$。

从上述分析可得如下结论。

(1) 船舶前进时,船的转向与舵的偏转方向相同;船舶后退时则相反。前进回舵或后退偏舵时,舵的水动力矩 M_a 总是使舵回中或偏转,舵机施加于舵杆上的为负的转舵力矩。

(2) 舵产生的转船力矩 M_s 比水动力矩 M_a 大得多,它们均随舵叶浸水面积 A 的增加和航速的提高而增大,舵机负荷(即工作油压)也相应升高。由于船舶逆水时舵叶处水流速度大,故内河下水船舶靠码头时总需先调头,以提高靠码头时的舵效。

(3) 船舶前进偏舵时,转船力矩 M_s 与舵角 α 之间的关系如图 4-10 所示。从图 4-10 可见,M_s 随 α 的增加而增大,但 α 增至某一值时 M_s 出现最大值。这是升力系数 C_L 按此规律变化的最大偏转角。该舵角的大小主要与舵的展舷比 λ(舵叶高度 h 与平均宽度 b 的比值)有关。海船吃水较深,λ 值较大,$\alpha_{max} = 30° \sim 35°$;河船情况相反,$\alpha_{max}$ 为 40°左右。目前舵机规定的最大舵角,海船为 35°,河船为 35°~45°。

(4) 舵机在最大舵角时输出的最大扭矩,称为舵机的公称扭矩。它取决于船在最深吃水以最大航速前进时,把舵转至最大舵角所需的扭矩,并能按规范要求满足倒车时转舵需要。

(5) 从图 4-10 可见,在同样的舵角 α 时不平衡舵的水动力矩 M_a 均高于平衡舵的。这是不平衡舵压力中心至舵杆轴线的距离 x_c 较大之故。这就是,在舵转至同样舵角时,要采用平衡舵的道理。图中 K 为平衡系数,是舵杆中心前面舵叶面积与整个舵叶面积的比值。由于小舵角时,平衡舵的水压力中心位于

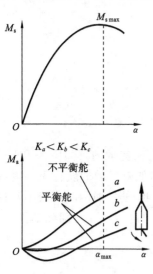

图 4-10 转船力矩 M_s 和舵水动力矩 M_a 曲线

舵杆中心线前面,故会出现负的水动力矩,即水动力帮助偏转。适当选取 K 值(一般 $K = 0.15 \sim 0.35$)可减小舵机的额定功率和常用舵角(小于 10°~20°)的功率消耗。

(6) 船舶后退时,舵叶的后缘变成导边,压力中心与舵杆中心线距离 x_c 变大,同舵角下的水动力矩高于前进时的水动力矩,但后退最大航速一般不超过前进最大航速的一半,故后退时的最大水动力矩不会超过前进时最大的水动力矩。流线型平衡舵船后退时的最大水动力矩一般只为前进时最大值的 60% 左右。

3. 对舵机的基本要求

(1) 舵杆上的扭矩 这在设计舵时确定。它是根据水流对舵叶的作用力计算出的舵叶在最大转角 α_{max} 下的最大扭矩 M_{max},而舵机应该产生的有效扭矩 M_c 为

$$M_c = K M_{max}$$

系数 K 是估计到支承及填料函中摩擦损失的附加系数,对于悬挂舵,$K=1.1\sim1.2$,对于承舵,$K=1.05\sim1.10$。

(2) 舵转角 α　根据我国《钢质海船建造规范规定》,主操舵装置应能在船舶以最大航速前进时,使舵自一舷的 35°转至另一舷的 35°,而且时间在 28 s 内。由于所选用计算舵叶上水压力公式不同,α_{max} 的大小是不同的。规范上的规定只是一个大概的值,而目前使用中认为可选用的数值是,海船平板舵的为 35°;流线型舵的不超过 35°。

(3) 转舵时间　它是舵自一舷的最大舵角转至另一舷最大舵角的时间,它代表了转舵速度,它的大小与航区情况有密切关系,通常规定。海船的为 20～30 s(常取 28 s),拖船的为 20～25 s,河船的为 20 s 以下(对于水流较急的航道,如长江上游则取 9～15 s)。

(4) 舵机应具有很强的生命力,一般应设应急舵机,即能够实现两处以上的操纵,并能迅速换用操纵机构。此外,还需设置备用动力(人力或机动力)和各种安全设施。

4. 液压舵机的分类

随着船舶航速和吨位的提高,转舵扭矩一般可达几百千牛·米。液压舵机传动比大,质量轻,尺寸小,换向方便可靠,能缓冲风浪对舵叶的冲击,在现代建造的船舶中,已被普遍采用。

按转舵机构,液压舵机可分为往复式舵机和回转式舵机等两类。

按转舵的原动力,可分为人力液压舵机和电动液压舵机等两类。前者只用于内河转舵力矩小于 10 kN·m 的小型船舶上。电动液压舵机,按油液流向变换方法的不同,又分为变向泵式(又称泵控型)和定向泵式(又称阀控型)等两大类。油液流向的改变,前者靠泵本身,后者则是靠三位四通换向阀。

泵控型液压舵机,采用变向变量泵作主泵,一般采用闭式液压系统——液压回路是闭式循环。阀控制液压舵机,采用定向定量泵作主泵,可采用闭式、半闭式或开式液压系统,但多采用开式液压系统——液压回路是开式循环的。

为了实现在船舶驾驶室对船艉部舵叶的控制,液压舵机都设有远距离操纵机构(又称为操舵系统或遥控系统)。电液舵机系统有液压式、电气式和电液式等三种。对于泵控型舵机,操舵系统控制的是主油泵的变向变量机构;对于阀控型舵机,操舵系统控制的是三位四通换向阀。操舵者发出舵角指令后,主油路油液的流向即改变或停止流动,从而实现转舵或停舵。

泵控型舵机油路换向平稳,经济性较好,适用于较大功率,但设备和系统较复杂,造价较高。阀控型舵机设备简单,造价低,但油路换向时液压冲击大,多用于中小功率,现有增大的趋势。

液压舵机用油液作为传递能量的介质。油泵把电动机输出的机械能转化为油液的压力能和动能,然后转舵机构把油液的压力能转化为扭矩,使舵偏转。

液压舵机运行中,油泵的实际排出压力的大小主要取决于转舵扭矩,其中,一小部分用来克服管路的阻力。油泵的额定排出压力,应能满足船舶最深航海吃水和以最大营运航速前进时将舵转至最大舵角的需要。转舵速度主要取决于油泵的流量(又叫排量)。由于泄漏量随工作油压变化不大,故转舵速度基本不受航杆负荷(即转舵扭矩)的影响。

4.4.2　转舵机构

转舵机构是舵机液压系统的执行元件,它把动力油泵提供的压力能转换成机械能而输出转舵力矩,常见的有往复式和转叶式等两类。

1. 往复式转舵机构

往复式转舵机构又分十字头式、拨叉式、滚轮式和摆缸式等,鉴于篇幅的限制,这里只介绍前两种。往复式转舵机构又称为推舵或转舵油缸。

1) 十字头式转舵机构

它因具有十字头形接头而得名,其结构如图 4-11 所示。柱塞 2 与油缸 1 和 5 位于同一中心线上,油缸固定于主甲板上,与左右柱塞中央连接部分 11 连成一体,油缸与柱塞为滑动配合,两者之间装有密封圈 6,以阻止油液的泄漏。舵柄 4 的一端插于十字头 12 的中孔内,为滑动配合,另一端用键与舵柱 14 连接。

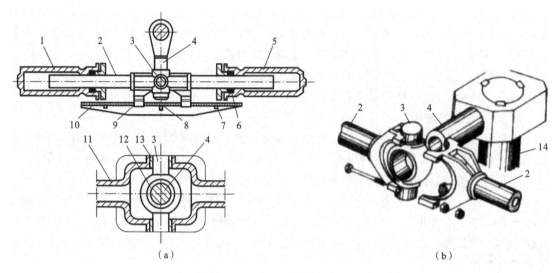

图 4-11 十字头式转舵机构

1、5—油缸;2—柱塞(撞杆);3—耳轴;4—舵柄;6—密封圈;7—柱塞行程限位器;8—机械式舵角指示器;
9—滑块;10—导板;11—中央连接部分;12—十字头;13—轴承;14—舵柱(舵杆)

当左油缸 1 接通动力油源和右油缸 5 接通油箱时,在油压差的作用下,柱塞右移,由于舵柱受其轴承的约束只能转动,故十字头 12 就带动舵柄 4 以耳轴 3 为中心顺时针摆动,并对舵柱 14 产生一扭矩,使舵叶向左偏转;同理,当右油缸进油和左油缸回油时,舵叶就回中或向右偏转。

柱塞左右移的同时,还通过中央连接部分 11,使滑块 9 在导板 10 上滑动,以承受转舵时产生的侧推力;并且使机械舵角指示器的指针或标尺移动,以示出舵叶的实际转角。行程限位器 7 用于限制柱塞左右移的最大行程,即限制船舶的左右最大转角。行程限位器有机械式、液压式和电气式(常用电行程开关)等。

十字头式转舵机构的受力情况如图 4-12 所示。转舵时,水压形成的反力矩通过舵柄作用于十字头,在十字头处产生反力 F_a。反力 F_a 可分解为 R_a 和 N_a,其中 R_a 是柱塞移动时需克服的主要阻力,N_a 为侧推力,由固定的导板承受。设舵处于中位时,舵柱与十字头中心的距离为 L_0。在舵叶偏转 α 角后,两中心的距离变为 $L_a = \dfrac{L_0}{\cos\alpha}$。若作用于柱塞的液压作用力通过十字头垂直作用于舵柄的力为 Q(与 F_a 大小相等、方向相反),忽略各摩擦阻力,则通过转舵机构油压产生的转舵力矩 M_a 为

$$M_a = QL_a = \frac{\pi D^2 \Delta p}{4\cos\alpha} \cdot \frac{L_0}{\cos\alpha} = \frac{\pi D^2 \Delta p L_0}{4\cos^2\alpha} \quad (\text{N} \cdot \text{m})$$

式中:D——柱塞直径,m;

Δp——柱塞两端的油压差,Pa;

L_0——舵处于中位时,舵柱与十字头中心距离,m;

α——舵的转角。

可见,对于既定的舵机,十字头式转舵机构产生的转舵力矩随舵角α的增大而增大,这恰好与舵负荷力矩(水动力矩)的变化规律相适应,因而可以减小舵机的额定功率。

图 4-12 所示的单列(双缸单柱塞)式转舵机构,广泛应用于内河船舶上。为了增大转舵力矩,大功率的舵机往往采用双列(四缸双柱塞)式的转舵机构。此时,舵柄中部用键与舵柱连接,两端分别插入前后两列油缸的十字头中央。当舵处于中位时,十字头与舵柱中心的距离 L_0 不变,则工作油压相同时,输出的转舵力矩可增大 1 倍。

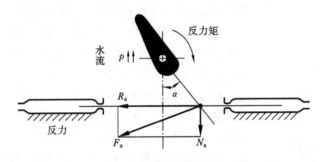

图 4-12 十字头式转舵机构受力情况

2) 拨叉式转舵机构

拨叉式转舵机构是十字头的前身,图 4-13 所示的为其原理图。与十字头式比较,有以下异同点。

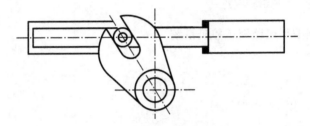

图 4-13 拨叉式转舵机构原理

(1) 两者的受力情况和扭矩相同,传动效率相近,工作可靠性相当。

(2) 以拨叉形式的滑动接头代替十字头滑动接头,柱塞可整体制造,舵柱中心与柱塞轴线的距离 L_0 和柱塞相应最大舵角时的行程缩短,纵横向尺寸均减小,故功率相同时,质量相对减轻,占地面积缩小。

(3) 柱塞的刚度优于十字头式的,工作油压不高于 19.6 MPa 时,其侧推力可直接由油缸承受,而无需设导板。

(4) 拨叉结构较十字头式的简单,制造安装方便。但其强度和刚度不如十字头式的,因此拨叉式转舵机构不宜用于大扭矩的场合,只是在内河船舶中、小功率的液压舵机上应用较广。

(5) 同样情况下,转舵角相同时,柱塞移动的阻力 R_a 和侧推力 N_a 均较十字头式的大,故输出相同的转舵力矩时,要求有较大的柱塞直径或油压,即舵机功率较大。

由于往复式转舵机构结构合理,密封性好,工作可靠,维护管理方便,且具有良好的负荷匹配性,故在船舶上得到广泛的应用。它的缺点是,占舱位面积较大。

2. 转叶式转舵机构

转叶式转舵机构的承压和传动部分组合在一起,利用油压产生的扭矩直接驱动舵柱转动。

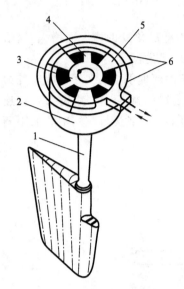

图 4-14 转叶式转舵机构原理图
1—舵柱(舵杆);2—缸体;3—转毂;
4—转叶;5—定叶;6—油管

图 4-14 所示的为其原理图。圆柱形的缸体 2 以其支座弹性固定在船体甲板上。经精加工的缸体内固定有三个定叶 5,转毂 3 上装有三个转叶 4,把油缸分成六个小腔室。转毂与舵柱用键连接。转叶与缸体和端盖之间,定叶与转毂和端盖之间,均装有密封件,以保证工作小腔室的密封。当动力油路的油源如图中箭头所示接通时,转叶 4 两侧的小腔室分别与进回油路相通,在油压差的作用下,转叶就驱动舵柱和舵顺时针偏转;当进回油的方向改变时,舵就逆时针偏转。

从转叶式转舵机构的结构可看出,其输出的转舵力矩与工作油压成正比,而与舵的转角无关,故其负荷匹配特性就不如往复式转舵机构的好。

转叶式转舵机构结构简单,安装方便,外形尺寸小,转舵时无侧推力,转毂浸泡在油中,润滑条件好,摩擦耗功和零部件的磨损减小,传动效率和使用寿命提高,工作可靠,管理方便。但内部泄漏路径多,密封较困难,限制了工作油压的提高。一般只用于中、小功率油压 4 MPa 以下的液压舵机中。随着密封的改进、材料的优选和加工装配精度的提高,现已有应用于大型油轮上,工作油压达 15 MPa,转舵力矩达 6 MN·m。

4.4.3 舵机液压系统实例

1. 30 kN·m 阀控型电动液压舵机系统

1) 主要技术参数

公称扭矩	30 kN·m
最大舵角	±35°
转舵时间	≤12 s
公称压力	7.5 MPa
溢流阀调定压力	8.3 MPa
专用阀组安全阀调定压力	9.4 MPa
油泵型号	25SCY14-1B
电动机功率	4 kW

2) 液压系统特点

该舵机液压系统如图 4-15 所示,属直控型开式循环系统,适用于急流航区。动力油柜 1 由两交流电动机泵组 1♯和 2♯、阀件油路集成块 3、过滤器和油箱等组成,具有油液的过滤、沉淀、储存、冷却、加压、过载溢油和止回等功能,其结构紧凑,安装方便。1♯、2♯泵组可轮换使用。3♯泵由直流电动机驱动,是应急动力源。三台泵均为手动变量式轴向柱塞泵,流量可按转舵的要求调整。

拨叉式转舵油缸 9 采用 V 形橡胶密封圈密封,且装有 J 形防尘圈;油缸轴承除用于支承柱塞的自重外,主要用于承受通过柱塞传来的侧推力;两油缸端部兼作柱塞行程挡块,以限制最大舵角为 35°。

驾驶室的操纵台 6 上,装有交直流舵角指示器、压力表、启动按钮、报警器、运行指示灯等;

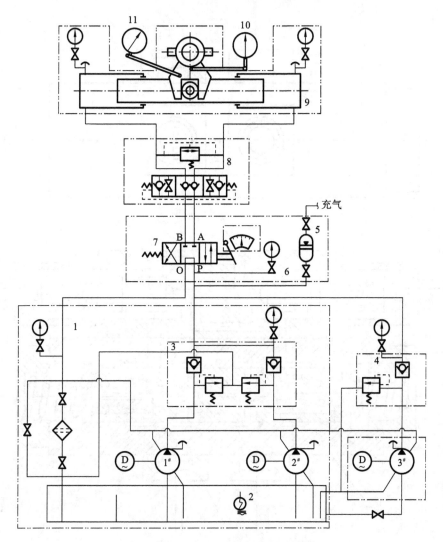

图 4-15　30 kN·m 舵机液压系统图

1—动力油柜；2—液压继电器；3、4—阀件油路集成块；5—气囊式蓄能器；6—操纵台；7—手动三位四通换向阀；
8—舵机专用阀组；9—拨叉式转舵油缸；10—直流舵角发信器；11—交流舵角发信器

其内装有手轮驱动的 M 形三位四通换向阀和用于减小液压冲击的气囊式蓄能器 5 等。

在转舵油缸与换向阀之间的油路上装有舵机专用阀组 8，其作用有：用于防止舵机在负扭矩工况时出现舵机失控和空气进入管路的情况；在不操舵时，用于"锁舵"；减小转舵油缸柱塞运动速度急剧改变产生的液压冲击；作过载保护用。平衡舵舵机，若在某小舵角范围转舵、船舶前进中回舵和后退时偏舵，就会出现负的水动力矩，即此时水动力矩的方向与舵机提供的转舵力矩的方向相同，水动力矩帮助舵转动。舵机在这种工况下工作称为负扭矩工况。

3）舵机专用阀组

它由主阀和双向安全阀组成，结构如图 4-16（符号见图 4-15）所示。主阀芯 3 内左右两侧装有单向阀 1 和 5。油口 A_1、B_1 通换向阀，A_2、B_2 分别通转舵机构的左右油缸（见图 4-15）。

A_2 和 B_2 还经阀体上的通道分别通安全阀的泄油腔和另一安全阀的底端，以便引进作用油压或把油液泄入回油路。当无压力油从油口 A_1 或 B_1 供入时，主阀芯 3 在两侧弹簧作用下

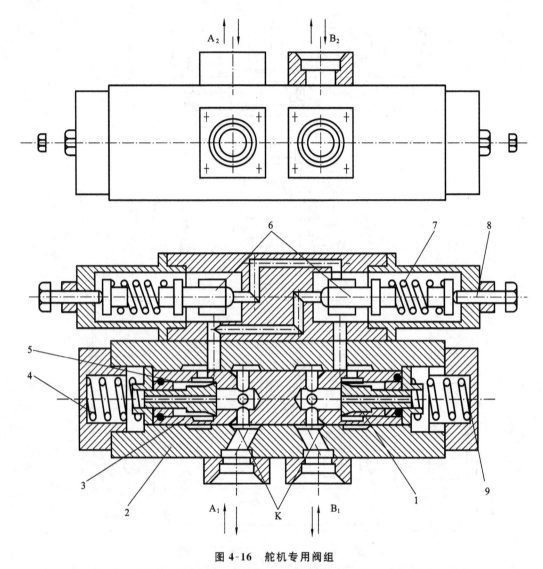

图 4-16 舵机专用阀组

1、5—单向阀；2—主阀体；3—主阀芯；4、7、9—弹簧；6—安全阀；8—调节螺钉

处于中位，阀芯内两单向阀均关闭，油口 A_1 与 A_2 和 B_1 与 B_2 均隔断。当油口 A_1 通压力油和 B_1 通油箱时，左侧的单向阀 5 被液压作用力顶开，使 A_1 与 A_2 连通；同时压力油经单向阀的中孔流入主阀芯的左端，液压作用力就克服右端弹簧 9 的张力，推动主阀芯右移，使油口 B_1 与 B_2 经主阀芯上的多个半圆形节流槽 K 连通，通道由小逐渐增大，最后完全畅通。一旦油压下降至对主阀芯的液压作用力小于被压缩的弹簧 9 的张力，主阀芯就左移，关小 B_1 和 B_2 的通道；若压力油路卸压，则在弹簧力的作用下，主阀芯回中，单向阀 5 关闭。当油口 B_1 通过压力油和 A_1 通油箱时，情况类同，只是右侧的单向阀 1 开启，主阀芯左移而已。若某种原因使油压高于 9.4 MPa，则双向安全阀 6 的其中一安全阀开启，使压力油路与回油路或左右油缸旁通，以免超压造成设备的损坏。

4）工作原理

船舶航行中 1♯、2♯ 泵组中总有一台泵组不停地运行。在未操舵时，泵的供液全部经驾驶室操纵台的手动三位四通换向阀 7 的油口 P、O 回油箱（见图 4-15）。

当扳动操纵手轮操舵时,泵就经换向阀 7 和专用阀组 8 向一转舵油缸供液,另一油缸则经专用阀组和换向阀回油,直至舵转至要求的舵角,换向阀回中,转舵油缸的油液被专用阀组锁闭,舵就停稳在要求的舵角上。由于转舵油缸柱塞开始和停止移动速度均受专用阀组中主阀芯上半圆形节流槽 K(见图 4-16)——回油通道的节制(接通时,通道由小逐渐增大;隔断时,通道由大逐渐减小),因而减缓了柱塞移动速度的突变,使液压冲击减小。

当出现负扭矩工况时,由于泵供油压力的下降,专用阀组中的主阀芯在被压缩的弹簧张力作用下向回中方向移动。逐渐关小节流槽 K 的开度,限制了油缸的回油流量,使泵的供油管路不会因柱塞的移动速度过快造成回油量超过油泵供油量而失压,从而既可避免舵机失控和空气进入系统,又可防止专用阀组中的主阀和其内单向阀因急剧启闭而产生液压冲击。

一旦船上交流电源失电,3♯直流电动机泵组就会自启动,保证操舵正常进行。

2. 川崎 RW 泵控型电动液压舵机系统

1) 主要技术参数

川崎 RW 泵控型电动液压舵机系统的主要技术参数如表 4-2 所示。

表 4-2 川崎 RW 型舵机的主要技术参数

舵 机 型 号	RW-200		RW-225		RW-250	
转舵油缸柱塞直径/mm	200		225		250	
油泵的型号和台数	BV716×2		BV720×2		BV720×2	
转舵角度/(°)	70		70		70	
转舵速度/(°/s)	65~28		65~28		65~28	
公称扭矩/(kN·m)	254.8	3.3.8	352.8	421.4	490	588
最大工作压力/MPa	14.0	17.0	14.0	17.0	14.0	17.0
安全阀调定压力/MPa	14.5	17.5	14.5	17.5	14.5	17.5
电动机功率/kW	7.5	11	11	15	15	18.5

2) 舵机液压系统的特点

舵机液压系统如图 4-17 所示。

(1) 该舵机液压系统设有在负扭矩工况时,限制舵速的川崎舵机专用阀 5,阀的结构和工作原理与前述阀控型 30 kN·m 舵机采用的舵机专用阀类似。当不转舵时,泵处于中位,无控制油压,主阀芯(滑阀)在弹簧力的作用下处于中位,转舵油缸的油液被锁闭。当转舵时,泵供油压力自行顶开供油侧的单向阀,同时压力油经单向阀的中间孔道流入主阀芯的一端,把主阀芯推向另一端。于是,泵经专用阀中的单向阀向一转舵油缸供油,经主阀芯上四个逐渐增大并最后完全畅通的半圆形的节流槽从另一油缸吸油,使舵偏转或回舵。当舵叶受较大负扭矩作用时,主阀芯一端的油压随主泵供油压力的下降而降低,在另一端弹簧力的作用下,主阀芯向中位移动,关小四个半圆形的节流槽的开度,限制油缸的回油量,使泵供油侧不致失压,从而避免锁闭阀因急剧启闭而产生冲击。

(2) 每台泵组均设有由二位四通电磁阀控制的插装阀(逻辑阀)2,用于保证泵在卸载的情况下启动。只要使电磁换向阀 3 通电,其阀芯右移,逻辑阀 2 就会因控制油泄往油箱而开启,从而可实现泵在吸排油路旁通下卸载启动。泵启动后,断开阀 3 的电源,阀芯左移,泵自动排油侧的压力油经单向阀进入阀 2 的上腔,阀 2 即关闭,切断阀 3 的电源,阀芯左移,泵自动排油。

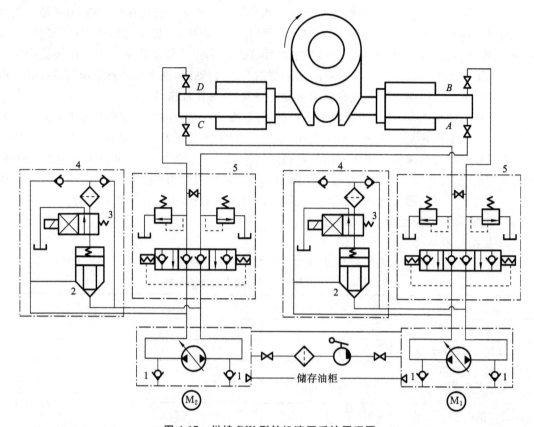

图 4-17 川崎 RW 型舵机液压系统原理图
1—补油阀；2—逻辑阀；3—电磁换向阀；4—高压选择阀；5—川崎专用阀

(3) 采用双缸拨叉式转舵机构，改变柱塞的直径，可获得不同的公称扭矩，如表 4-2 所示。

(4) 采用浸没式油箱，油箱可经单向阀向系统补油。油箱设有浮子开关，当油位降至低限时能自动报警。

4.5 起锚机和系缆机

船舶除了航行外，还要停靠码头装卸货物，在内港或外港避风，等候引水和泊位等，这都须可靠地停泊。在停泊时，船体会受到风力和水流的作用，以及受到横摇和纵倾产生的惯性力的影响，所以在船上应设置起锚设备和绞缆设备，以便船舶能与地面牢固地系住，以保持船位。起锚设备如图 4-18 所示。

在商船上起锚机和绞缆机往往合成一个机组，常卧置于甲板上，它具有两个锚链轮和两个绞缆筒，可同时服务于两个锚。因此如果船艏有两个锚，通常也只装一部锚机。艉部则往往设有一部绞车用于绞收船艉的缆索。

起锚机和绞缆机，根据动力的不同可分为手动的、汽动的、电动的、液压的和内燃机驱动的几种。按照在船上的布置，分为立式和卧式等两类，通常把卧式起锚机简称为锚机。而把立式锚机称为起锚绞盘。

卧式电液起锚机如图 4-19 所示。

当依靠锚本身的质量抛锚时，将链轮离合器 2 脱开，使锚链轮 1 和减速齿轮 3、绞缆筒 10

第4章 船舶辅助装置

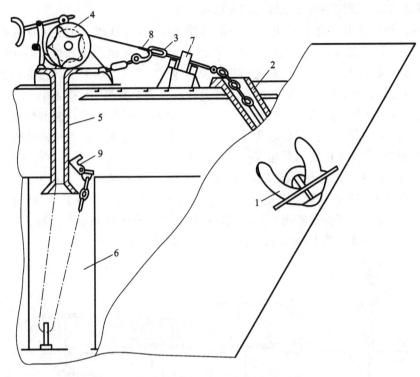

图 4-18 起锚设备示意图

1—锚；2—锚链筒；3—锚链；4—起锚机；5—锚链管；6—锚链舱；7、8—止链器

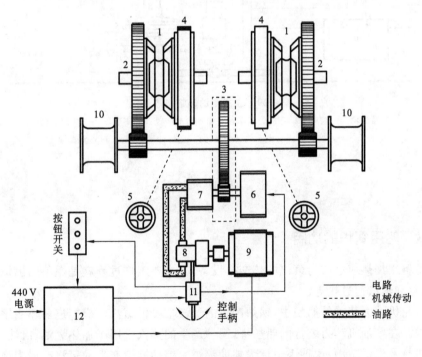

图 4-19 电液起锚机简图

1—锚链轮；2—链轮离合器；3—减速齿轮；4—刹车环；5—手传动装置；6—制动马达；
7—油马达；8—油泵；9—电动机；10—绞缆筒；11—限位开关；12—马达控制箱

等脱离。借刹车环 4 及其手传动装置 5 控制抛锚速度。

当起锚时,将离合器 2 合上,使链轮 1 和减速器 3 接上,由电动机 9 驱动油泵 8,供压力油给油马达 7,从而油马达旋转,输出扭矩,通过传动齿轮,带动锚链轮 1 和绞缆筒 10 旋转,这样就可达到起锚和绞缆的目的。要控制起锚和绞缆的速度,可以控制制动马达 6 来实现。油泵马达和制动马达的启动、停车和运转,由按钮开关通过马达控制箱 12 来控制。

油马达的功用是把液压的压力能转换为旋转运动的机械能,输出转速和转矩。利用油马达机械的动力具有容易实现无级调速和质量轻、结构紧凑等特点。由于径向柱塞式油马达大多为低速、大扭矩,所以常用的油马达以径向柱塞式为最多。

图 4-20 所示的为立式电动起锚机原理图。垂直轴 11 上的锚链轮 1 由电动机 8 经减速齿轮箱 6,通过离合器 5 带动旋转。起锚时离合器合上,抛锚时离合器脱开,使锚链轮和齿轮箱及电动机分离。抛锚速度由链轮刹车 3 控制。起锚速度由电力控制器 7 控制。马达由操纵台 10 经马达控制器 9 控制。图中 4 为刹车传动装置,2 为绞缆筒。

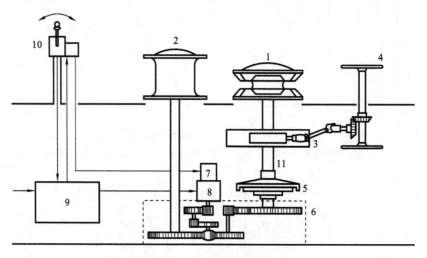

图 4-20　立式电动起锚机原理图
1—锚链轮;2—绞缆筒;3—链轮刹车;4—刹车传动装置;5—离合器;6—减速齿轮箱;
7—电力控制器;8—电动机;9—马达控制器;10—操纵台;11—垂直轴

4.6　船用蒸汽锅炉

4.6.1　船用锅炉的功用

锅炉是将水加热使之成为蒸汽的热交换设备,其主要工作过程就是燃料的燃烧、热量的传递、水的汽化和蒸汽的过热等。

在蒸汽轮机动力装置的船舶中,锅炉产生的蒸汽主要供蒸汽轮机推进船舶之用,这种锅炉称为主锅炉。在柴油机动力装置的船舶中,锅炉产生的蒸汽仅用于加热燃油、滑油,主机暖缸,驱动辅助机械及生活杂用,这种锅炉称为辅助锅炉。辅助锅炉产生的蒸汽一般为饱和蒸汽。

4.6.2　锅炉的基本技术参数

为了表征锅炉的规格、性能和技术经济指标,常使用下述技术参数。

(1) 工作汽压　工作汽压是锅炉在额定工况下产生的蒸汽压力(表压),单位是 Pa 或 MPa。

(2) 蒸发量　蒸发量又称产汽量,是指锅炉每小时产生的蒸汽量,单位是 t/h 或 kg/h。锅炉的额定蒸发量是指锅炉燃用设计燃料,在设计蒸汽参数下的蒸发量。

(3) 蒸发受热面积　蒸发受热面积是指锅炉中燃烧所产生的热量传给炉水和蒸汽的烟侧表面积,单位是 m^2。

(4) 蒸发率　蒸发率又称为蒸发强度,是指单位时间内每平方米受热面积所产生的蒸发量,单位是 $t/(m^2 \cdot h)$ 或 $kg/(m^2 \cdot h)$。

(5) 效率　效率是指锅炉内有效利用的热量与送入锅炉内燃料完全燃烧时所发出的热量之比。它表征锅炉工作的经济性。由于锅炉中存在燃料未完全燃烧、排烟、灰渣热损失和散热损失等,故锅炉效率小于 1,一般为 0.6~0.85。

(6) 锅炉的相对质量　锅炉的相对质量是指锅炉的总质量(包括水)与其蒸汽产量的比值。

(7) 锅炉的相对体积　锅炉的相对体积是指锅炉所占体积与其蒸汽产量的比值。

4.6.3　锅炉的分类

船舶锅炉的形式较多,按结构和工作特征,可分为火管锅炉、水管锅炉和水火管联合锅炉等三类。火管锅炉如图 4-21 所示,是指炉膛内燃烧产生的高温烟气从炉管内流过的锅炉,水管锅炉如图 4-22 所示,是指炉膛内燃烧产生的高温烟气从炉管外流过,用于加热管外或管内温度较低的炉水,以产生蒸汽的锅炉。水火管联合锅炉则两者兼而有之。

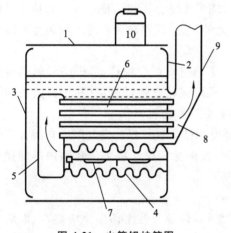

图 4-21　火管锅炉简图
1—炉壳;2,3—前后端板;4—炉胆;5—燃烧室;
6—火管;7—炉栅;8—烟箱;9—烟囱;
10—干汽包

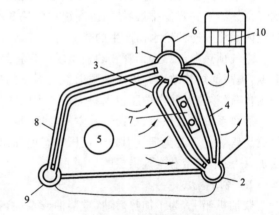

图 4-22　水管锅炉简图
1—汽筒(汽包);2—水筒;3,4—水管束;
5—喷油器与风门;6—干汽包;7—蒸汽过热器;
8—冷水壁;9—联箱(集水管);10—空气预热器

按炉水循环方式,锅炉可分为自然循环锅炉和强制循环锅炉等两类。前者炉水依靠上升管中的汽水混合物与下降管中炉水的密度差而形成有规则的按一定方向的流动,后者炉水的流动则主要依靠水循环泵来实现。强制循环锅炉的受热面水管布置更紧凑,产汽迅速,蒸发量易调节,但结构更复杂,清除水垢困难,循环水泵因水温高而易损坏。

此外,按锅炉筒体的布置方式,还可分为立式锅炉和卧式锅炉等两类;按管群的走向,有横管和竖管之分。为了便于利用机舱空间的高度和减轻船舶摇摆时炉水自由注液面倾斜的影响,常采用立式锅炉。

近些年来,随着热管技术在船舶上的应用,又出现了利用柴油机排气废热的热管锅炉,有的将辅助锅炉与焚烧炉合成一体。

4.6.4 主、辅锅炉

1. 主锅炉

二锅筒水管锅炉是目前大、中型蒸汽轮机动力装置主锅炉的基本形式,在柴油机动力装置船上也有用做辅助锅炉的。

图4-22所示的为一种比较典型的二锅筒水管锅炉结构图。由于基本体的造型似英文字母"D",所以称为D形锅炉。它由锅炉本体、给水预热器、空气预热器、燃烧装置、通风系统和锅炉附件等组成。

锅炉主体包括汽包、水筒、沸水管束、水冷壁及炉墙等。汽包和水筒由20钢或22钢焊接成形,联箱、水冷壁管排和沸水管由10钢或20钢制成,炉墙则由耐火材料、绝热材料和薄钢板组合而成。它一方面起保温作用,另一方面又有密封功能。按海船建造规范,炉墙外层表面温度不得大于60℃,以免烫伤工作人员。

在炉膛内燃油燃烧产生的高温烟气,以辐射的方式将热量传给靠近炉膛的水冷壁和前几排沸水管受热面。炉墙因有水冷壁的遮挡吸热,可免受炉内火焰的直接热辐射而得到保护。烟气流出炉膛后主要以对流换热的方式,依次将热量传给后几排沸水管、给水预热器和空气预热器等受热面,最后经烟囱排入大气。

给水预热器(又称经济器)由10钢或20钢轧成的蛇形无缝钢管和联箱组成。其功能是用烟气预热给水并降低排烟温度,提高锅炉的热效率。此外,给水经预热后再送入汽包也可减小汽包内因注入冷的给水而产生的热应力。

空气预热器由焊接钢管和端板组成。它将鼓入炉膛的空气预先加热,可进一步降低排烟温度,提高锅炉热效率。进入炉膛内空气温度的提高,还可强化燃烧过程,有利于提高炉膛容积热负荷(单位时间内炉膛中燃料燃烧产生的热量与炉膛容积之比)。

通风系统由送风机、烟囱以及空气通道、烟气通道等组成。送风机将空气鼓入炉膛并将烟气驱出锅炉。为避免烟气因处于正压状态而漏出锅炉,使炉舱工作环境恶化和锅炉排烟损失增加,一般采用带有空气夹层的炉墙。

2. 辅助锅炉

柴油机船上,为了加热燃油(重柴油或重油)和润滑油,以及日常生活中供应热水、取暖和厨房用水等,需要一定量的压力为0.3~0.5 MPa的低压饱和蒸汽,所以要装设一台小型燃油辅助锅炉。锅炉蒸汽产量可根据船舶类型和需要而选择,一般干货船装设一台蒸发量为1~1.5 t/h的锅炉就够了,而油轮则因要加热货油和驱动货油泵、蒸汽甲板机械以及洗舱等,所需蒸汽量较大,压力也较高。一般载货量较大的油轮上都装有两台压力为1 MPa以上,蒸发量较大的锅炉。

船舶在航行时,主机的排气量很大,温度又高。一般大型低速增压二冲程柴油机的排气管上装设一台小型热水器或废气锅炉,这样可节约燃料。在停泊和进出港时,则使用另一台燃油辅助锅炉或者把锅炉制成混合式锅炉,后者就是把燃油锅炉与废气锅炉两者合并在一起而形成的。废气锅炉的蒸汽产量随柴油机所发功率的变化而变化,一般为0.002~0.55 kg/(kW·h),不仅能满足航行时的需要,还经常有剩余。近来有些船舶,为了进一步节约燃料,航行时将废气锅炉所产生的蒸汽,用来驱动蒸汽轮机发电,供应船上所需的电能。由于辅助锅炉具有蒸汽产量小,压力低,对经济性要求不高等特点,因此构造较简单,操作管理方便,一般制成自动程序控制,工作时不需专人照看。现介绍我国柴油机船上所用的几种辅助锅炉及废气锅炉,如图4-23所示。

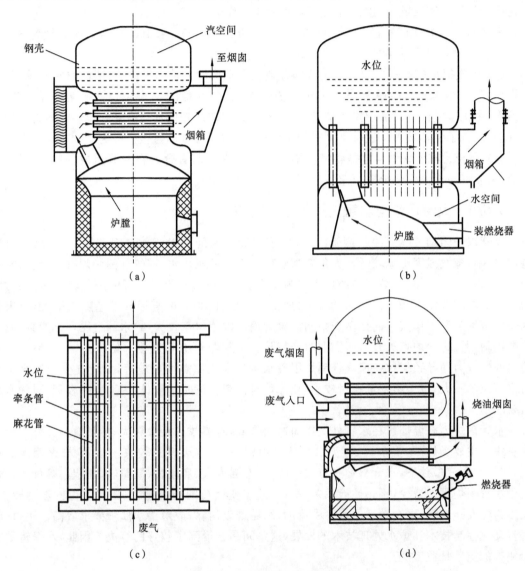

图 4-23 辅助锅炉和废气锅炉
(a) 立式横火管辅助锅炉;(b) 立式水管辅助锅炉;(c) 废气锅炉;(d) 混合式辅助锅炉

(1) 立式横火管辅助锅炉。此锅炉具有一个直立的圆筒锅壳,其直径为 1500~2600 mm,由锅炉钢板卷制焊接而成,整个锅炉高为 3300~6300 mm,两管板筒装有数百根水平烟管(管径 38、44 或 51 mm 无缝钢管),它每小时产生的蒸汽量,视不同型号,在 200~4500 kg/h 范围内,本体质量为 2.5~11.7 t。

锅炉中烟管除水平布置外,有的辅助锅炉烟管是直立的,称为立式竖烟管副锅炉;有的圆筒和烟管都是水平布置的称为卧式火管锅炉。

(2) 立式水管辅助锅炉("弗来明"锅炉)。这种锅炉的上部有一个半球形顶板的鼓筒,下部有一个里面装有半球形炉膛的鼓筒,两鼓筒之间用许多 44.5/37.5 mm 的细管和外径 299 mm 的粗管相连。燃油在炉膛内燃烧生成的火焰和烟气,首先在炉膛内向四壁传热,然后经炉膛出口流入管束向烟囱流动,在流经各根管子时以对流方式将热量经管壁传给管内的炉水,下鼓筒的炉水及细管内的炉水受热沸腾,形成汽水混合物,沿细管向上流,而粗管因受热较小,炉水在重力作用下流入鼓筒,这样就形成了水的自然循环。

这种辅助锅炉鼓筒直径为 1400~2300 mm、高度为 3050~5350 mm,本体质量为 3.7~14.3 t,锅炉蒸汽产量为 800~5300 kg/h。

(3) 废气锅炉(麻花管式)。这是我国万吨轮上采用的一种废气锅炉,结构非常简单,外壳是一个高为 2000 mm,内径为 1860 mm 的直立圆筒,二端板间装 $\phi 51/45$ 的麻花管和 $\phi 53/41$ 牵条管,主机排气由圆筒底部进入炉管烟囱,麻花管的作用是使烟气沿管内流动时与管壁接触得好些,改善了传热效果。这种类型锅炉工作压力为 0.7 MPa,蒸汽产量为 1600 kg/h 左右。

(4) 混合式辅助锅炉。这是将燃油锅炉与废气锅炉两者合并在一起组成的燃油-废气混合锅炉,废气与燃油两部分既可单独使用,也可联合使用。

4.6.5 火管锅炉与水管锅炉的性能比较

火管锅炉因烟气纵向冲扫烟管内壁,故烟气和管壁间的对流放热系数较小,传热效果较差,其效率、蒸发强度也就较低。为包容烟管族外部的高压炉水,锅炉外围必须有一个直径大、强度高的炉壳。工作时,炉壳中的炉水常为蒸发量的好几倍,所以火管锅炉比较笨重。此外,为提高锅炉的蒸发量和工作汽压,就得增加受热面烟管,炉壳的直径和壁厚随之增大,故火管锅炉的蒸发量和工作汽压的提高受限制。火管锅炉因蓄水量较大,炉水的自循环无规则,温度分布不均,所以,冷炉点火升汽所需的时间较长。烟管与管板等连接部位工艺性差,易形成不均匀的热应力而导致裂纹。但火管锅炉因蓄水量较大而蓄热性能较好,负荷突变或给水不均时汽压波动不大;由于蒸发量相对较小,故停炉时持续供汽时间较长;因蒸发率较低,对炉水质量要求不高。

水管锅炉因高温烟气在水管外侧横向冲扫管壁,对流放热系数较大,传热效果较好。由于水管成了主要受热面,蓄水量少,炉水循环有规则,冷炉点火升汽较快。总之,与火管锅炉相比,在相同蒸汽参数下,水管锅炉具有效率高、蒸发强度大、启动快、质量轻、体积小等优点。但由于水管锅炉蓄水量少,蓄热性能就差,所以,适应变负荷的能力差,汽压和水位的波动较大。又因为蒸发强度大,水在较细的水管中流动,水垢难以消除,故对给水质量要求较高。不过,随着自动化控制技术和炉水处理技术的发展,这些问题已得到了较好的解决。因此,水管锅炉在船舶中的应用日益广泛。

4.7 船舶造水装置

4.7.1 船舶制淡的目的和功用

航行在海洋上的船舶,总是要储备足够的淡水,以供应船上人员日常生活的需要,同时又要满足船舶主、副机冷却用淡水和锅炉用淡水的补给。而海洋中的海水因含盐量大,不可能作为上述用水。可见,船舶在海洋中如缺少淡水,将是一个十分严重的问题。

海洋船舶所需用的淡水一般是用淡水舱来储备的。对近海航行的船舶来说,因航程较短,航期中所需淡水量较少,依靠这种水舱储备既合适而且又经济。但是,对远洋船舶来说,所需淡水量多,全靠水舱储备,势必影响载货吨位,船舶航行在海上,常因风浪而不能按期抵港,或经常因其他原因而使淡水耗尽,这势必会影响船舶航行的安全性,从安全性和经济性上要求,对远洋船来说,必设一台造水装置,利用海水来制造淡水,既可减少淡水的储备,增加装货吨位,又可无论航程远近均能自己制造淡水,保证船舶在航行中对淡水的需求。

4.7.2 船舶对淡水质量的要求

船上消耗的淡水,由于用途不同,对水质的要求亦有差异。

(1)锅炉用水 锅炉用水要求对水的盐度和硬度(指水中含钙、镁等离子量的多少)要严加控制。因盐度大会加快锅炉的腐蚀,水的硬度大,又会加快锅炉水垢的产生。而且这种腐蚀性和水垢的产生,随锅炉的工作压力、温度的升高更趋严重,所以应对锅炉水的盐度、硬度严加控制。

(2)洗涤水 洗涤水主要是用来洗衣服、洗澡、洗刷食具等。这种淡水要求无菌、无臭、无污物,允许有一定的盐度和硬度。

(3)柴油机冷却水 这种淡水无严格要求,只要盐度和硬度不太高即可。

(4)饮用水 除了要求无菌、无毒、无臭、无污物和清净外,允许有少量盐度和硬度,且希望含有少量人体有益的矿物质。

对于柴油机动力装置船舶,锅炉一般为低压辅助锅炉,因而对水质要求不甚严格,常把锅炉水、冷却水和洗涤水混装在一个舱内。如果供应是水质较好的自来水,则上述四种水可共用水舱。

4.7.3 船舶造水装置的形式

目前船舶常用的制淡装置有如下三种。

(1)沸腾式造水装置(蒸发式)。

(2)闪发式造水装置。

(3)电渗析造水装置。

利用电渗析造水,虽然水质好,但效率低,而且成本高,故只应用于水下舰艇上。这里不作介绍。

4.7.4 真空沸腾式海水淡化装置的基本原理

我们都知道,蒸馏法可将海水中的盐和水汽进行分离,再把淡水汽冷凝为淡水。而且一般水在一个大气压下,沸腾汽化温度为100℃。在一定真空下,海水的沸腾温度还可随之而降低。这种海水在低温下沸腾的条件,完全可以有效地利用船上的余热来加热海水,如主机的冷却水温一般在55～70℃,而在93%左右的真空度下,可把20℃左右的海水加热到35℃即可沸腾汽化。这样既有利于节省能源,又可使海水因在蒸发器内低温工作而结水垢量大大减少,有利于提高造水的效率。

图4.24所示的为真空蒸发式造水装置原理图。

把常温20℃的海水,由海水泵6送入蒸发器1内,而从主机出口的冷却水,温度在65℃左右,作为加热流体送入加热盘管9内进行热交换,使海水温度达37℃左右,又因蒸发器1在空气抽除器4作用下可建立真空度为93%的真空,而在这真空度下海水在35℃即能蒸发,淡水汽上升经汽水分离器2到冷凝器5内,凝成淡水。而浓盐水在蒸发器内由盐水泵3抽出排至

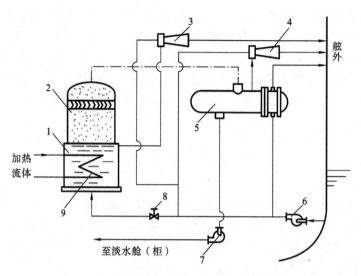

图 4-24 真空蒸发式造水装置原理

1—蒸发器;2—汽水分离器;3—盐水泵;4—空气抽除器;5—冷凝器;
6—海水泵;7—凝水泵;8—给水调节阀;9—加热盘管

舷外。冷凝后的淡水又由冷水泵 7 抽出排至淡水舱(柜)内储存备用。盐水泵 3 和空气抽除器 4,都在高真空度下工作,因而均应选用吸入真空度较高的喷射泵,喷射泵的动力由海水泵 6 提供的一部分海水供给。

4.7.5 真空闪发式造水装置基本原理

真空闪发式造水装置是在真空蒸发式造水装置基础上发展起来的一种新型船舶造水装置。它与真空蒸发式造水装置所不同之处如图 4-25 所示。

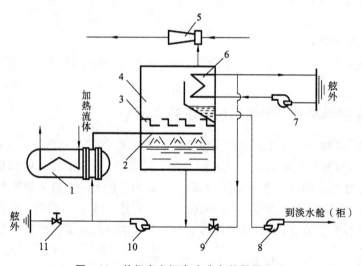

图 4-25 单级真空闪发式造水装置原理图

1—加热器;2—喷雾器;3—汽水分离器;4—蒸发器;5—真空泵;6—冷凝器;
7—海水泵;8—凝水泵;9—给水调节阀;10—盐水循环泵;11—排污调节阀

常温 20℃左右的海水首先经加热器 1 与 65℃左右的主机冷却水进行热交换加热到 37℃左右,然后经喷雾器 2 喷入真空度为 93%的闪发室内,快速蒸发为淡水汽,淡水汽上升经汽水分离器 3 进入冷凝室内,由冷凝器 6 冷凝为淡水,最后由凝水泵 8 输送到淡水柜中。闪发室的真空度由真空泵 5 来建立并保持,冷凝器 6 内的海水由海水泵 7 来输送。在闪发室内的浓盐水由盐水循环泵 10 送到舷外。海水循环泵还兼做淡海水的供应。

显然,真空闪发式比真空蒸发式造水有下述优点。

(1) 海水在闪发室内大量蒸发时,不产生激烈沸腾现象,没有蒸发的海水可随即被抽走,这样使造出的水的水质好,而且比较稳定。

(2) 因为无沸腾海水现象产生,盐水又连续被排走,对装置来说不易产生水垢,无需对盐水浓度及水位加以控制,使自动化控制大为简化。

(3) 结构简单,工作可靠,维护管理方便。

(4) 造水量为每天 30~50 t,几乎是真空蒸发式制淡量的 2 倍以上。

缺点是占地大、结构尺寸和耗能也大。

第 5 章 船舶主要管路系统

在船舶动力装置中,管路系统也是一个重要组成部分,它是保证船舶正常航行、舰艇生命力及船舶主辅机械正常工作所必需的设备。船舶管路系统是指为专门用途输送流体(包括液体和气体)的成套设备。它由流体机械(泵、风机及压气机等)、管路阀件及辅助设备等所组成。按用途,管路系统可分为船舶管系和动力管系等两类。船舶管系的任务,是保证船舶的安全、改善船员和旅客工作与生活的条件,以及保证某些船舶专门作业的正常工作,这种管系也称为全船性管系,例如通风、舱底水、压载及消防管系等。动力管系的任务是保证船舶主推进装置和辅助机械的正常工作,例如燃油、滑油、冷却、压缩空气及排气等管系。

本章将介绍几个主要管系的作用和工作原理。

5.1 动力管系

船舶动力装置能否可靠、正常地工作,除了取决于装置的主要设备,如主机、辅机、锅炉等本身的技术性能外,船舶动力管系的技术性能也起着同样重要的作用。因此合理地选择和确定管系的机械设备的形式、容量和数量等,以及管系的自动调节与控制也是十分重要的。

5.1.1 燃油管系

燃油管系的基本任务是保证满足动力装置对燃油的需要,主要是供应主机、辅机和辅助锅炉等以足够并符合质量要求的燃油。它主要由注入、储存、驳运、清理、供应及测量等部分组成,它的主要设备有油柜、油泵、过滤器、离心分油机及加热器、仪表和阀件等。

燃油管系是根据不同类型船舶的要求和所用燃油性质进行设计的。一般小型船舶要求管路设备少而简单,而远洋船舶因长期航行在海洋上,而且大多用重油,所以对安全可靠、经济性等方面有很高的要求,因而设备就多一些,管路也复杂一些。

图 5-1 所示的是三种形式的燃油管系原理图。

图 5-1(a)所示燃油管系多见于小型船舶上。储油舱 1 的燃油从甲板注入口注入。燃油经粗滤器 2(防止机械杂质进入油泵)后由驳运泵 3 或手摇泵 4 泵至燃油日用油柜 5,主机运转时燃油依靠重力作用从日用油柜经过滤器 6 进入主机,所以日用油柜要放置在有一定高度的地方。燃油的清洁靠过滤器过滤,有时驳运泵也可由主机带动。这种燃油管系比较简单。

图 5-1(b)所示燃油管系常见于长江或沿海航行的船舶上。储油舱 1 的燃油可经离心式分油机 4 对燃油进行净化处理,然后送至日用油柜,这样加强了对燃油的净化处理,从而保证主机的使用寿命。驳运泵 3 可调驳各储油舱的燃油。而日用油柜 5 的燃油则由燃油供给泵 7 供给主机,这样对日用油柜的放置高度就没有要求了。对于军用战斗舰艇来说,因为没有日用油柜,同时燃油直接从油舱里吸出,因此必须设置供给泵。

图 5-1(c)所示燃油管系一般用在大型低速柴油机为主机的大型船舶上。由于重油的价格比柴油的低 30%~45%,而燃油费用约占整个船舶营运成本的 30%~40%。为了降低运输成本,目前一般远洋船舶大都使用重油。但重油黏度较高,含水分和机械杂质较多,因此在使用

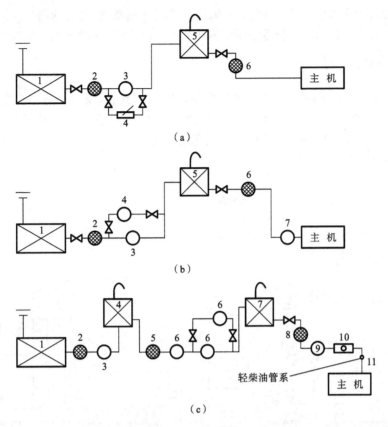

图 5-1 燃油管系

前必须经过预热和净化处理,以降低其黏度和去除其中的水分和杂质。燃油的净化处理包括加热、沉淀、分离和过滤。同时为了保证船舶的良好机动性,防止停车后重油在管路中凝结,在柴油机启动和低速运转,或船舶进出港口时要有轻柴油系统。在我国《钢质海船入级与建造规范》中规定:使用重油的柴油机或锅炉,应有立即换用轻质燃油的系统,所以使用重油的燃油系统应具有燃用重油和轻质柴油两套设备和管路。

重油由驳运泵 3 泵至沉淀油柜 4 中进行沉淀清理,由于重油所含杂质和水分的密度都比油的大,所以它们能慢慢地沉淀至沉淀柜底部,隔一定时间后把沉淀于油柜底部的污油放泄到污油柜。沉淀时间一般在 24 h 以上。为了提高沉淀效果,可以将重油适当加热,一般加热保温在 50~70 ℃,因为燃油加热以后黏度减小,杂质和水分沉淀到底部的阻力就减小,因而沉淀速度加快。重油经过沉淀油柜及过滤器 5 后进入串联的离心分油机 6,为了提高分离效果,重油先由分油机吸油泵送入加热器加热(一般加热到 70~85 ℃,不超过 90 ℃),然后进入分油机先使重油中的水分、大颗粒杂质与油分离(这种主要分离水分的设备称为净油机或分水机)。然后重油再经过第二台分油机,进一步分离重油中的小颗粒杂质(这种分离固体粒子的设备称为澄油机或分杂机),经过二三级净化的重油由分油机的排油泵输送至日用油柜。使用重油时,将转换阀 11 转到用重油位置而切断轻柴油管系,重油由供给泵从日用油柜吸入,送到雾化加热器 10,加热到一定温度(为 100~150 ℃),然后经转换阀 11 而进入主机。

船舶的燃油储藏量随着航行时间的增加而逐渐减少。燃油储存量的逐渐减小,将引起船舶的排水量的减小和船的重心的转移,这些变化对于潜艇的浮态将产生重大影响。例如,远程潜艇携带的燃油,其质量常占其排水量的 10% 以上,燃油大量消耗,将引起潜艇的倾斜和艇体的上浮,这都是不允许的,所以在潜艇上要采取补重式燃油系统,在燃油消耗的同时,系统自行将海水引入储藏舱中,以海水的质量来抵偿消耗掉的燃油质量。补重系统实质是自动压载系统。

5.1.2 滑油管系

滑油管系的任务是供应足量的合乎质量要求的滑油到主、副机械各摩擦表面,以形成油膜,减小各种机件的摩擦,同时把因摩擦所产生的热量带出来,保持机件温度不致过高,所以滑油管系是保证主、辅机械正常工作的一个很重要的管系。

滑油管系的基本形式如图 5-2 所示。

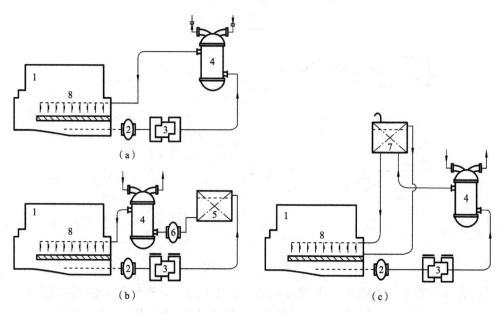

图 5-2 滑油管系
(a) 压力式(湿底式);(b) 压力式(干底式);(c) 重力油柜式
1—油底壳;2、6—压力油泵;3—过滤器;4—滑油冷却器;5—循环油柜;7—重力油柜;8—滑油压力管

图 5-2(a)、(b)所示的为压力式管系。滑油由油泵压入柴油机内的滑油压力总管而到达各摩擦面;图 5-2(c)所示的是用油泵将滑油输送至位置高于柴油机的重力油柜 7 中,再从重力油柜 7 用管接到柴油机的压力总管,它利用重力油柜内油的静压头来保证摩擦面上的滑油压力。

图 5-2(a)所示的为湿底式润滑管系。在柴油机的油底壳中积集了全部循环滑油,由压力油泵 2 从油底壳中吸出滑油,并将滑油送至过滤器 3、滑油冷却器 4,最后进入柴油机的滑油压力管 8 而送至各摩擦面进行润滑,润滑后的滑油又汇集于油底壳。所以柴油机的油底壳相当于一个循环油柜。

图 5-2(b)所示的为干底式润滑管系。在滑油管系中单独设一只循环油柜 5,当柴油机的滑油在摩擦件处流出落入曲柄箱底后,立刻被油泵 2 抽出或者自行流至循环油柜 5 内,由压力油泵 6 将油吸出,输送至滑油冷却器 4、滑油压力管 8,而最后压入各摩擦件处。由于滑油并不积存于柴油机的底壳中,故称为干底式。这种干底式柴油机润滑管系的特点是曲柄箱容积和高度较小,由于有单独循环油柜,所以便于对滑油质量进行检查和处理,便于对柴油机进行维修,但这种管系所需设备较多。

湿底式的一般用在小功率和轻型柴油机上,而较大功率和大型柴油机大都采用干底式的。

图 5-2(c)所示的是重力油柜式。用置于柴油机之上的重力油柜供应油至柴油机进行润滑，它的最大优点是，当油泵在运转中突然损坏中断供油时，由于重力油柜内有一定容量的存油，这些存油能够维持柴油机正常工作若干分钟，使管理人员有时间采取应急措施，使柴油机的轴承等重要摩擦件不易产生严重的缺油而损坏。一般大型柴油机船舶的润滑管系，常常分成几个独立管系，如主机轴承、十字头等传动部分的润滑，主机凸轮轴的润滑，主机活塞缸套的润滑，增压器的润滑和柴油发电机润滑等管系。它们大部分采用干底式压力润滑系统，但在系统中专门安装了增压器滑油重力油柜，因为增压器是高速回转机械，惯性很大，主机停车后仍然要旋转一定时间。所以无论因主机滑油循环泵发生故障，而停止供油或主机停车，虽然主机滑油循环泵已停止供油，重力油柜仍能供给增压器一定量的滑油，从而防止了高速旋转的增压器轴承因发热而烧坏。重力油柜的大小在设计时一般考虑能供给增压器 10~15 min 的滑油量，同时要考虑重力油柜油位降低时能发出警报，使轮机人员能及时采取措施。重力油柜至增压器废气涡轮轴中心的高度可根据主机设计时的要求而决定。例如国产 6ESDZ76/160 柴油机的重力油柜高度为 5.8 m。

压力油泵的驱动有两种形式：一种由柴油机本身带动，另一种由电动机独立驱动。独立驱动使柴油机在启动之前和停车之后，摩擦部分都可以得到滑油的供应。当油泵发生故障时可以立刻使用备用油泵，而柴油机不必停车修理。

循环油柜设在双层底中，低于柴油机，以便油底壳中滑油的汇流。循环油柜有加热设备，用来加热滑油，保持滑油的适当黏度，从而保证在柴油机启动时滑油泵能正常地吸入滑油并输送至各轴承。循环油柜中还设有中间隔板，用来减小滑油的扰动，便于杂质沉淀至循环油柜的底部。

滑油要从各摩擦部件带走摩擦热量，为了保持滑油的正常温度，须用滑油冷却器来冷却滑油。一般滑油冷却器是表面式冷却器，是用海水来进行冷却的。进主机的滑油温度应保持在 30~50℃ 之间，不允许超过 65℃，进出冷却器的滑油温差一般为 10~15℃。滑油温度一般是通过冷却器的旁通阀来调节的，开大旁通阀，油温就提高，反之则降低。滑油压力应高于海水压力，以防冷却器泄漏时海水漏入滑油中，一般滑油压力保持在 0.15~0.4 MPa 之间。滑油压力可借滑油泵的旁通阀来调整。

在长期不断地循环工作过程中，滑油质量将逐渐下降，主要是发生氧化引起的，滑油质量降低主要表现在滑油中形成胶状氧化物以及混入外来物，例如海水、淡水、灰尘及各种金属磨粒等硬质固体物质。变质后的滑油若不经处理而继续使用，就会引起部件急剧磨损，严重时会使轴承烧熔，引起其他严重机损事故。因此必须采取各种措施，以防外来杂物混入和保持各摩擦部件不发生过热。

清除滑油中的固体杂质，可以采用过滤方法和离心分离方法。过滤法就是使滑油通过滤器来除去各种杂质的方法，过滤器分粗过滤器和细过滤器等两种。粗过滤器一般过滤直径大于 0.07 mm 的固体粒子，它通常用钢丝网或金属片叠层等作为过滤物，有的把网式过滤器做成磁性的。细过滤器过滤直径为 0.01~0.05 mm 的固体粒子，它的过滤物通常有纤维布、纤维绳、纸板及多孔性固体等。多孔性固体的过滤能力很强，但一般在使用之后都不能彻底加以清洗再用。

过滤器通常放在冷却器之前，因为热油的黏度小，容易流动，通过过滤器时的流动阻力小。过滤器一般配置成双联的，以便一组过滤器堵塞要清洗时可以立即转换至另一组工作，而不影响主机正常工作。

如果用过滤器不能清除的更小机械杂质和水分,则要用离心式分油机来进行分离,所以在大型柴油机的滑油系统中,要设置离心式分油机净油管系,这样,滑油可一边使用,一边进行清除。

5.1.3 冷却管系

柴油机动力装置中有些机械设备,在正常运转过程中会不断地发出热量,例如,在柴油机燃油燃烧时所放出的热量有30%～33%要经气缸、气缸盖和活塞等部件散出,这些热量必须及时散发,如果冷却不好,热量不能很好散出,受热部件的温度就会急剧升高而过热,甚至引起许多严重事故。因此这类发热的设备都有专门的冷却措施。柴油机、压气机、减速齿轮、轴系的轴承、冷凝器及大型电动机等都是运转时要散热的机器设备。解决散热问题的管系叫冷却管系。

散热量小的设备,通常任其热量散至机舱的空气中,由机舱通风系统把热量带到大气中去。散热量较大的设备,如柴油机、减速齿轮、压气机等,都直接或间接地把热量散到海水中去。

柴油机的冷却方法可分为空气冷却、水冷却、水-空气冷却、水-水冷却等。空气冷却法在陆用机械中应用很广,但对于安装在机舱内的柴油机,这种方法是很不适宜的,把热量散发在机舱内,增加了机舱内部设备的工作难度,因此船上极少采用这种方法。直接用舷外水来冷却柴油机,是一种较简单的冷却方法,但冷却效果较差。水-空气冷却是用水直接冷却柴油机,再用空气来冷却这些水,这是陆用柴油机(移动式)的最普遍使用方法。由于它的设备较庞大,管系工作时消耗的功比较多,不适合船舶条件,因此除了某些应急发电柴油机可能采用外,船舶主机和辅机都不采用。水-水冷却,就是用淡水冷却柴油机,然后用海水来冷却淡水,它是现代船舶柴油机应用最广的方法。下面着重讨论舷外水直接冷却管系和水-水冷却管系。

1. 舷外水直接冷却管系(亦称开式冷却管系)

图 5-3 所示的为直接冷却管系原理图,舷外水(指海水、河水等,可统称海水)经通海室 2、通海阀 3 和过滤器 4 被海水泵 1 吸入,然后由海水泵排出,先经过滑油冷却器 5,吸收滑油的部分热量,再进入柴油机 6 中,海水进入每个气缸的水套和气缸头,从中带出热量,最后汇集于排出总管 9,推开单向阀 10 而排至舷外。水温调节阀 8 根据离开柴油机的海水温度,自动调节回流管 11 的热水流量,使柴油机不致过热或过冷。油温调节阀 7 则根据滑油温度,自动调节流过滑油冷却器的冷却水流量。

直接冷却方式虽然设备少,管路简单,但存在较大缺点,首先是舷外水将泥沙污物带进管系中,易将过滤器、冷却器堵塞,泥沙也常积聚于气缸水套和气缸头等处,阻塞流道,妨碍正常传热。在海上航行时,虽无泥沙垃圾,但在海水升高到一定温度后,其中盐分将从海水中析出。一般当海水温度高达50～55℃时,盐分就会从海水中析出而结附在热表面上,形成一种积垢,这种积垢是热的不良导体,妨碍了热量向海水的传导,工作时间越长,积垢越厚,传热越差,其后果是引起缸壁因温度过高而润滑失常。擦伤缸壁表面,严重的会发生缸壁的破裂。因而海水出口温度被限定在55℃以下。

其次,由于海水温度限制在55℃以下,而气缸内燃气最高温度可达1400～1700℃,气缸内壁的平均温度亦高达200～300℃,在这样的温差下会产生热应力。热应力过大,部件易产生裂缝。同时由于温差大,而被冷却水带走的热量就多,这样就降低了柴油机的热效率。所以目前船舶除少数采用直接冷却外,绝大多数采用间接冷却方法。

2. 水-水冷却系统(又称闭式冷却管系或间接冷却管系)

图 5-4 所示的为间接冷却管系的原理图。管系中包括两套互不相通的管路,一路是海水管路,另一路是淡水管路。海水管路中海水自通海室 2,经通海阀 3 及过滤器 4 进入水泵,然

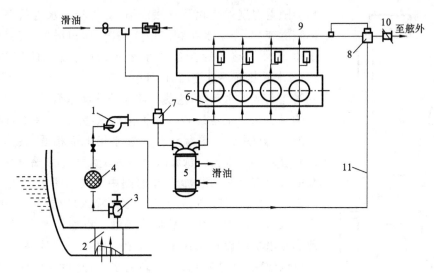

图 5-3　直接冷却管系原理图

1—海水泵；2—通海室；3—通海阀；4—过滤器；5—滑油冷却器；6—柴油机；
7—油温调节阀；8—水温调节阀；9—排出总管；10—单向阀；11—回流管

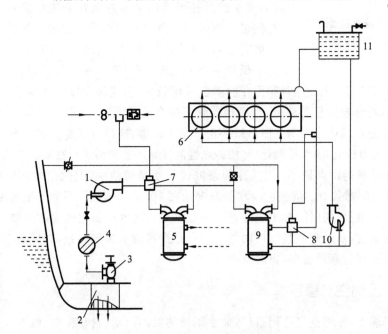

图 5-4　间接冷却管系原理图

1、10—海水泵；2—通海室；3—通海阀；4—过滤器；5—滑油冷却器；6—柴油机气缸；
7—油温调节阀；8—水温调节阀；9—淡水冷却器；11—膨胀水柜

后，先经滑油冷却器 5，后经淡水冷却器 9，由水泵排出舷外。淡水在管路中形成闭合循环，将柴油机的热量传给海水。淡水冷却器 9 吸出冷淡水，输送到柴油机中，吸取气缸套、气缸头、排气总管等处的热量。淡水温度升高后离开柴油机，进入淡水冷却器，将热量传给海水，又由淡水泵吸出而送入柴油机中，这样就形成了一个闭合循环。水温由水温调节阀 8 根据主机流出的淡水温度，调节通过淡水冷却器的淡水流量。

淡水管路中设置了一个膨胀水柜 11，它有两个作用：① 淡水在封闭管路中循环时，它的体积会随着温度的变化而热胀冷缩,有了膨胀水柜就可适应这种体积的变化,当淡水在管路中膨胀时,体积增加,管路中多出的淡水通过管路储存到膨胀水柜中,反之就从此柜补入管路。② 淡水受热而温度增高时,其中含有的气体会从水中分离出来,同时还会产生水蒸气,这些气体应该从淡水管路中排出,否则会影响淡水泵的正常运转。为了排除这些气体,在柴油机的淡水管的最高点引出一根管子与膨胀水柜上部相通,气体就可以从此管进入膨胀水柜再从膨胀水柜逸入大气。③ 膨胀水柜与淡水泵的入口有管路相通,运转中管路中损失的淡水可经此管补充。由于淡水的温度较高,为了使淡水泵吸入口维持一定的压力,防止吸入时水产生汽化现象形成气蚀。以保证水泵正常工作,因此膨胀水柜应设在水泵吸入口中心以上一定的高度上。这样,还可以使整个管路中保持较高的水压,避免管路中产生汽化现象,以保证淡水在管路中的正常流动。

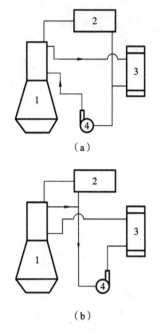

图 5-5 淡水管路布置图
1—主机;2—膨胀水箱;
3—冷却器;4—淡水泵

淡水管路基本上有两种布置方案,如图 5-5 所示,图 5-5(a) 和(b)所示的两种形式的基本差别在于淡水泵和淡水冷却器的相互位置。图 5-5(a)所示的淡水泵 4 的出口接到主机 1,可以保证水流有足够的压力,保证冷却水流过水腔通道截面变化处的压力不低于一个大气压,可以使水在气缸冷却腔内避免汽化,保证柴油机的良好冷却。因此这种布置在船舶上采用较多,但这种布置由于淡水泵距离冷却器 3 较远,淡水进入冷却器时压力较低,当冷却器管板接合处漏泄时,海水可能漏入淡水中。图 5-5(b)所示淡水泵进口接膨胀水箱 2 而出口接至淡水冷却器,这样可避免上述方案的缺点;但进入柴油机的淡水压力较低,淡水易汽化,将使传热性能变坏。这种形式只在某些船舶上得到应用。

间接冷却管系的特点是:① 直接冷却柴油机的水是清洁水,因此在柴油机中和管路中不会发生流道堵塞等故障;② 清洁的淡水每升含盐在 1000 mg 以下,不会产生结垢现象,从而保证了良好的传热效果,同时冷却水温度可以不受盐分自海水中析出的温度限制,这样有利于提高冷却淡水的温度,从而降低气缸壁内外温差。减少冷却水带走热量,对提高柴油机热效率有好处。但这种冷却管系设备多,也较复杂。

5.1.4 压缩空气管系

在柴油机船上,压缩空气应用很广,如主副柴油机的启动、自动控制、汽笛及舰艇发射武器等方面。压缩空气管系由压气机、分离器、储气瓶、各种阀件和管件等组成。该管系利用压气机将空气缩至所需压力,储藏于储气瓶中,以备随时应用。

图 5-6 所示的为船舶压缩空气管系原理图,它常应用于小型船舶。

主机自带空气压缩机一台,另设有备用独立空气压缩机一台。正常航行时,主机自带的空气压缩机不断向启动空气瓶充气。当启动空气瓶达到规定压力时,则借助压缩空气压力通过控制管将主机自带空气压缩机进气阀顶开,空气压缩机空转而不充气。

由启动空气瓶出口的压缩空气主要供给主机启动用。而供给汽笛、海底门、压力柜和杂用的压缩空气,则分别从启动空气瓶经过两套减压阀装置减压后来达到所要求的压力。

主机停止运行后,压缩空气则由独立的空气压缩机产生并进入启动空气瓶。因此船上采

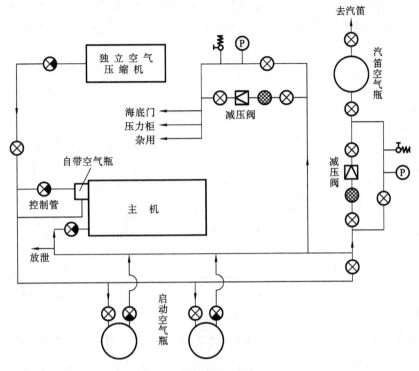

图 5-6 压缩空气管系原理图

用两台空气压缩机,是为了保证船舶的活力和航行可靠性。

各空气压缩机组之间和主空气瓶之间为了防止空气倒灌,海底门处为了防止海水倒流入空气管路等均装设了截止止回阀。

由压气机气缸内带出的油雾和飘浮在压缩空气中的细小水珠,会在冷却器中凝结成油水。或者在汽笛之前由于环境温度降低而在压缩空气中凝结出油水,为了清除这些油水必须在适当部位设置气水分离器。为了满足各种用途的需要,经常用减压阀将压缩空气减至各种压力。

5.1.5 排气

排气管系的功用是将主、辅柴油机的废气排到大气中。此外,排气管系还可以起降低排气噪声的作用。对于装运和拖运易燃、易爆等危险货物的船舶,例如油船、工作船等,排气管系还要能够熄灭废气中的火星。对于军用舰艇,考虑到隐蔽性也需要减小废气的能见度。

柴油机的排气是由各气缸排出汇集于排气总管,然后经过管路中的补偿装置、废气涡轮增压器、废气锅炉或消声器而排出大气的废气。

为了降低排气噪声,常在排气管路上装设消声器。消声器是一种能降低声音传播而允许气流通过的装置。

排气管系大致有下列几种形式。

(1) 如图 5-7 所示,柴油机的废气直接由排气管经消声器排出,管路的热膨胀由管子的弯曲自由伸缩来补偿。这种形式的排气管系用于没有废气锅炉的中小型船舶柴油机上。在有些小型船上,为了简单,不装消声器,但这会引起较大的排气噪声。

(2) 图 5-8 所示的是装有热膨胀补偿器的排气管系,其上装有消声器。这种管系不但在没有废气锅炉的船舶主柴油机上得到采用,而且在各种船舶辅柴油机上也广泛采用。

(3) 图 5-9 所示的排气管系应用在带有废气锅炉的中型船舶上。废气锅炉能在一定程度上降低排气路噪声,故排气管路上不再装置消声器,由换向阀控制废气的流向。

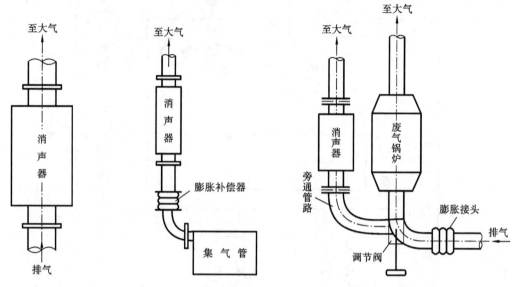

图 5-7 排气管系形式之一　　图 5-8 排气管系形式之二　　图 5-9 排气管系形式之三

(4) 图 5-10 所示的是现在大中型民用船舶柴油机上得到广泛采用的带有废气锅炉的排气管系。我国建造的许多万吨船都采用这种形式。在废气涡轮增压柴油机动力装置中,经废气涡轮排出的废气,其压力脉动已得到缓和,排气噪声得到一定程度的降低,故在旁通管路上没有必要装消声器。

(5) 图 5-11 所示的是装有废气燃油混合锅炉,并利用废气调节阀控制锅炉蒸汽产量的排气管系。当废气产生的蒸汽量不足时,可采用人工控制燃油喷射量,以满足全船蒸汽的需要。

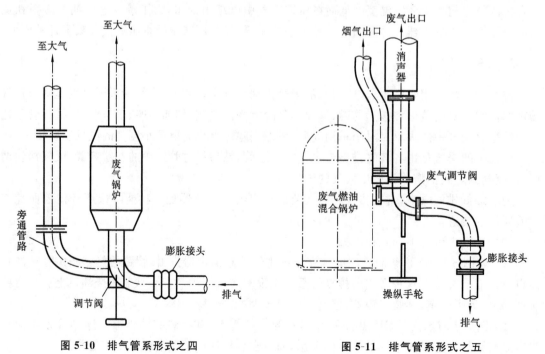

图 5-10 排气管系形式之四　　　　　　图 5-11 排气管系形式之五

从以上几种排气管系形式看出，排气管系的组成是随着船舶的类型和大小而有差异的，但一般有排气管、补偿器、废气锅炉或消声器及换向调节阀等附件。在废气涡轮后装有废气锅炉的柴油机上，一般都不再装消声器。

5.2 船舶管系

5.2.1 舱底水管系

舱底水管系是一个重要的全船性管系，它用来抽除舱底的积水。这些积水的来源为：机舱中主副机械设备的泄水，管路系统的漏泄，艉轴填料箱处的漏水，冲洗用水以及经过船壳不严密处的海水渗入和从舱口流入之雨水等。这些积水不仅对船体有腐蚀作用，而且对于船舶营运及航行安全十分有害。货舱积水会浸湿货物，造成货损。舱底水积存太多，甚至会影响船舶的稳性，危及航行安全。因此必须通过舱底水管系及时排除舱底积水。同时舱底水管系还担负着船舶破损而浸水时，抽除进水的任务。

对于舱底水管系的要求，在我国船舶入级与建造规范中作了详细的规定，主要要求有以下几点。

（1）管系的布置应保证船舶在平浮状态或向任何一舷倾斜 5°时能有效地排出各水密分舱的舱底水，以及任一舱底泵能排出任何货舱和机、炉舱的舱底水。

（2）舱底泵、压载泵、消防泵等若互相接通，则管系的布置应保证各泵能同时工作而互不妨碍。

（3）舱底泵应为自吸式泵。

（4）管系中的分配阀箱，舱底水总管和直通舱底泵的支管上的阀门应为截止止回阀，以防止各舱之水互相沟通。

图 5-12 所示的为小型船舶舱底水管系原理图。

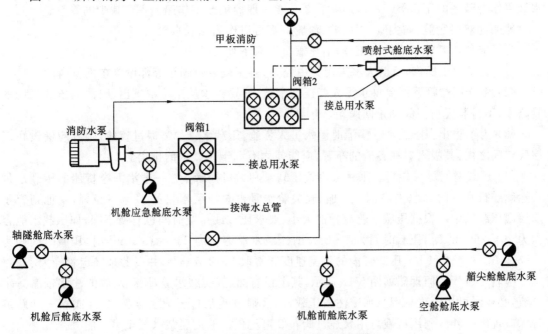

图 5-12 小型船舶舱底水管系原理图

船上各舱均有一台喷射式舱底水泵,它由消防水泵或总用水泵供应高压水。喷射式舱底水泵的吸入管与舱底水总管接通。在舱底水总管上有五根支管,三根接机舱底水吸口,抽除机舱前、后和空舱的舱底水。两根接艏尖舱舱底水吸口及轴隧舱底水吸口,抽除该处的舱底水。

舱底水总管还与阀箱1接通,必要时利用消防水泵或总用水泵也可抽吸舱底水,经阀箱2排出舷外。

在消防水泵与阀箱1之间的管路上还设有独立的舱底水吸入管,它连接至消防水泵。此独立的吸入管是为应急抽吸机舱舱底水用的。由于消防水泵属一般离心泵,无自吸能力,故用消防水泵抽吸舱底水时,必须先向它加注引水,此时可利用阀箱1使海水注入。

船底水很脏,尤其是机舱的舱底水含有大量油污,为了防止船底污物堵住吸入口,在吸入口端部要设置过滤网,网孔直径不大于10 mm,网孔总面积不小于该舱底水支管面积的2倍,并在吸入口设有止回阀。此外在机舱和轴隧的舱底水支管上一般设有泥箱,舱底水可在其中进一步过滤。为了防止舱底水中的污油将港区和近岸海域的海水污染,根据要求应设置污水分离器,将舱底水进行处理,使污水含油量符合国际上所规定的标准。

5.2.2 压载管系

船舶在航行中往往会出现这样一些情况,船舶在空载时,吃水深度甚小,舷及船体受风面积增加,螺旋桨浸水深度减小。船舶由于燃料、水、粮食等的不断消耗,其吃水逐渐减小。船舶货物在各货舱装载不均匀,也可能引起船舶的纵倾和横倾。这些情况的存在均会导致螺旋桨效率的降低,主机功率消耗的增加,船舶的稳性及操纵性变差,因此需要有压载管系,将舷外水打入压载舱,使船舶保持一定的吃水深度和纵横平衡,使船舶安全而经济地航行。

在某些特种的工作船上,压载水还有着其特殊的作用。如在火车轮渡上,压载水可起着装卸车厢时的平衡作用;在打桩船上,压载水可起着保证打桩方向正确的作用;在破冰船上,压载水又可作为破冰的用途等。所以压载管系是在一般商船或工作船上不可缺少的管系。

船舶的双层底舱、艏尖舱、艉尖舱、深舱等都可以作为压载水舱。

为了能使压载管系有效地工作,对压载管系有下列要求。

(1) 为了便于操作,目前大多采用集中控制,将压载泵及阀箱等都设置在机舱内。

(2) 由于压载管系既要将水灌入各压载水舱,又要将水从水舱中排出,因此在压载系统的管路中,不得装置止回阀和止回阀箱。

(3) 为了防止当压载水管漏泄时海水进入货舱,压载水管如需通过货舱,则皆应铺设在双层底空间之内,其吸入口在各舱的布置,应能使之有利于压载水的排出。

(4) 压载时间尽可能短。采用大容量压载泵和大口径管子。一般沿海杂货船的压载水量可达船舶排水量的15%左右,其中,艏、艉尖舱水量占总压载水量的12%~17%,其他则容于双层底压载舱中。根据压载水舱容积的大小,要求压载或排空时间也有所不同,如压载水舱容积为20~260 m³时,压载时间为1~3.5 h;压载水舱容积为360~1300 m³时,压载时间则为4~5.5 h。一般为4 h。压载管内的水流速度通常取2~2.5 m/s,并以此来确定管径大小。

拖轮压载管系原理图如图5-13所示,其上设有艏、艉压载水舱,压载水舱的注水依靠海水自流,必要时可用压载总用泵加速注入压载,排水则由此泵自压载水舱吸水,经阀箱3和舷侧排水口排出舷外。利用压载总用泵通过阀箱2可把任一舱的压载水驳至另一舱去。

在主机海水泵损坏时,压载总用泵可以作为备用主机海水泵,对主机应急供应海水。

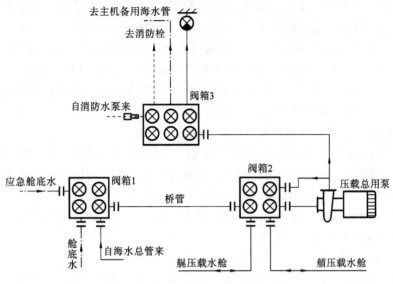

图 5-13 某拖轮压载管系原理图

5.2.3 消防管系

如果船舶发生火灾,那是十分危险的,特别在客轮、货轮及油轮上发生火灾,它将会带来生命财产的重大损失。火灾可能是由于电气线路的短路、电线绝缘不良、油气的积聚、燃油或油漆木材等易燃物不慎着火等等引起的。因此防火工作在船舶上有着重要意义,消防管系起着预防和制止火灾发生的重大作用。我国船舶入级与建造规范中对各种类型船舶在消防方面作了详尽的规定。

1. 消防管系的种类

众所周知,在火灾发生时如果用水冷却降低可燃物质的温度或者把它们与大气隔绝,那就能灭火。一般空气中,氧的质量分数为21%,氮的质量分数为79%,如果把氧气的质量分数减至15%,那绝大部分物质就不能燃烧。从这点出发船用固定灭火系统及装置主要有如下几种:① 水灭火系统;② 二氧化碳灭火装置;③ 蒸汽灭火系统;④ 泡沫灭火装置(空气泡沫、高膨胀泡沫等);⑤ 卤化物液体灭火装置(1211、1302灭火剂);⑥ 惰性气体灭火装置。

(1) 水灭火方法在船舶上应用比较广泛,也比较简便,水是可以大量获得的,但其缺点是,不能扑灭在油上的火焰,因为油比水轻,它能漂浮在水面上继续燃烧。亦不能用水去扑灭在电气间的火灾,因为它要引起短路。所以一般中、大型船舶除水消防管系外还设有其他类型消防管系。

(2) 二氧化碳灭火是一种适用于油类、电气等方面的灭火方法。它主要是通过降低氧气在空气中的含量而进行灭火的。它的主要优点在于能扑灭油类及电气设备等的火灾,而对设备无害,同时它又不需要消耗电能,二氧化碳在 12~15 MPa 压力下会被强烈压缩而呈液态,将其存入瓶内,而在使用时将瓶头阀打开,二氧化碳在高压下喷入舱室,压力立即降低,二氧化碳立即呈气体状,而且体积剧烈膨胀,可大大降低舱室中氧气浓度,而达到灭火的作用,但在经常有人工作的舱室中采用二氧化碳灭火,应设有声、光信号设备,以便在二氧化碳发送前和发送过程中均能自动发出警报。

(3) 蒸汽灭火是利用压力为 0.5~1.2 MPa 饱和蒸汽喷入火焰中,使火焰中氧的浓度大大降低,从而达到灭火目的的方法。这种方法比较经济简便,但它只能应用于密闭的舱室,并且蒸汽的凝结,会导致机件设备的损坏等,因此,这种灭火方法采用较少。

(4) 泡沫灭火是通过泡沫隔绝空气,使氧气不能进入,从而达到灭火目的的方法。泡沫灭火装置有两种类型,一种为空气泡沫灭火,这种泡沫液是以水解蛋白质制成的,它能形成空气泡沫,可迅速严密覆盖大面积着火的液面,隔绝空气而熄火。另一种为高膨胀泡沫灭火,它是用高膨胀泡沫剂与压力水混合形成的,它在鼓风机的风流推动下,能产生较厚的泡沫,封闭火区,达到窒息燃烧的目的。它能扑灭石油类易燃液体火灾。

(5) 卤化物液体灭火,利用卤化物能和燃烧产生的活性氢基化合,从而使燃烧连锁反应停止,同时还有一定的冷却、窒息作用。这种灭火性能甚强,效率高,是一种较新的灭火方法。目前采用的卤化物液体灭火剂是二氟一氯一溴甲烷(CF_2ClBr,即"1211"灭火剂)。

"1211"灭火剂具有灭火效果好,毒性小,对金属的腐蚀率较低,绝缘性能好,灭火后不留痕迹,储存压力低以及久不变质等优点。

根据"船舶规范"规定,"1211"灭火剂数量如下。

(1) 对于干货舱,1 m^3 货舱容积(最大一舱的容积)需 200 g"1211"灭火剂。

(2) 对于机舱,1 m^3 舱室容积(包括舱栅容积)需 200 g"1211"灭火剂;若舱容小于 500 m^3,则可降为 1 m^3 舱室容积需 150 g"1211"灭火剂。

(3) 对于油船的货油泵舱和货油舱,1 m^3 舱容需 400 g"1211"灭火剂。

2. 水消防管系

在所有的船舶上都设有水消防管系,因为这种管系设备简易,水又可大量获得。它一般应用于干货舱、起居公共场所、机舱及其他装有机器的舱室的灭火。

图 5-14 所示的为一货船的水消防管系布置图,消防水在船上主要做机舱、平台甲板、主甲板、上甲板、起居甲板、艇甲板及驾驶甲板等地方灭火用,同时也可做冲洗甲板用。

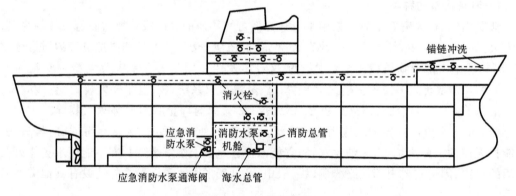

图 5-14 水消防管系

消防水泵(亦称为总用泵)设于机舱中,它可自海水总管吸水,然后经机舱消防总管打出,经各支管分别通往各层甲板,并在支管末端装设消火栓,以便在火灾发生时与消防水龙带相接。消火栓的数量按各层甲板的需要而定,根据船舶入级与建造规范规定,总吨位大于及等于 1000 t 的船舶,应至少备有一只国际消防通岸接头,并便于由船舶的任何一舷连接。国际消防通岸接头的规格如图 5-15 所示。

必要时可应用国际消防通岸接头扑灭在岸上所引起的火灾和扑灭在其他船舶上所发生的火灾。为了可靠起见,机舱内还装有应急消防水泵,它可自专门的应急吸入口或独立海底阀

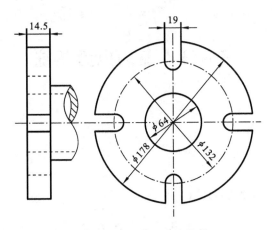

图 5-15　国际消防通岸接头

吸水,然后可由消防水管通往机舱及主甲板、上甲板等,以便在消防泵损坏或在其他紧急情况时进行灭火。

各类型船舶对消防泵的要求如下。

(1) 客船所需的全部消防泵(应急消防泵除外)的总排量,不应小于该船所需全部舱底泵总排量的 2/3。总吨位大于或等于 4000 t 客船应设三台消防泵;总吨位小于 4000 t 但大于 300 t 的客船应设两台消防泵;总吨位小于或等于 300 t 的可只设一台消防泵。

(2) 货船所需全部消防泵(应急消防泵除外)的总排量,不应小于该船所需全部舱底泵总排量的 2/3,但不必大于 180 m^3/h。总吨位大于或等于 1000 t 的货船应设两台消防泵;总吨位小于 1000 t 的货船,可设一台消防泵。

(3) 消防泵的压头在所有出水的消火栓上应维持的压力不得小于下列数值。

总吨位大于或等于 4000 t 的客船,该压力不得小于 0.31 MPa。

总吨位小于 4000 t 且大于或等于 1000 t 的客船和总吨位大于或等于 6000 t 的货船,该压力不得小于 0.27 MPa。

总吨位小于 6000 t 且大于或等于 1000 t 的货船,该压力不得小于 0.25 MPa。

总吨位小于 1000 t 的客船和货船,应满足两股水流射程不小于 12 m。

第 6 章 船舶电力系统

6.1 概 述

6.1.1 船舶电力系统的组成

船舶电力系统包括发电、配电、输电和用电四部分。图 6-1 所示的为船舶电力系统示意图。

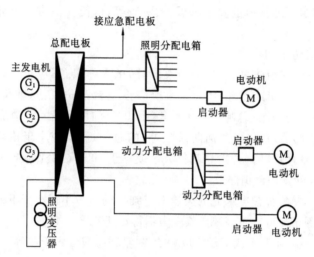

图 6-1 船舶电力系统示意图

1. 发电部分（又称电源）

它是将其他形式的能量转换成电能的装置，例如发电机组和蓄电池。

2. 配电部分（即配电装置）

它的作用是对电源进行保护、监视、分配、转换、控制。船舶配电装置可以分为总配电板、应急配电板、动力分配电箱、照明分配电箱和蓄电池充放电配电板等。

3. 输电部分（又称电网）

它是全船输电电缆和电线的总称。其作用是将电能传送给全船所有用电设备。船舶电网通常由动力电网、照明电网、应急电网、弱电电网等组成。

4. 用电部分（又称负载）

它包括船舶机械电力拖动、电力推进、电气照明、通信和导航设备、工程船的生产机械和其他生活用电设备等。

6.1.2 船舶电力系统的主要参数

1. 电流种类

船舶电气化已有近百年的历史。在 20 世纪 50 年代以前建造的船舶，基本以直流电力系统为主。但是直流电力系统在工作可靠性、维护保养、经济性、质量和尺寸等方面都远不如交流电力系统的好。特别是随着电子工业的迅速发展，大功率半导体器件的应用，以及20世纪60年代以来逐渐成功地解决了曾经阻碍船电交流化的一系列难题（调速、调压、调频、并联运行等）之后，交流电力系统在船舶上就占了主要地位。实践证明，采用交流电后，船舶的造价和维修费用都可明显下降。

2. 电压等级

船舶电力系统额定电压的高低直接影响到电力系统中所有电气设备的质量和尺寸。提高电压固然有利，但是电压的提高，也带来了绝缘和安全方面的问题，故电压等级的提高受到一定限制。我国船级社将配电系统的最高电压等级分为：直流1200 V、500 V、250 V、50 V、24 V；交流11000 V、1000 V、250 V、50 V、24 V各挡。

国外船舶则多采用460 V电源，用电设备额定电压为440 V。

随着船舶吨位的不断增大，特别是某些巨型油船和高速集装箱船的建造，主机功率和电动辅机功率的大型化，发电机单机容量已超过2500 kW，采用500 V以下的低压电力系统已经不能适应这种新的要求。因为随着容量的大幅度增加，电流迅速增加，有关电器设备的载流、断流能力就要求很大，同时过粗的输电电缆也会对敷设带来困难，所以现代的巨型船舶已逐渐趋向于采用1000～12 000 V的中电压等级。

确定船舶使用的电压等级时，需要考虑可以选用的标准设备和可接用的岸电。如采用400 V、50 Hz电源的船舶，就可以接380 V、50 Hz的岸电，用电设备则可以从陆用设备中派生。

3. 频率等级

船舶电站使用的频率要考虑与岸电频率的一致性和可选用的电动机规格。我国陆上采用50 Hz的电源，船舶也应采用50 Hz。国外船舶多采用60 Hz的电源。一般认为60 Hz得到的电动机转速较50 Hz的更为适宜。440 V、50 Hz的电力拖动设备，可以接在380 V、50 Hz的岸电上运行。

6.1.3 船舶电力系统的运行特点和要求

1. 船舶电力系统运行特点

1）独立电网

总容量不超过各发电机容量的5～10倍的电网称为独立电网。船舶电力系统属于独立电网。在独立电网中，调节运行发电机的电压或原动机的转速，除了会改变本身有功功率和无功功率的分配外，还影响电网的频率和电压。对于各参加并联运行的发电机，要求平均或按比例地分配有功功率和无功功率。

船舶电力系统通常只有一个电站工作，任何断电事故都有可能给船舶带来严重的后果。

船舶电站的容量相对负载来说是有限的，某些大电动机的容量与电站容量可相比拟，大电动机启动时的冲击电流将引起电网电压的急剧下降，严重时会使某些设备退出工作。

2）线路阻抗很低

在船舶有限长度内，发电设备与用电设备之间距离很短，输电线路阻抗很低，容易出现短路故障，特别是在主配电板区域内更为严重，断路器和开关在切断故障电流时会产生严重损伤。

3）工作环境条件比较恶劣

船舶电气设备工作的环境条件比较恶劣：温度高、相对湿度大；空气中含有盐雾、霉菌、油雾；经常处于摇摆、倾斜、冲击和振动状态。

2. 对船舶电力系统的要求

(1) 主电站应具有足够高的电能质量指标(即电压和频率的波动小)，以保证在各种状况下电网的正常运行。

(2) 电力系统应具有合理的保护措施，以保证最大限度的供电连续性。

(3) 发电机应能输出足够大的稳态电流，以维持动态稳定。断路器和开关应有足够的故障切断能力和短时过电流能力。

(4) 电气设备应能在船舶环境中可靠工作。

6.1.4 船舶电力系统保护

1. 常见故障

1) 短路

短路是电力系统最严重的故障。所谓短路就是指电气设备或线路中不同极性(或不同相)的导电部分碰在一起或同时与金属船壳相碰。其原因通常是，绝缘老化、机械损伤、操作不当等。短路电流会达到正常电流的 10 倍以上，故会导致电动机、电器或电缆烧毁，电网电压急剧下降及并联运行的发电机间失步，破坏电力系统的稳定运行，以致造成整个电力系统断电。

2) 过载

其原因通常是，用电设备的负载突然增加，或电源的电压和频率发生波动。过载严重，将导致电器设备和电缆烧毁。

3) 逆电流

当多台发电机并联运行时，其中一台发电机发生故障不能供电并转入电动机运行状态，这不但加重了其他发电机的负担，而且对故障机组的原动机也不利。

2. 对保护装置提出的要求

对保护装置的性能有如下要求。

1) 选择性

当电力系统发生故障时，保护装置只选择最靠近故障处的线路使之断开，从而保证非故障线路连续供电。

2) 可靠性

电力系统发生故障时，该动作的保护装置应确保动作，不该动作的保护装置不应误动作。

3) 快速性

为防止故障蔓延扩大，降低故障对设备线路的损坏程度，要求保护装置在故障发生后能尽快动作，使故障段迅速被切除。

4) 灵敏度

所谓灵敏度，是指保护装置对故障的反应能力。

事实上，上述四项基本要求是互相矛盾和互为制约的。例如，选择了灵敏度往往会影响可靠性。

3. 船舶电网的保护

1) 过载保护

船舶电网多为单侧电源放射状，对其过载可分三段进行分析，如图 6-2 所示。

第Ⅰ段：主配电机与主配电板间的电缆由发电机过载保护装置来完成其保护任务。

第Ⅱ段：主配电板到分配电板之间电缆，一般不考虑过载保护问题。

第Ⅲ段：分配电板与用电设备之间电缆，可用电动机过载保护装置（热继电器、过电流继电器）来实现其保护任务。

2）短路保护

当电网发生短路时，配电板至用电设备间由自动开关自动切除故障。此种开关不仅可以接通、断开电路，而且可进行短路、过流保护。当出现短路故障时，自动开关脱扣，并具有选择性。如图 6-2 所示，当 A 点发生故障时，DZ_3 动作，而 DZ_2、DW_1 不动作。

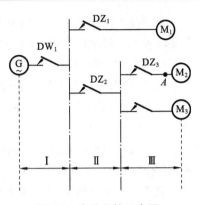

图 6-2 电路保护示意图

船舶电网还设有岸电相序和断相保护。发电机除短路和过载保护之外，还有自动分级卸载保护和逆功率保护等。

6.1.5 发电机功率和数量的选择原则

发电机功率和数量的选择，以电力系统运行的可靠性和经济性为出发点，也就是说，发电机的功率和台数应能满足各种工作状态的用电量，又无过多的裕量。

1. 船舶的各种运行状态

（1）正常航行——满载全速的航行状态。

（2）进出港状态——港内低速航行或机动状态。

（3）靠离码头状态——包括起锚到主机启动为止的整个备航过程。

（4）停泊状态——无装卸货的停泊状态。

（5）装卸货状态——货船装卸货或油船装卸油状态。

（6）应急状态——船舶发生火灾或船体进水时的状态。

（7）应急发电工作状态——为保证必要的救生、通信和照明用电的应急发电机工作状态。

2. 选择原则

（1）应满足全船各使用工况下的最大用电量。

（2）每台发电机组最大负载应为额定功率的 80% 左右。

（3）必须有备用发电机组，其容量应在最大容量的一台主发电机组损坏时，仍能满足正常航行和应急情况下的用电。

（4）发电机数量可采用小功率多机组或大功率少机组两种原则确定。

（5）尽量采用同类型、同容量的机组。这样，并联运行的功率分配问题容易解决，运行稳定，并可互为备用。

6.2 船舶电源

6.2.1 船舶主电源

用于保证船舶在正常航行、进出港靠离码头、正常作业、停泊以及应急情况下正常用电的电源，称为船舶主电源。

船舶在不同工况下所需用电量的变化幅度是很大的,为提高主电源供电的可靠性,一般都需要装置两台以上的发电机组,并接于同一汇流排上并联运行。

目前船舶电站的发电机组形式很多。按原动机的形式,主要有柴油机发电机组、蒸汽轮机发电机组、燃气轮机发电机组和轴带发电机组等。柴油机动力装置的发电机组形式主要有柴油机发电机组、轴带发电机组等。

1. 柴油机发电机组

柴油机作为原动机的发电机组称为柴油机发电机组,主要由柴油机和三相同步发电机组成。由于柴油机发电特别经济,所以这种机组形式得到最广泛的应用。

柴油机发电机组的主要优点是,耗油低、轻便、启动快。为了减少设备质量和容量,通常采用中高速柴油机。柴油机发电机组的过载能力不大,为额定值的10%。

2. 轴带发电机组

由于燃油费用几乎占船舶营运费用的50%,因此现代化船舶对节能技术提出了更高的要求。同时,降低维修工作量的要求也日益增长。因此,轴带发电机组在新建造的船舶上得到越来越多的应用。

轴带发电机组形式各有不同。图6-3所示的为晶闸管逆变器式轴带发电机组系统图。这种形式的轴带发电机组可用于定距桨船上,也可用于变距桨船上,并可与柴油机发电机组长期并联运行。

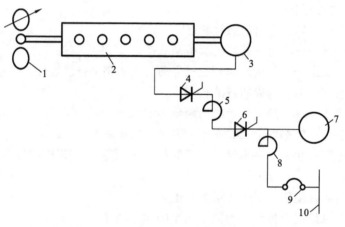

图6-3 晶闸管逆变器式轴带发电机组系统图
1—螺旋桨;2—主机;3—发电机;4—整流器;5—直流电抗器;
6—逆变器;7—调相机;8—交流电抗器;9—断路器;10—负载

在该系统中电源频率随主机的转速变化而变化,然后由三相全波整流器4转换成直流,经直流电抗器5进行滤波,使其电流波形相对平稳。再经他励晶闸管三相逆变器6转换成三相交流电送到电网。同时,由逆变器产生的高次谐波电流也被馈送到电网,为了不干扰船内设备,再用交流电抗器进行抑制。交流电抗器还可以在汇流排发生短路时,抑制短路电流。

在三相全波逆变电路中,6个晶闸管元件的触发时间由调相机7决定。另外调相机还能吸收逆变电路的高次谐波电流,向负载和逆变器提供无功功率,以及当短路时,提供持续的短路电流等。

船舶在正常航行时,主机有突然发生故障的可能,为了使电网不致断电,一般当主机转速下降至某一转数时,轴带发电机组控制装置使能输出信号,使备用柴油机发电机组立即启动,并自动并入电网。

6.2.2 应急电源

船舶除了设有主电源外,还必须配备一个当主电源一旦失去供电能力时可以向船上部分用于保证船舶安全的用电设备进行供电的独立电源,即应急电源。

船舶应急电源可采用发电机组和蓄电池组或两者兼备。在采用独立发电机组作为应急电源的船舶上,必须备有作为临时应急电源用的蓄电池组,这是考虑到当应急发电机组因故不能马上供电,或在启动过程中,用于保证船上特别重要的部分用电设备不致断电而设置的。

应急电源与主电源之间应有一定的电气联锁。当主电源正常运行时,应急电源不允许工作;一旦主电源失电,应急电源必须立即自动投入运行。

按规范要求应急电源的供电范围如下。

(1) 航行灯及国际海上避碰规则所规定的其他各种信号灯。

(2) 白昼信号探照灯及无线电测向仪、无线电电台。

(3) 各通道、梯道、出口的应急照明,每个登艇处的甲板和舷外应急照明,救生艇、筏,救生浮储存处的照明。

(4) 机舱、主操纵台、锅炉水位表、气压表、总配电板、应急发电机室、舵机舱等的照明。

(5) 驾驶室、海图室、无线电室、消防设备控制站的照明。

(6) 船员、旅客公共舱室的照明。

(7) 紧急集合报警装置。

(8) 电动应急消防泵。

(9) 固定式潜水舱底泵等。

应急电源的电量应足够用 36 h。对于沿海航行船舶,供电时间可减少,但不得少于 12 h。作为应急电源的蓄电池组应能保证连续供电 30 min,船上一般采用酸性电池。

6.3 船舶配电装置

船舶电源发出的电能需经集中控制,然后分配给各用电设备使用,这种对电能进行集中控制和分配的装置称为配电装置。配电装置的主要功能如下。

(1) 正常情况下接通和断开电源至用电设备间的供电网络,提示开关的通断位置。

(2) 测量和监视电力系统的各电气参数(如电压、电流、频率、功率因数等)。

(3) 控制电力系统的各电气参数。

(4) 当电力系统发生故障或运行不正常时,保护装置能自动地切除故障电路,或发出声、光报警信号。

6.3.1 总配电板

总配电板是船舶电力系统中的主要配电装置。它主要由发电机控制屏和负载屏组成,如图 6-4 所示。发电机控制屏是用来控制、调节、监视和保护发电机组的,每台发电机组均配备有单独的控制屏。负载屏的职能是对各馈电线路进行控制、监视和保护,并通过装在负载线路上的馈电开关将电能供给船上各用电设备或分电箱。

此外,还有发电机并车屏和岸电屏等。

图 6-4　某船总配电板的板面布置图

6.3.2　应急配电板

应急配电板用来控制应急发电机或蓄电池组,并向船上的应急用电设备供电。它与应急发电机安装在同一舱室内。

当应急电源采用应急发电机组(大应急电源)时,应急电网平时可由总配电板供电,只是在应急情况下才由应急发电机组供电。因此,应急配电板的电源开关与总配电板上接向应急配电板的供电开关,两者之间设有电气联锁。有些船舶的应急发电机组具有自启动设备,当主电源因故突然断电且在一定时间后还不能恢复供电时,应急发电机组即自行启动,并对应急电网供电。在主电源恢复供电后,应急发电机组便自行脱离电网,并自动停车。应急配电板通常只有两个屏板,一个是应急发电机控制屏,另一个是负载屏。如果应急电网是个独立电网,而不是主电网的一部分,则应急电源各馈电线路在应急配电板上不允许装设开关,而只装设熔断器作为馈电线路的保护。这主要是为了确保应急状态下应急电网可靠供电。只有平时由总配电板供电的应急配电板才允许在其上装设各馈电线路开关。

第 7 章　轮机自动化

为了实现对各种机械设备或系统运行工况的优化,必须对其运行参数施加正确的调节和控制。随着现代控制系统的不断完善以及控制设备和元件可靠性的提高,船舶机械设备越来越普遍地采用自动控制。采用自动控制,不仅可以改善管理人员的劳动条件,降低劳动强度,减少船员编制,而且能提高操作精度,能迅速而不间断地检测设备的运行工况,及时发现甚至预测设备的故障,并因此而大大提高船舶运行的安全性和经济性。

目前,所有远洋船舶和大、中型沿海船舶,都不同程度地采用了自动控制。例如,有的船上对锅炉、制冷机、分油机、舵机等采用了单体式自动控制;有的船舶则采用了机舱集中监测和控制,及主机驾驶室遥控;还有不少船舶已实现"无人机舱"和全船自动化。

7.1　柴油机运行参数的自动控制

7.1.1　冷却水温度控制

图 7-1 所示的为一种主机缸套冷却水温度控制系统图。从主机出来的高温冷却水,经淡水泵 5 升压后分为两路。一路经淡水冷却器 7 由海水冷却降温(简称"低温水"),再送至气动三通温度调节阀 6;另一路则不经冷却而直接送至阀 6(简称"高温水")。这两部分淡水在该调节阀 6 中混合后进入柴油机缸套冷却水空间。混合后的水温取决于这两部分水温度及流量比。

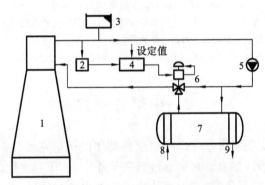

图 7-1　柴油机冷却水温度控制系统
1—主机;2—温度传感器;3—重力水柜;4—比例积分温度控制器;5—淡水泵;
6—三通温度调节阀;7—淡水冷却器;8、9—海水进出口

柴油机冷却水的出口温度,会因柴油机的负荷改变或冷却器出口淡水的温度变化而变化。该控制系统以柴油机冷却水出口的实际温度为控制信号。温度传感器 2 感受这一温度信号,并将其传递给比例积分温度控制器 4。在这里将此信号与设定温度值进行比较,得出实际温度与设定温度之间的偏差,并根据偏差的数值和偏差对时间的积分,向温度调节阀 6 发出动作指令,使其产生相应的调节动作,调节高温水与低温水的混合比例,改变进入柴油机缸套冷却

空间的冷却水温度,从而保持柴油机冷却水出口温度与温度控制器4的温度设定值基本一致。根据柴油机的运行情况,可以人为地调节温度控制器4的温度设定值,使柴油机冷却水具有合适的出口温度,保证机器的可靠冷却。

7.1.2 滑油压力与温度控制

柴油机润滑油的压力与温度必须保持适当的数值,才能保证柴油机的可靠润滑。

图7-2所示的为柴油机的滑油压力与温度控制原理。图中,压力传感器15感受滑油泵17排出压力,并把该压力信号传递给变送器5。由变送器将此信号进行适当形式的转换,并经比较机构4将其与所设定的压力信号进行比较,将比较所得出的偏差传送给比例积分调节器3。比例积分调节器3根据偏差发出相应的控制信号,放大器2把此控制信号加以放大,向调节阀1发出指令,以便通过调节滑油泵17的回流量来使泵保持适当的排出压力。

图的右半部分是滑油温度控制系统,其工作原理与图7-1所示系统的基本相同。

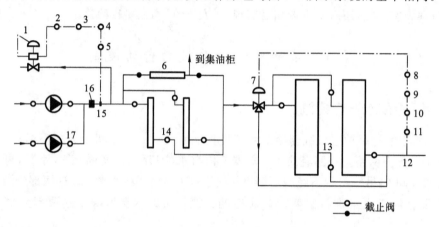

图 7-2　滑油压力与温度控制系统

1—压力调节阀;2、8—放大器;3—比例积分调节器;4、10—比较机构;5、11—变送器;
6—压差计;7—温度调节阀;9—温度调节器;12—温度传感器;13—冷却器;
14—过滤器;15—压力传感器;16—启动各泵用的压力传感器;17—滑油泵

7.2　锅炉自动控制

目前船舶锅炉普遍实现了自动化。一台全自动化的锅炉在使用时,一旦准备工作完成之后,按一下启动电钮,锅炉即能自动点火、升汽;在工作中,汽压和水位能够自动调节;在外界无需蒸汽时,可以自动实现熄灭停炉;在发生故障时能发出声、光警报等。其中,锅炉水位与汽压的控制乃是问题的关键所在。

7.2.1 锅炉水位控制

在锅炉工作中,常把水位分为最高水位、高水位、低水位和危险水位等四挡。炉水降至低水位时,给水泵自动启动向炉内补水,当水位升至高水位时,给水泵自动停止供水。介于上述两者之间的水位称为正常水位。炉水高于最高水位称为满水,低于最低水位称为失水,两者都是管理中的严重事故,常在自动控制失灵加上管理疏忽时发生。满水或失水情况一旦出现,应立即采取紧急措施,将自动控制转为手动控制。满水时就立即停止向炉内供水,失水时就停止油泵供油或截断油路使之熄火,随即查明原因,排除故障。

要实现水位自动控制,就需要有水位自动调节器,一般常用的有浮子式和电极式等两种。

浮子式水位调节器如图 7-3 所示。它由感受部分的浮子 8,传动部分的调节板 5 和磁铁 3,以及转换部分的磁铁 2 和电触头 1 等组成。当炉内水位下降时,浮子便随之降落,并经定位钉 7 带动调节板一起向下,使磁铁 3 向上摆动,磁铁 3 上摆至一定程度后,由于磁铁的同极相斥,磁铁 2 即被排斥而向下摆动,使其另一端的电触头上移闭合电路,水泵启动供水;当炉水升至高水位时,浮子经定位钉 6、磁铁 2、3 的作用,使电触头断开,于是给水泵停止向锅炉供水。

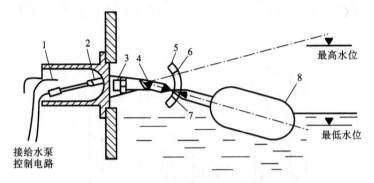

图 7-3 浮子式水位调节器

1—电触头;2、3—磁铁;4—支点;5—调节板;6、7—定位钉;8—浮子

上述这种只根据锅炉的水位变化来调节给水量的控制方法,称为单脉冲控制方法。现代锅炉水位控制系统,大都采用锅炉的两个运行参数作为系统的控制信号,故称为双脉冲控制系统。图 7-4 所示的为双脉冲锅炉水位控制系统。

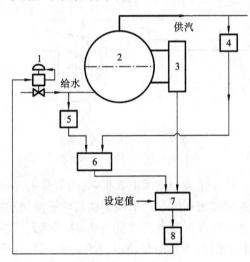

图 7-4 锅炉水位控制系统

1—水量调节阀;2—锅炉;3—水位变送器;4—蒸汽流量变送器;
5—给水量变送器;6—差动变送器;7—水位控制器;8—"自动"选择开关

蒸汽流量变送器 4 和给水量变送器 5 分别把各自的信号输送给差动变送器 6。若送汽量信号大于给水量信号,差动变送器 6 输出加大给水量的控制信号,此控制信号送至水位控制器 7,水位控制器 7 将此信号与设定值进行比较,并根据比较得出的偏差,发出"加大给水量"的调节指令。此指令通过"自动"选择开关 8(处于"自动"位置)送至水量调节阀 1,使之产生相应动

作,若送汽量小于给水量,情况则相反。由于双脉冲锅炉水位控制系统能够克服"假水位"的影响,因此其调节品质较佳。

7.2.2 压力调节器

压力调节器是锅炉燃烧自动控制系统的核心,它能根据锅炉汽压的高低信号,通过风、油调节机构,及时调节炉膛中的燃烧以适应负载的变化。

图 7-5 所示的压力比例调节器的工作原理是,当锅炉中的压力偏离额定控制汽压时,波纹管 6 使平衡杠杆 1 发生偏转,带动划针 5 摆动,改变划针在电位器上的接触位置,于是产生调节电信号。

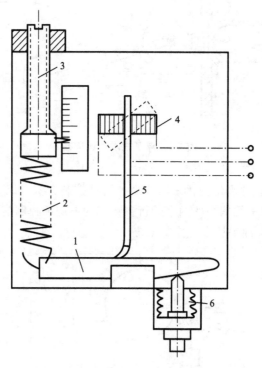

图 7-5 压力比例调节器
1—平衡杠杆;2—平衡弹簧;3—调节螺钉;4—电位器;5—划针;6—波纹管

电动比例调节器的动力是一个微型伺服电动机,它的启停由比例调节器控制,并可正反转运行。伺服电动机经减速器由输出端的联动机构带动锅炉回油阀和风门挡板。当输出轴上的凸轮转动时,又顶动曲臂,使划针在反馈电位器上划动,从而达到反馈的目的。

比例调节器的电位器和比例操作器的反馈电位器联成一个电桥,如图 7-6 所示。当锅炉压力稳定时,电桥处于平衡状态 $R_1R_4=R_2R_3$,两电位器划针之间的电位差 $V=0$,故无信号输出,此时比例操作器不动,风门和回油阀都处于一定位置。当压力发生变化时,调节器划针偏转改变了原来的 R_1 与 R_2 分配比例,破坏了电桥平衡,两电位器划针间存在电位差,因此输出电信号,经放大后,触发晶闸管开关电路,使可逆电动机启动,于是调节风门和回油阀。与此同时,操作器凸轮顶动曲臂,使反馈电位器的划针偏转,反馈电位器电阻 R_3 与 R_4 的分配比例相应改变,电桥重新趋于平衡。当电桥重新达到 $R_1R_4=R_2R_3$ 时,输出电信号消失,可逆电动机停止转动。

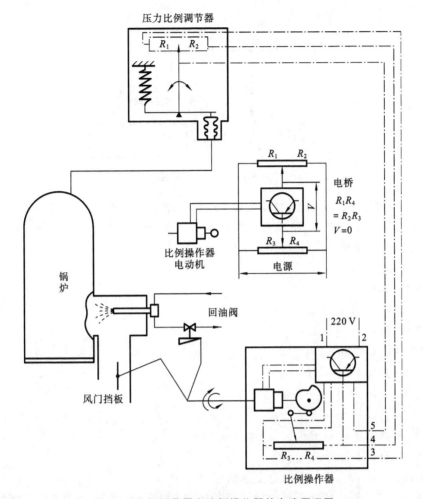

图 7-6 比例调节器和比例操作器的电路原理图

使用压力比例调节器的燃烧控制系统,尚需装设高压保护的双位式压力调节器,以便炉膛维持最弱火势而汽压仍继续升高时,及时切断电路,使锅炉熄火。当汽压下降至最低限值时,压力继电器又接通电路,使锅炉恢复工作。

7.3 主机遥控系统及无人机舱

7.3.1 主机遥控总述

如图 7-7 所示,主机遥控一般包括机舱集中控制室控制和驾驶室遥控。正常航行和机动操车,都由驾驶员在驾驶室通过遥控系统直接操纵主机来实现,只是在备车及对主机进行试验、调整、检修或驾驶室遥控系统失灵时,才由机控室进行控制。因此,机控室控制可看做备用遥控手段。驾驶室遥控和机控室遥控的转换一般在机控室内进行,即使遥控系统可靠性较高,仍需在主机旁设置手动操纵,万一遥控系统失灵,便可在机旁对主机进行应急操纵。在机控室或机旁操纵主机仍按传统方法,由轮机员根据车钟命令进行。遥控和机旁控制的转换在机旁操纵台进行。

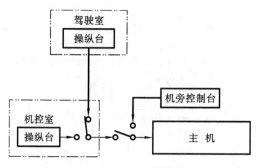

图 7-7 主机的控制方式

在驾驶室遥控系统的船舶上,驾驶人员发送操车命令的车钟有两个作用:在机控室操纵主机时,它作为传统的传令钟,向轮机人员发送操车命令;在驾驶室操纵主机时,它不仅作为车钟,而且作为遥控参数发送器,直接控制主机。

遥控车钟通常分为以下 9 挡:

① 停车(stop);
② 正车微速(dead slow ahead);
③ 正车慢速(slow ahead);
④ 正车半速(half ahead);
⑤ 正车全速(full ahead);
⑥ 倒车微速(dead slow astern);
⑦ 倒车慢速(slow astern);
⑧ 倒车半速(half astern);
⑨ 倒车全速(full astern)。

有的车钟还设有海上全速和紧急全速倒车。

为了弥补遥控车钟功能的不足,在驾驶室和机控室的控制板上,还设有一些辅助联络按钮如备车(stand by)、备妥(ready)、完车(finish)、定速(sea duty),以完善驾驶室与机控室的联系。

有的遥控系统的驾驶室控制板还设有"应急操作"和"紧急停车"按钮,以便在紧急情况下使遥控程序失效,而实现应急操纵。

按照所利用的能源,主机遥控系统可分为全气动式、全电气式及气-电混合式等三种。

全气动式遥控系统的控制元件结构简单,动作可靠,便于维护管理,并具有较大的输出功率。但对气源的要求较高,否则气动元件可能由于脏堵、锈蚀、卡阻等而产生误动作。此外,因为蒸汽的可压缩性和流动阻力,气动元件的响应速度较慢,当气压信号的传递距离较远时,会出现较大的滞后现象。

全电气式控制系统的优点是,信号的远距离传递迅速,元件体积小,结构紧凑,易于布置,保养工作量小,能实现较复杂的逻辑控制功能。特别是便于采用单板机或微型计算机(简称微机)控制,以实现更加完善的控制功能。但是这种系统的工作性能可能会受温度和电气干扰,同时要求管理人员具有较高的电气管理水平。

7.3.2 遥控系统的组成和功能

下面简要介绍某型柴油机的受控系统的组成和控制功能。

1. 系统的组成

图 7-8 所示的为某型柴油机的气-电遥控系统框图。

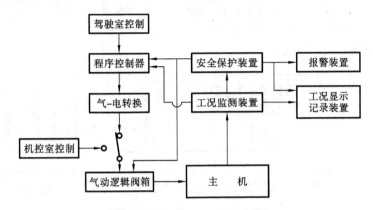

图 7-8　某型柴油机的气-电遥控系统框图

当转换开关设在"机控"位置时，轮机员在机控室通过操纵手柄的按钮，把气动操纵信号送到气动逻辑阀箱，使相应的气动阀件动作，对主机进行操纵。

当转换开关设在"驾控"位置时，驾驶员在驾驶室可通过车钟及有关按钮直接操纵主机。

工况监测装置监测主机的运行工况，其检测结果由工况显示和记录装置进行显示和记录。

当与主机安全运行的有关工况参数值超出安全运行限制范围，并经一定延时时，工况监测装置则会向报警装置发出报警信号，使报警装置发出声、光报警，并指示报警部位，以便轮机人员采取相应措施，同时，记录装置记录故障参数值及故障发生时间和参数恢复正常的时间。如果系统由微机控制，则微机显示器上会同时显示上述情况。

在机控室操纵主机时，安全保护装置可根据故障情况，控制气动逻辑阀箱的有关阀件，使主机减速或停车，实现主机安全保护。

如主机由驾驶室控制，安全保护装置则把故障信号输送给程序控制器，由程序控制器选取相应的程序，对主机进行减速或停车等安全保护。

应当指出，有些主机遥控装置的程序控制器和安全保护装置组合成一体，使系统更加简单，但其工作原理则与上述基本相同。

图 7-9 所示的是本遥控系统的驾驶室操纵台的布置图（机控室操纵台、机控室的显示和记录面板的布置略去了）。

2. 逻辑程序控制功能

由于驾驶人员对主机的操作程序并不十分了解，因此在主机遥控系统中设有逻辑程序控制环节，以便在驾驶人员发出各种操车命令后，主机能自动地按照相应的正确程序进行操作。可以说，逻辑程序控制环节乃是主机遥控系统的核心。通常，逻辑程序控制器具有以下逻辑程序控制功能。

1）启动逻辑程序

该程序保证主机只有在盘车机松开，安全保护装置允许，换向结束，转速低于发火转速，启动时间在允许范围内才能启动。

当主机转速达到发火转速时，切断启动空气。对于启动时油、气并进的主机，此时即可依靠燃油的燃烧转动。如系油、气分进的主机，则切断启动空气后，即开始供油，转入燃油工作。

主机在运转状态下换向启动时，允许仍以某一较低的转速换向，以缩短换向启动时间。这

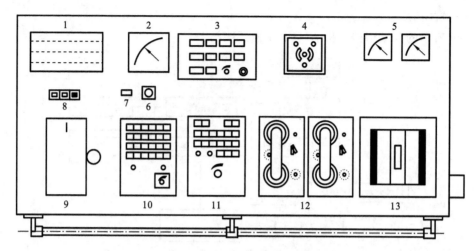

图 7-9 某船柴油机驾驶室操纵台

1—机动操车车钟车速对照表；2—主机转速表；3—主机安全保护指示及复位按钮板；4—备用车钟；
5—启动空气和控制空气压力表；6—灯光亮度调整按钮；7—灯光试验按钮；8—车钟电源故障报警及消音按钮；
9—车钟；10—主机安全保护显示、应急操纵及机驾辅助联络按钮板；
11—主机状态指示、机舱主要设备报警及值班轮机员选择按钮板；12—电话；13—车钟记录仪

一允许换向速度称为"换向速度1"。

如果主机未达到发火转速，但启动时间已超过规定的允许时间，则该程序也将切断启动空气，这是第1次启动失败。

2）重复启动程序

为了提高遥控启动的成功率，各遥控系统都设有重复启动程序。通常可进行3次连续启动。第1次启动失败后，暂停数秒，自动进行第2次、第3次启动。若3次启动均告失败，则终止启动过程，并发出"启动失败"声、光警报。此时，驾驶员应立即把车钟拉回停车位置，并与机舱取得联系，改为机控室操纵。

3）速度程序

速度程序即加速率和减速率控制程序。驾驶员在操车时，可以很快改变车钟手柄的位置。但此程序可以保证主机只能以允许的速率进行加速或减速，防止主机超转矩、热应力过大和增压器喘振，以确保主机的安全运转。一般加速程序和减速程序的调速过程都在30~45 min以上。图7-10所示的为某船主机的速度程序。

在低转速时，为了保证船舶的机动性，主机可以较快地加速或减速，如图7-10的线段0-1及线段1'-03'-03所示；在高转速时，转速的变化较慢，如线段2-3及线段3-1'所示。通常，倒车的加速率和减速率都比正车时的大。

应该指出，为了保证完善燃烧，柴油机的供油量必须与扫气压力相匹配，因此有些调速器所控制的供油量受到扫气压力的限制。这样，在低负荷时，即使速度程序允许有较大的加速率，柴油机也因扫气压力的限制，只能以保证完善燃烧所允许的速率加速。

4）自动避开临界转速程序

船舶柴油机的轴系，都有自由振动的固有频率。当柴油机的转动对轴系产生的干扰力矩的频率与轴系的固有频率相等时，轴系会产生共振，引起强烈振动，甚至损坏轴系。此时柴油机的转速称为临界转速。为了避免轴系共振，在柴油机的转速表上均标出临界转速范围，轮机人员在操纵柴油机时，应尽量避免柴油机在临界转速范围内工作。

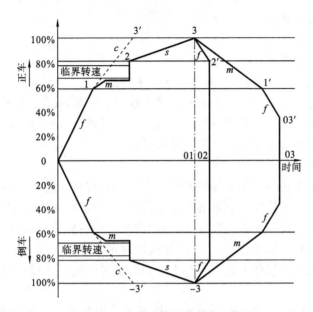

图 7-10 主机遥控速度程序示意图

自动避开临界转速程序是为驾驶室遥控时主机自动快速越过临界转速区而设计的。如图 7-11 所示,当要求车速在临界转速区内而且靠近其下限 N_1 时,该程序自动把主机转速限定在 N_1 以下;如果要求车速在临界转速区内靠近上限 N_2,则该程序会自动使主机以最快的速率越过临界转速区。

5) 慢转程序

若主机备妥后超过一定时间而不用车,或机动操车时停车时间超过这一时间限制,则此程序将发出慢转要求。在轮机人员认可后,此程序使主机靠压缩空气慢转"盘车"一周,使各摩擦表面重新建立润滑油膜。要求慢转的停车时间在 $10 \sim 100$ min 之间,例如,某柴油机调节为 30 min。

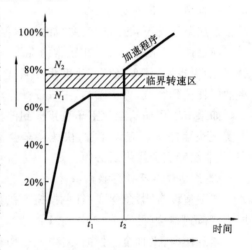

图 7-11 自动避开临界转速程序示意图

6) 安全保护程序

安全保护程序即自动减速和自动停车程序。当影响主机安全运行的某个参数失常时,安全保护装置就会起作用,发出声、光警报并显示和记录故障情况。同时,程序控制器还输出相应的保护程序,使主机减速或停车,对主机实现安全保护。

不同的遥控系统,有不同的安全保护内容。一般在下列情况下都要进行减速保护:

① 主轴承滑油压力低或油温过高;
② 十字头滑油量不足;
③ 气缸油供油压力低;
④ 缸套冷却水或活塞冷却水(油)压力低或温度高;
⑤ 排气温度高或各缸排气温度偏差太大;
⑥ 扫气温度高或扫气箱着火;

⑦ 燃油供油压力不足；

⑧ 轴承温度高；

⑨ 排气阀弹簧压力不足。

其中，某些参数失常时立即减速，某些参数失常时要经过一定延时(30 s 左右)才减速。

如果主机减速后一段时间(30 s 左右)，上述参数仍不正常，安全保护程序则切断主机的燃油供给，使之自动停车。当主机超速，增压器油压过低，辅助鼓风机电源断电或曲轴箱油雾浓度过高时，主机不经过减速运行而直接进行停车保护。

7) 应急操纵程序

为了保护主机，速度程序和安全保护程序对主机的遥控操纵进行了各种限制。在整个船舶的安全受到威胁时，这些限制应该取消或改变，以保证船舶的机动性和安全性。

驾驶室一般都设有"应急操纵"或"强迫运行"按钮。按下此按钮后，可取消安全保护和加速程序，使主机按车钟指令强迫运行。显然，在这种情况下运行，有可能使主机遭到严重损坏，除万不得已，不能采取这种操作方法。有些不影响船舶操纵的安全保护内容，如超速保护，不予取消。

按下"应急操纵"按钮后，还可改变加速程序，使主机以较快的速率加速。如图 7-10 所示，加速过程由 1-2-3 改变为 1-3′。

在应急情况下，也可改变主机的减速停车过程。这可通过改变车钟的操纵方式来实现。

前已述及(见图 7-10)，在正常情况下，车钟手柄从全速正车扳到"慢速"或"微速"，稍作停顿，然后再扳到"停车"位置，速度程序首先使主机沿折线 3-1′-03′ 减速；在转速降至 03′ 点后，将油门杆拉到零位，停止喷油，主机逐渐停车。

如果车钟手柄从全速正车直接扳到停车(或倒车)位置，停车过程则沿折线 3-2′-02 进行，可实现快速停车。应该注意，快速停车会造成增压器喘振等不良后果，因此不要采取快速停车，除非船舶安全操纵所必须。

8) 紧急停车及紧急换向程序

驾驶室设有"紧急停车"红色按钮。在紧急情况下，按下"紧急停车"按钮，主机油门杆就立即直接落到零位(见图 7-10 中 3-01 线段)，实现紧急停车。

紧急换向，又称全速换向，对主机损伤较大，但出于船舶紧急避碰等需要，各种主机遥控系统都有此种程序。

当车钟手柄一下子从正车(或倒车)全速位置扳到倒车(或正车)全速位置时，紧急换向程序将自动实现下列操作过程：

(1) 油门杆立即回零，停止进油；

(2) 当主机转速下降到换向转速 2(大于换向转速 1)时，进行换向；

(3) 换向后，按换向后的启动顺序向主机不连续地供入启动空气，进行"刹车制动"，使主机转速迅速下降；

(4) 转速低于换向转速 1 或转速下降到零时，进行反向启动和快速加速。

有些遥控系统在进行紧急换向时，还要按应急操纵按钮。

采用可调螺距螺旋桨的船舶，防止主机超负载的安全保护程序如下。

如图 7-12 所示，设 α 为螺距角，$O\text{-}\alpha_1$ 是线性的，$\alpha_1\text{-}\alpha_{max}$ 是步进的。图中圆内的图形是步进控制脉冲，脉冲持续时间为 1 s。两脉冲的间隔为 11 s 左右。在步进控制阶段，每增大 0.5° 螺距角，主机负载将随之增加，若能适应，则再步进 0.5°，直至达到指令角度为止。若不能适应而过载,亦仅有 1 s 脉冲持续时间。如果在此后的 11 s,主机承受的负载仍然剧增,甚至超过额定负载,那么与程序控制相配合的超负载保护装置(OLP)就会动作,在紧接着的脉冲来到之前,强迫桨叶角以随动方式下降至 OLP 所设定的桨叶角上(略小于 $α_1$),从而使主机负载迅速下降,以免机器受损。有时还设有自动保持螺距角程序,即当主机负载由过载到恢复正常(或卸载)时,螺距角又能自动地从设定桨叶角重新以程序控制的步进形式上升,恢复主令控制,达到原先的指定角度。程序控制从 $α_{max}$ 下降至 0 的时间要比上升时的短得多。

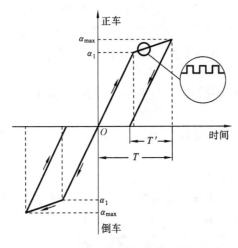

图 7-12　防止主机超负载安全保护程序

7.3.3　无人机舱简介

由于现代控制系统的完善和控制设备的可靠工作,机舱可以在较长的时间内无须有人值班,这种在一定时间内无人值班的机舱称为无人机舱。中国船级社(ZC)无人机舱的代号是 AUTO,英国劳氏船级社(LR)无人机舱的代号是 UMS(unattended machinery spaces)。

为了在机舱设备无人照看期间确保机舱设备的安全,无人机舱的船舶必须具备以下基本功能:

(1) 能在驾驶室和机控室对主机进行遥控;

(2) 辅助机械设备能在机控室进行遥控,其中有些设备还要能进行自动切换;

(3) 机械设备的运行参数能够自动控制;

(4) 对主机和辅助机械的运行参数进行集中监测、记录、报警及故障保护;

(5) 能够提供应急电力,包括自动启动备用发电机,自动实现同步并车、负载转移及解列,自动启动应急发电机向基本设备供电和提供应急照明等;

(6) 能进行机舱及全船火警探测和自动灭火。

在具有上述全部功能或主要功能的基础上,根据设备的可靠程度,可以实行 8 h、16 h 或 24 h 无人机舱。在实行无人机舱的船舶上,轮机长房间和各轮机员房间都设有对主要运行参数的故障报警和故障显示的装置。轮机人员除定期到机舱巡视检查外,不需要到机舱值班。只要把转换开关转到值班轮机员房间,值班轮机员在房间内就可监视机舱内各种机械设备的运行情况。如果发生故障或出现不正常现象,则由值班轮机员下机舱进行必要的处理。

7.4 船舶电站的自动化

船舶电站自动化的主要任务是,解决供电质量和供电的连续性;保证电站中各种设备在使用上的经济合理和在运行上的安全可靠;减轻运行管理人员的劳动强度,节省劳动力。

船舶电站自动化的内容如下。

(1) 发电机组的启动及自动停车。它包括:准备机组启动前的各种准备。例如,原动机的预润滑部分(轴承、曲轴、气缸)在启动前保持适当的润滑和暖机等;运行机组发生故障时备用机组能自动启动;故障机组的自动停车;发电机主开关的自动投入。

(2) 多机组运行时,发电机的自动并车和自动解列。

(3) 发电机组的自动恒压和恒频。它是通过调速器、调频装置和自动励磁调整装置来实现的。

(4) 发电机的有功功率和无功功率的自动分配及自动转移。它是通过自动调载装置和自动励磁调整装置来实现的。

(5) 自动分级卸载和自动合闸。

(6) 机械和电气故障的自动保护及报警。例如,原动机超速、润滑油压力低、发电机过载、逆功率、欠压、短路等保护及报警。

(7) 机械和电气参数的巡回检测,运行参数和故障的自动记录。

在所谓超自动化船舶上,电站的上述自动控制功能及其信息数据是通过专用电子计算机进行集中处理和集中控制的。

第 8 章 轮机运行试验

轮机运行试验的目的是,检验轮机各部分的装配和安装工作质量,检查船舶各种装置、系统、设备以及检测仪表等安装的正确性、可靠性和经济性,从而对船舶的设计和建造质量做一次全面鉴定。

轮机运行试验应在船舶建造的主要工程全部完毕并且下水后进行,轮机运行试验前保证:船体的水密试验及有关舱室的气密试验已经进行;船上所有装置、设备以及属具均已安装妥当;各系统及管路已进行水压试验;主辅机及轴系均已安装完毕,并做好运行前的准备工作。

运行试验的内容、顺序和要求,必须严格遵照试验大纲。并且由厂方、船方的专门人员组成专门机构来指挥试验及验收工作。

轮机运行试验的主要内容,一般由系泊试验和航行试验两个阶段来完成。

系泊试验又称码头试车,是指已建造完毕的船舶停靠工厂码头系缆情况下进行的,包括主机部分负载在内的船舶其他一切动力装置的全面性能检查试验。并将试验中所发生的故障排除,为进行航行试验创造条件。

由于码头水的深度及系缆等条件的限制,系泊试验不可能将主动力装置在额定工况下的各种参数全部加以验证。另外为了缩短整个试验时间和节约试验经费,一般情况下,装船所有的机械设备应尽可能地、最大限度地在内场进行与船舶动力装置运行条件相似的台架试验,以提前检查机械设备的制造和安装质量、工作的可靠性和经济性等指标。凡经过内场严格台架试验并具有试验合格技术证件的辅助机械设备,上船安装后一般只进行实效试验。

凡是能在系泊试验中验证其正常工作效能或能在规定参数下进行试验的机械设备,则应尽量在系泊试验结束前做最后的试验和验收。如柴油机发电机组、空气压缩机、制冷设备、通风及空调设备、船舶系统及各种辅助机械设备,上船安装后一般只进行实效试验。而机械装置上的电气设备和测量仪表的试验,应与机械部分的试验同时进行。

对不能做验收试验的主机及轴系,直接服务于主机的各种动力系统、舵机、锚机等的额定工况参数的运行的验收应在航行试验中进行。

8.1 轮机系泊试验

8.1.1 主柴油机的系泊试验

1. 试验前的准备工作

(1) 为主机服务的所有系统(油、水、气等)及设备应完整且验收结束。

(2) 必须彻底清除滑油和燃油管系中的杂质,常用的简易方法是,在主机的进、出油口处加装临时过滤铜丝网,并装上临时油管,使油不经过已检验过的滑油系统而进行数小时的循环,待确认过滤网上的杂质极少时,再开动油泵,使油进入机内。对某些较复杂的燃油或滑油管系,有必要进行串油的专门清洗工作。

(3) 对于非整机吊运安装的主机,试车前应再次检查安装质量。特别应复核主机的机座平直度。曲轴的臂距差、主机的配气定时等是否符合要求，操纵机构是否正确、灵活、可靠。

（4）分别开动滑油、燃油、冷却水及空压机等各工作系统的泵，检查其各自是否处于正常工作状态，各指示仪表是否正常。而对滑油、活塞冷却、缸套冷却等重要工作系统还应进行低压报警及自动停车的模拟试验，以确保主机试车的安全。

（5）盘车机的连销机构应工作可靠，主机试车前应盘车 15～30 min，检查主机各运动部件运动的正常性，并记录电动机的有关数据，最后试车前应将盘车机脱开；否则连销机构将起作用使主机不能启动。

（6）试车前应进行冲车，反复几次。即用压缩空气使主机转动，但不向缸内喷油，目的是检查主机启动机构和模拟操纵机构的工作是否正常，同时打开示功阀旋塞，查看是否有油或水从旋塞中喷出，确认正常后，关上旋塞。

在上述准备工作均完毕后，即可通过驾驶台正式进行主机的系泊试验。

2. 主柴油机系泊试验的内容

1）启动试验

在压缩空气系统中途不充气的情况下，储气瓶中的气应供主机在冷态下正倒车反复启动 12 次；对于不可逆转的主机，亦应不少于 6 次。当环境温度低于技术条件要求的温度时，容许将主机的滑油及冷却水利用加热方法达到所需要求的温度后再启动主机。

电力启动的主机，在启动蓄电池充电达额定电压时，中途不充电，主机在冷态下启动次数应不少于 12 次。

2）换向试验

换向试验的目的，主要是检查可逆转主机的换向机构的操纵灵活性和工作可靠性。一般需进行二次换向试验，并记录主机在最低稳定工作转速下，从操纵开始到主机启动并反向运转（燃油燃烧做功）为止所需的时间，一般要求不超过 15 s。

3）运转试验

系泊试验中的主机运转试验，在钢缆及码头设施允许的情况下，应尽量完成最大负载的试验，但对大功率主机来说，一般只能完成 50%～60% 的负载。试验的目的是，初步检查主机的安装质量及为主机服务的各系统工作是否符合设计要求，并将暴露的问题解决，为航行试验打好基础。

主机运行试验应注意下列问题。

（1）主机启动后，应密切注意操纵台上的各种仪表的数字是否符合所规定的要求。对于不带低压自动停车装置的主机，尤其要注意滑油压力和冷却水的压力变化，如失压严重，应立刻停车检查。

（2）在主机每一工况运行中，要求详细记录滑油、燃油、冷却水及排烟的温度和压力等热工参数。

（3）在各工况下，分别测量各缸的示功图，压缩压力及爆发压力和温度值，如发现差值大而不平衡时应停车，待调整平衡后再试车。

（4）如主机在座台试验尚未进行过停缸和停增压器试验，则应放在航行试验中进行补做。

（5）在运行试验结束时，应打开主机曲轴箱盖，在热态下测量各轴承温度（可用点温度计），必要时可拆下一至两组轴承或连杆轴承，以检查轴瓦的工作状况。

（6）拆验结束后，应盘车并继续窜油窜水一段时间，直至主机温度明显下降为止。

4) 遥控及自动化船舶的主机试验

主机遥控操纵系统的效用试验,可根据设计要求分别从驾驶室或集控室直接操纵主机的启动、调速、停车、换向、紧急停车各 2～3 次。操纵主机自动工作程序必须准确可靠,对各遥控所需的时间做记录。另外,还应进行操纵功能自驾驶室或集控室转换到机旁操纵的转换试验,同时检查它们之间的连锁装置工作是否可靠。自动化船舶中,为主机服务的泵、辅助装置、各种备用设备均应做自动启动、转换和运转试验。

8.1.2 轴系及其传动装置的系泊试验

轴系的系泊试验目的主要是,初步检查轴系及其传动装置的安装质量,应和主机试验同时进行。

首先轴系的运转在主机的各种转速下,不应有振动和过热现象。主推进轴系及其传动装置,如果采用滑动轴承,其轴承工作温度应不大于 65℃;如果采用滚动轴承,其工作温度应不大于 80℃。温度的测量最好采用点温度计,也可用手直接触摸推力轴承、中间轴承、隔舱填料函及艉轴管轴承的外壳,根据经验来判断是否有过热现象,对艉轴管还应检查其润滑和艉轴封的漏泄情况。

对于油润滑的艉轴管轴承,不得有油从艉轴封向处渗漏;用水润滑的艉轴管轴承,则允许在填料函处有少量水渗漏。

对于用齿轮传动的轴系,还应进行齿轮装置的正、倒车试验。在正常换向转速下,换向时间不应大于 15 s。齿轮传动装置的润滑极为重要,必须随时注意。

对于多机并车使用的推进装置,一般采用离合器式液力耦合器传动。系泊试验时,应对其离合性能进行试验,检查操纵机构的工作可靠性。

对于采用可调螺距螺旋桨作推进装置的船舶,系泊试验时应进行桨叶转动操作试验。分别在机舱和驾驶台上进行,桨叶的转动操纵应准确灵活。在任一工况下,应进行螺距角稳定性试验。桨叶螺距角置于 0°时,其波动值不应超过 ±0.5°。值得注意的是,对于做恒速运转的主机推进系统,螺距角的角度就表示主机负载的大小。所以在主机运转做桨叶转动试验时,千万不可从正满角直接转到负满角;其转动角度不应超过主机系泊试验功率的允许值所对应的螺距角,否则会损坏主机。

8.1.3 柴油机发电机组的系泊试验

柴油机发电机组的系泊试验,应在为机组服务的燃油、滑油、冷却水、压缩空气(或电启动的蓄电池)等系统完全具备的条件下进行。同时供负载试验用的水冷却电阻应吊船安放妥当。

试验人员除验收人员外,还应有轮机和电工人员。

(1) 启动试验。首先将启动空气瓶充至工作压力,在不再充气情况下,柴油机自冷态下反复启动 6 次以上,并记录启动次数及相应的启动压力值。对于用蓄电池启动的柴油机,在蓄电池充至额定电压时,中途不充电,柴油机自冷态下反复启动次数不少于 10 次。

(2) 柴油机极限调速器的效用试验。当柴油机转速达到额定转速的 115% 时,极限调速器应开始工作,立即切断燃油供应,使柴油机停车。连续两次试验正确无误,并记录连贯动作的转速值。

(3) 对于柴油机发电机组的滑油低压及冷却水高温报警装置,在按产品技术条件进行调整试验时,报警器的动作必须准确可靠。

(4) 柴油机发电机组的负载试验。负载试验因与系泊无关,所以可完整进行,自启动始20%与50%负载需各试验1/4 h;而在100%负载时需试验4 h,再验1 h。各负载试验中,应仔细检查机组的运行情况,测量并记录燃油、滑油、冷却水的温度及压力、排烟温度等运行参数。发电机全负载试验结束后,需测量发电机各部分的温升值。

(5) 柴油机发电机组的额定负载突加和突卸试验。在发电机满负载运转时,突然将负载全部卸掉,检查柴油机转速的变化情况和转速稳定所需的时间,然后将50%负载加上并随即加到100%负载,连续3次,或者突加至100%负载试验,检查柴油机发电机组转速的变化情况和达到稳定所需的时间。其调速灵敏度应经有关验船部门认可,或参照下列数值进行调整:

瞬时调速率≤10%

稳定调速率≤5%

稳定时间≤7 s

(6) 柴油机发电机组的并联运行试验。

船舶装置两台以上发电机时,需进行并联运行试验。试验时按额定功率的20%、50%、75%、100%或75%、50%、20%进行;各负载段均应运行5~10 h。

当负载在总功率的20%~100%范围内变化时,应能稳定运行。各发电机实际承担的有功功率与按发电机额定功率分配比例的计算值之差,在发电机功率相同时,不应超过发电机有功功率的±10%;当发电机功率不同时,差值不应超过大负载发电机额定有功功率的±10%,不超过小负载发电机额定功率的±25%。

并联运行的发电机组需进行负载转换试验。将第三台发电机接入已在额定负载状态下运行的发电机,并转移负载,检查其负载转移的可靠性。

8.1.4 泵及系统的系泊试验

泵及系统的系泊试验的目的主要是,检查其安装质量和工作性能是否满足动力装置设计要求。对于直接服务于主机的动力泵和系统,在主机试验前先做初步试验,而在主机运转试验中再做进一步的验证。而那些自成独立系统及系统用泵,如空气压缩机、消防系统、压载系统、卫生系统及总用泵、各种输送泵、油船的货油泵等,则可在系泊试验时,根据试验大纲的要求,作满负载试验并提交验收。

各系统在运行试验前,应全面检查其安装的正确性和完整性。一般泵在安装结束后应用手轻轻盘车,达到转动自如。各系统的密封性试验,应根据各自的工作特性和规范来进行。管路接头及阀件接头不得有泄漏现象,各种压力表、温度表等应完整无缺。滑油及燃油系统中的杂质应彻底消除。

下面主要介绍各动力系统的试验内容。

1) 主-辅机滑油系统的试验

各滑油泵及滑油系统做滑油循环效用试验1 h。滑油泵及电动机和各运动部件应无发热、泄漏、敲击等异常情况。主油泵和备用泵的相互转换应方便灵活,系统的滑油低压及高温报警装置工作准确可靠。试验时,应记录滑油的泵出口压力,电动机启动和正常运转时的电流、电压等,试验结束时应检测电动机及其控制设备的热态绝缘电阻值应不小于1 MΩ。

2) 主-辅机燃油系统试验

该系统包括各燃油低压输送泵、驳运泵及过滤器和管系等,其试验要求基本上与滑油系统的相同。但一般还要进行燃油泵的舱室外应急关闭试验。对双层底以上的速闭阀,应进行机舱外部操纵关闭试验。

3) 燃油及滑油分离机效用试验

试验目的是检查分离机的安装质量和分油的性能。一般需作分油 2 h 的效用试验。分离机运转应平稳。无振动和异常发热等现象。试验应参照产品技术条件进行，对其自动控制、自动排渣等性能应进行调整和试验。对分离后的油应取样分析检查其分离效果。同时还应对电动机的电源作应急切断装置的效用试验。

4) 主辅机冷却系统试验

该系统包括各海水泵、淡水泵、过滤器、冷却器及管系等，以及油头冷却泵。各泵应分别做效用试验 1 h。试验时泵及电动机的运动部件应无发热、泄漏和敲击等异常现象，各主泵和备用泵的工作转换应灵活。泵的转速、出口压力及电动机的启动和运转电流、电压均应满足产品的技术条件要求。

5) 空气压缩系统试验

空压机及系统运行试验应根据系统工作特性进行。首先，分别启动每台空压机，检查各自的运转情况，应无敲击和发热等异常现象。然后进行充气试验，试验时，要开动每台空压机，同时向主机启动空气瓶内充气，要求瓶内空气压力自 0.7 MPa 上升至 3 MPa 在 1 h 内完成。调整空气瓶安全阀的开启压力是试验一个主要内容。一般要求开启阀压力不大于额定工作压力的 1.1 倍；调好后应由验船师铅封。压缩空气系统的气密试验，是指系统在额定工作压力下，经过 2 h 后，系统中空气压力不应有明显的下降。空压机的自动启动和停车装置，应进行效用试验，即当空气瓶充气达到额定压力时，空压机应自动停车；而当空气瓶内的空气压力下降至指定压力（一般由设计给定）时，应能自动启动向瓶内充气，其动作必须准确可靠。

8.1.5 甲板机械试验

1. 锚装置的系泊试验

试验的目的是检查锚设备的安装质量、起锚的能力及工作的可靠性是否符合规范的要求。锚装置系泊试验的主要内容如下。

1) 锚机空载运转试验

首先将锚机所有需润滑的部位注满滑油并充分润滑。

对于电动锚机应脱开离合器，进行中速正车、倒车空载运行各 30 min，并在 30 min 内做 25 次启动，然后检查锚机各运转部件的工作状况、电气控制设备各挡调速以及电磁制动器的工作可靠性。测量空载运转的各挡车速、启动电流、工作电流和电压等工作参数。空载运转试验结束后，测量设备及电阻箱的热态绝缘电阻值。

2) 负载试验

试验目的是，检查抛锚和起锚的工作状况。抛锚试验时，应进行锚机抛锚，再进行自由抛锚（靠锚自身质量抛锚）。抛锚过程中，在锚未入土前应作 2~3 次急刹车，以检查刹车效能；起锚应做慢速和快速起锚各 2~3 次，并分别记录起锚速度；最后将锚绞起，并开动冲洗装置进行清洗。

在起、抛锚试验中应仔细检查的项目如下。

(1) 离合器操纵的方便灵活性和刹车装置的可靠性。

(2) 锚机各轴承是否过热，齿轮工作是否正常，马达带动的减速齿轮箱滑油温度是否过高（一般不大于 60℃）。

(3) 锚链和卸扣通过锚链筒、制链器和链轮时的平稳性,以及锚机和掣链器的受振情况是否严重。

(4) 检查掣链器位置的正确性,锚杆拉入锚链筒及锚与船舷或锚穴的贴附情况是否良好。

(5) 检查锚链冲洗装置的工作质量。

2. 舵装置的系泊试验

舵装置试验目的主要是,检查舵系、舵机、操舵装置的安装质量、操纵的灵敏性及工作的可靠性。其系泊试验的主要内容如下。

(1) 校正舵角指示器的指示误差。即检查舵机上舵角的分度与舵角指示器的读数的一致性和准确性。自中间位置向两舷转舵,每隔5°校核一次,其准确性应在±1°以内,在零位时应准确无误差。

(2) 校核舵角限位开关动作的正确性。左、右满舵时电气限位开关应分别调整到35°,机械限位器应装在左、右舷36.5°位置(即舵机上的限位器位置应比操纵装置上的限位器位置大1.5°)。

(3) 对于液压舵机应按图纸要求,调整液压系统中的溢流阀、缓冲阀、程序阀及安全阀等起跳压力,并对转舵时系统中的振动和噪声进行必要的检查并设法消除。

(4) 检查断电报警、过载报警的声光信号装置的工作可靠性。

(5) 操舵试验。每套电动机组及其控制系统连续运行不得少于30 min,以检查舵机运行情况,同时测定电动机在各种操舵工况下的工作参数、运行转速、温升器运转平稳性。

连续操舵试验应从0°→左(右)35°→右(左)35°→0°循环进行,并测定自一舷35°转舵到另一舷30°所需的时间,按规范要求海轮的转舵时间一般不大于28 s;内河船舶的转舵时间不大于15 s。

(6) 装有人力应急操舵装置的船舶,需进行人力操舵试验,检查人力应急操舵工作的可靠性。测定从零度转至左(右)舷及自一舷转至另一舷时所需的转舵时间,一般要求至一舷20°所需的时间不超过1 min。同时还需检验由机械转舵转换为人力转舵的方便性和可靠性,转换装置必须保证机械操舵在任何舵位失灵时,应急操舵转换人力转舵的方便性和可靠性,保证机械操舵在任何舵位失灵时,应急操舵均能在相应的位置上达到接合。

(7) 对装备有应急供电系统的船舶,还应检查因发电机故障而失电时,备用应急电源自动转换供电的可靠性。

8.2 轮机航行试验

轮机航行试验在系泊试验之后进行,是船舶处于航行状态下,当主机进入全负载运行,即船舶全速航行时,对主机和动力装置进行全面的质量检查和性能验证试验,然后消除试验中所暴露的全部故障和缺陷,使船舶达到规定的设计性能和技术要求,以提供交船验收的依据。

对于在系泊试验中所不能完成的动力装置全负载试验,以及各种机械设备及系统在船舶各种航行工况下的连续性联合运行试验,均可在航行试验中完成。对于成批建造的船舶,其首制船尚需进行更为全面严格的性能试验,目的是一方面对已造船舶进行鉴定,另一方面对后续船舶的性能研究和进一步改进提供依据。

由于航行试验一般是在指定的水(海)域里进行的实效试验,试验的条件和环境均比系泊试验要恶劣得多。为确保试验的安全顺利进行应做好充分的准备工作。

航行试验前,首制船要按船舷稳性规范的有关规定进行倾斜试验。需压载作航行试验的船舶,出航前需记录船舶的前后吃水和纵横倾斜情况。同时还必须携带足够的燃料、淡水和滑油以及试航所必需的设备、工具和生活用品。

在系泊试验中所暴露的问题,试航前必须逐一消除,以保证主辅机以及各系统设备能在航行试验中正常工作。

航行试验中所用的仪表,除安装在船上的固定仪表外,还应根据需要配备必要的仪表,如转速表、温度表、压力表、流量表、示功器、爆发压力表、真空表及秒表等。

航行试验的内容、项目、方法、计划及要求等均应按照试验大纲确定。

8.2.1　主机及动力装置的航行试验

动力装置航行试验,是根据船舶航行中不同工况的具体要求来进行的,目的是,更加全面地检查主机以及各种辅机运行稳定性和可靠性,同时测量主机功率,并配合船体完成船舶性能试验。

主机航行试验程序、工况及试验持续时间,应按试验大纲规定确定。也可参照表 8-1 所示的来进行。

表 8-1　主柴油机航行试验工况及试验时间(GB/T 3471—2011)

工　况	功率百分比/%	试验时间/h
1	50	0.5
2	75	
3	常用功率(NCR)	2.0
4	100(MCR)	4.0
5	110	0.5
6	倒车 50	10(min)

试验应连续时行,中间因故停车时间一般应不超过 15 min。

注 1:中高速机,上述 1~5 工况规定的时间可减少 50%。

注 2:经船舶检验机构同意后,上述 1~5 工况规定的试验时间也可减少 50%。

在主机航行试验中,需进行检查和试验的项目如下。

(1) 对主柴油机做负载试验前,首先在全负载下进行各缸的平衡调整,主要是对各缸的压缩终点压力与爆发压力进行调整,调整后的各缸负载分配误差一般就应符合下列要求:

压缩压力　　±2.5%

爆发压力　　±4%

指示功率　　±2.5%

排气温度　　±5%

(2) 检查主机在各种试验工况下的运行情况、机械摩擦部位的发热情况,并检查是否有敲击声和其他不正常的杂音以及漏气、漏水、漏油等现象的发生。

(3) 测定主柴油机的指示功率和轴功率。用示功器测量指示功率时,应在每个工况下测绘各缸的示功图,以确定各缸的单缸功率。在连续航行中应测取轴功率。

(4) 检查为主机服务的燃油、滑油、冷却水系统及其调节系统工作的可靠性。

(5) 燃重油的主柴油机,应进行切换轻柴油装置试验,而在航行试验中主机应以燃重柴油来进行各项试验。

(6) 检查主机转速读数的正确性。可用计数器测量的转速来校核转速表的读数误差。

(7) 测定主机的最低稳定工作转速,并在此转速下运转 5 min,最低稳定工作转速应符合产品说明书的要求数值。一般情况下,大型低速柴油机最低稳定工作转速应小于额定工作转速的 30%;而对于中速机其最低稳定工作转速应小于额定转速的 45%。

(8) 检查机舱的振动情况,测定主机的振动和噪声。柴油机功率大于 200.65 kW 的首制船舶,需进行扭转振动的测试,测定轴系的实际应力和主机的临界转速区域。

(9) 进行主机的换向试验,以检查换向装置的灵活性。当柴油机在最低稳定转速下工作时,从换向操纵开始到主机达到换向并转动止,所需的时间不超过 15 s。

(10) 进行主柴油机正车保护装置(即限速器)的动作试验。对于晶体管式限速器一般在内场采用模拟法进行,即用电动机带动限速器,并调节电动机转速达到主机额定转速的 105% 时,限速器应发生动作,连续 3 次试验应正确可靠。

由于主柴油机不允许在过大的超负载工况下运转,其限速器也不能在车间内调试,在航行中对限速器做实况动做试验时,一般先将限速器弹簧调到主机的额定转速下,如在这一转速下连续 2 次限速器均开始动作,说明正确可靠。然后再将限速器弹簧稍微调紧一点,而不再做超速试验。

(11) 航行试验时,检查轴系的推力轴承、中间轴承、艉轴管轴承及隔舱填料函的工作情况,应无振动、发热和泄漏现象。推力轴承的温度不应超过 70℃,艉轴管轴承及各中间轴承的温度不应超过 65℃。用水润滑的填料函允许有少量的渗水。

(12) 检查服务于主机的各种辅机的工作可靠性、备用辅机的应急转换性能。备用辅机及设备的使用时间,应与日常用辅机的时间各占一半,且操纵灵活,运转平稳,无振动和发热现象。

(13) 检查机舱各管系的振动情况、管支架固定的牢靠性和连接接头的密封性,检查绝缘材料包扎质量及各管路阀门操纵的便利性。

(14) 航行试验中,需详细记录各工况下的工作参数及有关数据,主要有:

① 大气压力和大气温度;
② 机舱内环境温度和湿度;
③ 轴系的转速;
④ 柴油机各缸的压缩压力、爆发压力;
⑤ 柴油机各缸的指示功率;
⑥ 各缸的排烟温度和压力;
⑦ 排烟气有关分析数据;
⑧ 滑油冷却器进、出口的滑油温度和压力,各轴承的滑油压力和出口温度;
⑨ 冷却水进、出口温度和压力。

航行试验期间,在主机进行连续试验时,如因故障而影响主机试验工况正常进行,其停机时间超过 15 min 以上;或者试验记录有重大误差,则该工况的试验应重新进行。

航行试验结束后,应按试验的具体情况,对主柴油机应酌情拆检 1~2 个气缸的运动部件或其他认为可疑的任一部件(重要的辅机,如柴油机发电机组或可疑的其他辅机,也应做相应的拆检)。拆检的项目主要有气缸盖、活塞、活塞环、主轴承和曲柄销轴承等,测量它们的间隙和磨损情况及曲轴的臂距差等。一般要求在主机负载试验结束后,随即打开曲轴箱检视盖,检查主轴承及曲柄销轴承的有关情况,同时用点温度计测量其温度升值。而拆检气缸运动部件的工作则在试验结束后船舶锚泊或靠码头后进行。当主机拆检完毕,均属正常并装复后,应在系泊状态下再试验半小时。

8.2.2 锚装置试验

锚装置在系泊试验时,由于受码头水深等条件限制,不可能验证其最大起锚能力和潜在的缺陷,因此在航行试验过程中,应在规定的水深和水域进行抛锚、起锚试验。一般民用船舶抛锚海域规定水深 45～50 m,大型水面舰艇抛锚的海区规定水深不少于 80 m。

抛锚、起锚试验,应进行左、右锚单抛和双抛,左、右锚单起和双起试验。试验时,先进行机械抛锚,再进行自由抛锚。在抛锚过程中,当锚链抛出 2～2.5 n mile/h 左右时,进行急刹车 2～3 次,以检查刹车装置的灵活性和可靠性。

在锚抛定后,用甲板掣链器将锚链掣牢,再用慢速倒车使船舶后退,将锚链拉紧,以检验掣链器的可靠性。

抛双锚时应先后将左、右锚分别抛落入土,然后方可同时抛放锚链,以免两条锚链相互绞在一起。

起锚时,锚机中速挡收起左、右单锚或双锚,并测定起单锚和起双锚破土后的起锚速度,均应不小于 9 m/min。

小型船舶上的人力应急起锚试验,是在单锚抛落入土后,用人力应急起锚装置起锚,以检查其灵活性、可靠性,并确认人力起锚速度和操作人数。

在抛、起锚过程中,还应检查:锚链与链轮的啮合情况;锚链经过锚链筒、掣链器和链轮时的扭转稳定性和锚链跳动情况;锚机的振动情况;锚链连接卸扣的紧固质量;锚链自海底结构层收起后泥沙冲洗装置的工作效果等。

对于电动锚机,应测量电动机在起锚时最大负载下的电流、电压和转速,以及冷热状态下的绝缘电阻值。

此外,在船舶航行状态下,还应检查掣链器掣链质量、锚在锚穴中贴附的稳定情况等。

8.2.3 操舵装置试验

在航行试验中进行操舵试验,是为了检验操舵装置的轻便性、灵敏性以及舵机工作的准确性和可靠性。

船舶在全速前进时进行主操舵装置的操舵试验,其试验方法如下:
(1) 正舵 0°→右满舵 35°　　　　　　　　保持 10 s
(2) 右满舵 35°→左满舵 35°　　　　　　 保持 10 s
(3) 左满舵 35°→右满舵 35°　　　　　　 保持 10 s
(4) 右满舵 35°→正舵 0°　　　　　　　　保持 10 s
(5) 正舵 0°→左满舵 35°　　　　　　　　保持 10 s
(6) 左满舵 35°→正舵 0°　　　　　　　　保持 10 s

试验过程中,应测定各转舵时间,要求自一舷 35°转至另一舷 35°的转舵时间不大于 28 s;对于内河船舶则要求不大于 20 s。

检查舵承、舵杆、舵柄,转舵机构及操舵装置、油泵和其他液压元件的工作可靠性。记录最大负载时的工作油压、电动机的电流、电压及转速。对于液压舵机的油泵,还应试验由一台油泵手动转换到另一台备用油泵工作的可靠性,以及检查当一台油泵发生故障时,自动转换到另一台油泵工作的可靠性。试航时,还应记录相应的主机功率、转速及船的航行速度。

应急操纵试验,主要是检查主操舵装置失灵时,备用操舵装置的转换是否可靠。为此,可先在驾驶室里和舵机室进行非随动舵效用试验2~3次。即驾驶室用手柄操纵,舵机室则用手工操纵液压舵机的电磁阀,通过电话联系,重复主操舵装置的操舵试验项目,检查舵机的反馈系统失灵时,用手工控制反馈的可靠性。

当船舶以半速前进,但不低于7 n mile/h时,可对备用操舵装置进行试验。试验方法是,人为地使主操舵装置在某一舱位上失灵,操舵人员(2~3人)应以最快的速度至备用操舵装置部位,接通备用操舵控制系统及电力或液压系统,操纵人力操舵轮至相应舵位,然后回舵至零位,随即用电话通知驾驶室。接着根据试验大纲的要求,操纵人员操舵轮使舵机从0°→右15°,从右15°→左15°,再从左15°→右15°,从0°→右15°,从右15°→0°。测定从左15°至右15°时所需的时间以及舵机的运转情况。

倒车操舵试验,一般在主机倒车时进行,使操舵角逐次增加,直到液压舵机油泵的油压接近额定压力或电动舵机的电动机工作电流应小于额定电流为止。检验舵机及系统在船舶后退时的操舵性能,并测定其最大可操舵角。

8.2.4 船舶性能试验

船舶性能试验是航行试验的综合环节,可全面鉴定船舶航行的各种性能,虽属船体的试验项目,但在很大程度上要有动力装置的机电人员共同协调配合来完成,故作如下介绍。

1. 速率试验

船速是船舶最重要的航行性能之一。速率试验的目的是获得船舶在各种不同负载情况下和不同工况下的船航行速度及其相应的主机功率,从而确定主机转速、功率和航速之间的相互关系,计算船舶续航力、营运的经济和技术指标。另外0航速的测定还为校正船舶计程仪提供了直接的依据。

船舶速率试验通常是以主机处于50%、75%、90%、100%负载情况下来测定的。对于成批制造的非首制船舶,也可只测100%负载下的速度。对于多桨船舶,尚需测定单桨推进的船舶速率。

测定速率一般在规定的测速区域(试验水域)进行,测速率需尽量设在风浪小、海流稳定的符合规范要求的海区上进行。

测速规定的距离标记如图8-1所示,是借助于布置在岸上的A_1、A_2、B_1、B_2四个测速标杆组成的。

测速距离的长短,按船舶设计速度的大小来选定,一般设计速度在20 n mile/h以下的船舶,测速距离AB为1 n mile;设计速度在20 n mile/h以上的船舶,测速距离为2~3 n mile。

测速时,船舶按垂直于测速标杆的方向航行。测速人员在船上见到A_1和A_2重合在一条直线上立即按动秒表,当见到B_1和B_2重合在一条直线上时立即停止计时,从已知的距离和船舶经过两标杆间的时间即可求得船舶的速度,一般取单程往返航行三次的平均值来计算。具体的计算方法为

$$v=\frac{v_1+2v_2+v_3}{4}$$

式中:v_1、v_2、v_3分别为第一次往、第二次返、第二次往的单程航速。

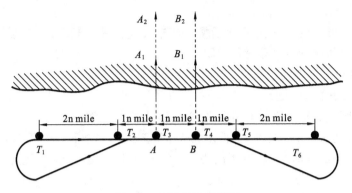

图 8-1 船舶测速路线图

测速时,船在到达第一测速标杆以前,必须保持船舶的一定速度(即保持螺旋桨转数在稳定的规定转数上)。船舶超过测速距离之后,如立即返航,这时因船体的伴流尚未消失而形成对船舶的阻抗作用,船舶在回转时所造成的螺旋桨转数下降尚未立即恢复到正常速度,若这时就进入测速线进行测速,会影响测量的准确性。所以对于大型船舶在进入测速线之前应具有 2~3 n mile 的直线预备行程,以调整船舶的航向,保证船舶测速的准确性。

测速时,船舶的航行方向是按测速标杆保持正交的导航浮杆行驶,或按与测速标杆成正交时船舶规定的罗经方向行驶。

除上述的一般测速方法外,在现代造船事业中,还可用雷达通过导航卫星来测量船速。这种新的测速方法,可在远距海岸的深水海面上进行,而且不受气候和风浪的限制,其测量误差仅为 0.1%,并可测出船舶的瞬时速率。

2. 回转试验

船舶回转试验的目的是测定船舶的回转直径和回转周期,以及船舶回转时的最大横倾角。掌握船舶的回转性能,是为了更好地在港湾、狭窄水域或航道上安全地进行回转、在紧急情况下正确操纵船舶进行避让,以防止碰撞事故的发生。船舶回转试验是以主机全速前进和后退时,进行的左、右满舵各回转一周的试验。以测定回转圆的直径和回转周期的时间。回转圆的直径大小,以船长的倍数表示,一般船舶的回转圆直径相当于 3~7 倍的船长。如果左、右满舵方向回转所测得的回转圆直径相差为 1/2 船长以上,则试验应重新做。

为获得较为准确的结果,回转试验应在天气晴朗,风力缓和,潮流较平稳,船只来往少的具有足够水深的海面上进行。

3. 惯性试验

在船舶全速航行中,主机停止运转,而船舶自由滑行的距离称为该船的惯性。船舶惯性对船舶的操纵性能有着极为重要的意义。惯性试验是在主机处于下列各种不同速率变化情况下,测定船舶惯性和滑行时间的。

1) 全速正车→停车

测定自停车令发出始,至螺旋桨轴转速降为零止的时间;测定自停车令发出始,至船舶停止前进这段时间内船的滑行距离和滑行时间,以及船首方向偏移的度数。

2) 全速正车→全速倒车

测定自倒车令发出始,至螺旋桨达到全速倒车时的时间;测定自倒车令发出始,至船舶由前进转向反向航行之转折点(停止点)的船滑行距离和滑行时间,以及船首方向偏移的度数。

3) 全速倒车→停车

测定自停车令发出始,至执行命令后螺旋桨轴转速为零的时间;测定自停车令发出始,到船舶停止倒航行时的滑行距离和滑行时间。

4) 全速倒车→全速正车

方法同2),只是条件不同。

船舶的惯性距离通常用船长的倍数来表示,其大小与船舶线型、尺度、吃水及海域的水情有关。一般民船,全速正车→停车,惯性距为5～7倍船长;慢速正车→停车,惯性距离为3～4倍船长;全速正车→全速倒车,惯性距离为4～5倍船长;慢速正车→全速倒车,惯性距离为1～2倍船长。

测定惯性距离常用手掷木块的方法。试验时,两个观测组分别位于船艏、船艉已知距离的两个观测点上,试验指挥者自驾驶室发出停车令时,艏观测组即自船艏投掷第一块木块,并记录初始时间,当木块经过船艉时,艉观测组用小红旗或用声光信号指示给船艏,以示木块到达船艉,这时船艏立即投掷第二块木块,如此一直到船舶停止前进为止。统计投掷木块的数目及时间,经计算后即可得船舶的惯性距离及滑行时间。

为了获得准确结果,惯性试验应力求在平静的海面和良好的天气条件下进行。

参 考 文 献

[1] 朱树文. 船舶动力装置原理与设计[M]. 北京:国防工业出版社,1980.
[2] 朱士逊. 船舶动力装置[M]. 北京:国防工业出版社,1979.
[3] 庞凤阁,彭敏俊. 船舶核动力装置[M]. 哈尔滨:哈尔滨工程大学出版社,2000.
[4] 王钟铭. 舰船燃气轮机装置[M]. 北京:国防工业出版社,1982.
[5] 蒲上忠. 船舶辅机[M]. 北京:人民交通出版社,1998.
[6] 谭仁臣. 船舶辅机与轴系[M]. 哈尔滨:哈尔滨工程大学出版社,1996.
[7] 汪育才,王建斌,吴晓光. 轮机概论[M]. 北京:人民交通出版社,1991.
[8] 商圣义. 民用船舶动力装置[M]. 北京:人民交通出版社,1996.